U0106116

舊書刊中的

香港身世

楊國雄 / 編著

序一

楊國雄先生這本書應該早就出版了，我要說的話也早就該說了。

話從上世紀七十年代末說起。我這個對香港文學一無所知的摸索者，走進香港大學的馮平山圖書館和孔安道紀念圖書館，一入香港文學研究之門深似海，沉迷不醒，在無邊的資料文獻深海中，一浸三十多年。

在歷來忽視歷史的香港，在貴遠賤近的研究心態下，香港文學資料，大抵沒有任何收藏價值。正因此，我深深感謝香港大學圖書館早年負責人的先知灼見。圖書館的藏品，並不是一時間用金錢可以買得到，必須歷史時間的積久力深，守護者的懂行與用心，才積聚起來。

1970 年代，我去看書時節，正值楊國雄先生掌管孔安道紀念圖書館，和他交往也正在此時。他給我最深印象，是他不多言，但言必及義。最重要的是他求「材」心之切、情之懇。那

時候，散落在坊間的香港舊書刊已經不多，可是珍存於愛書藏書人家中的好東西還有不少。楊先生努力尋求管道，抱着求經問道的精神與長輩交往。其中吳灝陵先生藏書的整批購存，填補了二三十年代香港文化狀況缺口，是個顯著例子。其他零散書報的爭取館藏，更用力極勤。在他的精細分類與安排下，孔安道紀念圖書館有關香港文化的藏書，日漸增多。對於研究者來說，這是不可缺少也極其難得的助力。

1980 年代開始，儘管香港身世已提到中英談判桌上來討論，但有關香港的過去，仍是一片朦朧。有些外地人如遇春江水暖，紛紛投身香江研究場域游弋浮沉。資料文獻沒掌握好，所知不多，套些二三手史料，加上自我聯想估計，遂作出不必求證的大膽結論。當時，我們一小撮人，看到這種亂描浮繪，實在憂心忡忡。1986 年 9 月 11 日，以劉以鬯先生為首，聯同了黃繼持、杜漸、黃俊東、也斯、古蒼梧、楊國雄、馮偉才諸位，我當個小秘書，成立了「香港文學研究會」，目的只想自己動手落實做點紮實功夫。我們基於關懷香港文學身世，希望從個人記憶與認識範疇做起，先留下一點一滴文字紀錄。可惜，當時大家工作都很忙，斷斷續續寫了些文章，參與些訪問，卻成不了系統。曾想把這些資料整理出版，排版好了，竟找不到出版社承接出版責任，因為那時候，本土研究還不成氣候，香港論述，還沒有進入出版界的視野。

楊先生身在圖書館，天天跟許多珍本打交道，可說近水樓台，對書刊既深知又有感情，就所見材料，先後寫成很具參考價值的文章。

那些文章散見於雜誌中，未必人人讀到，特別在外地的研究者更易錯過，不知多少次我勸他出版成書，以便流傳，他卻遲遲沒反應。等到他離開香港大學圖書館，移民加拿大，我更牽掛他出書的事，因為香港資料研究隊伍中，他屬先頭部隊，而目前香

港研究已成熱潮，在芸芸書冊中，不應獨缺了他的著作。每逢他返港見面，我都提及此事，香港回歸十餘年後，他終於肯把書出成了。

當年，他對館藏的閱讀，並不限於文學部份，觸及面很廣，尤其早年香港社會實況的文字紀錄，經他的介紹，大概能令昧於歷史身世的香港人有了些初步拼圖印象。我並沒有問過他，在浩如煙海的眾多珍本中，憑什麼標準去選取他的書寫對象。從今回出書，他把內容分作數輯，我相信內裏自有深意存焉。在第一輯裏，先就追查香港身世朦朧，介紹第一部有關專書：《香港雜記》。中港官方交往，早有先例，《香江酬酢集》一書，呈現了1936年粵港官員酬酢中，香港商人的參與情況，及仲介地位的重要性。至於工業、百貨商業、傳統宗教、奴婢賣身，在在充份描繪了香港社會的過去面相，好讓讀者以今之視昔，作一今昔對比，悟出香港的宿命來。第二輯雖然在眾多藏品中，只選取幾類作速寫，但已涵蓋了女性、工運、鄉族、教育等項目。第三輯講香港報紙歷史，點出本地社會文化倚賴此種媒體而廣傳，由來已久。研究香港身世，在欠缺系統歷史書寫的情況下，閱讀大量舊報，是可行的策略。兼之第四輯集中講述香港文藝，綜上敘述社會特質，已見其大概了。

楊先生寫成的文章，距今已二十多年。歲月流逝，其間人事變遷，多出意表。香港身世研究，演成顯學。新「出土」的舊資料，也陸續在有心有力的研究者的掌握整理中，有個合理歸宿。楊先生這位先行者，當年對我們的啟迪，功不可沒。我對他的沉潛埋首為香港身世積學儲寶，表示衷心感謝。

盧瑋鑾

序二

　　算起來，楊國雄先生是我的前輩；猶記得我在修讀大學本科時，楊先生已在港大圖書館任職。二年班暑假，香港大學亞洲研究中心正在圖書館進行一個編纂中國論文集索引的工作，我有幸與三數同窗被委為助理，遂得以徜徉於馮平山圖書館之閉架書庫，得睹浩瀚書海，眼界大開，從此與書籍結下不解緣，也養成了「藏書」的習慣。該索引的編輯之一，正是楊國雄先生。說起來，他為我提供了這個難能可貴的機會，我還一直未向他道謝。

　　上世紀八十年代，開始對香港史有所涉獵，而最初引發我對香港史興趣的是魯金（即魯言、梁濤）所編的共十三冊的《香港掌故》，其中的文章，皆短小精幹，言之有物，而且趣味盎然，是香港史入門的理想讀物，執筆者皆為名家，其中即包括楊國雄先生。歷史研究首重資料，楊國雄先生任職港大，是孔安道紀念圖書館之開創者，不少書籍文獻，皆為楊先生花盡不少心血所收藏。他對香港史料，瞭如指掌，而一些較稀有的報章刊物，不少

是他鍥而不捨地從故紙堆中所搶救過來，由他親自執筆推介，讀者從字裏行間，彷彿可感受到他尋書的辛勞及尋獲的喜悅。

移居加拿大後，楊先生仍任職彼邦上庠之文獻館，建立香港特藏，不時在香港見到他的身影。猶記得年前曾隨他到九龍城某茶樓與一班宿儒早茗，於天南地北暢談之際，收集彼等私人刊印的詩文集；方悟「上窮碧落下黃泉，動手動腳找東西」之真諦，作為博物館從業員，既感到羞赧汗顏，也明白到這是保存文獻的不二法門。

楊先生的文章沒有艱深的理論，繁瑣的考證。但從來覺得，學問的普及化與深入化同樣重要；在香港 —— 這個普遍對歷史不重視的地方尤其如是，楊先生的文章對於香港史入門，或作為歷史知識讀物，可讀性極高。近聞其文章結集成書，囑為序，乃恭敬不如從命，並藉此向這位畢生從事於搶救、保存香港文獻的資深圖書館從業員致意。

謹向讀者誠摯推薦這本《舊書刊中的香港身世》！

丁新豹

前言

　　遲至二十世紀七十年代，港人才逐漸對本土各方面的歷史加以重視。但因日佔戰亂的關係，以後又因經濟起飛引致拆遷頻密，賴以重整香港歷史的書刊，尤其戰前香港出版的，就保存不多。可幸香港大學孔安道紀念圖書館及時創立，得到各方人士鼎力支持及襄助，又喜獲吳灞陵藏書，庋藏質量漸有基礎。圖書館管理員的職責除了要搜羅資料及編撰圖書目錄外，另一任務便要促使館藏書刊廣為人知、廣為人用。

　　為此，筆者一直以來都有撰寫有關香港戰前出版物的書介：於上世紀八十年代中期在《廣角鏡》的專欄〈香港書刊經眼錄〉撰寫了一些文稿，以介紹香港大學孔安道紀念圖書館的藏品，當時積聚了 14 篇短文。隨後，這些文章又轉載在魯言（梁濤）編的《香港掌故》第 7 集（1984）至第 11 集（1987）內；又在 1986 年年頭為慶祝《香港文學》出版一週年寫成了〈清末至七七事變的香港文藝期刊〉一篇長文，連載 4 期。在 2007 年

時，筆者以尋找香港戰前出版書刊的經驗寫成了〈追尋香港戰前書刊：以黃世仲作品為例〉一文，又稍後編成了〈英國圖書館所藏戰前香港出版書刊目錄〉，以對香港舊書有興趣的人士作為參考之用。在 2009 年，上面所提及的文章和目錄都編載在《香港身世：文字本拼圖》一書內。

舊版《香港身世》一書出版後，因發行不善，銷情不甚理想。這次幸得盧瑋鑾教授對本書的銷情甚為關切，又得三聯書店侯明女士慨允重新排印本書，今得以新面目付梓，深表謝忱。

本書新版增刪不多：有關鄭貫公的一篇減去鄭氏生平的部份，因為這部份在拙著《香港戰前報業》（2013）中已有更詳盡的論述；在〈清末至七七事變的香港文藝期刊〉的一篇中，提及《激流》、《島上》和《春雷半月刊》這三種期刊時，都有加入新材料。本書所介紹的書刊，僅是孔安道紀念圖書館所藏的極少部份，而所介紹的書刊，很多都是該館的吳灞陵藏書。吳氏畢生所搜集的香港資料，過程之長，藏品質量之豐富，相信以後難有來者。讀者想要多些了解該圖書館的藏品情況，可以直接向該館查詢。該館自創立以來，就有限度開放給校外人士。2007 年 7 月起，香港公共圖書館推出與香港大學圖書館合作的轉介服務。經轉介後，市民可連續三天進入港大圖書館，使用館內的資源。這個安排，更方便港人分享孔安道紀念圖書館所藏的香港資料了。

本書蒙前香港中文大學中文系盧瑋鑾教授賜序並擬定書名之主要字眼、前香港歷史博物館總館長丁新豹博士賜序，隆情厚誼，銘感五中。這次新版又得盧瑋鑾教授和吳懷德先生提供新增的文學期刊資料，及鄭寶鴻先生在有關《香港雜記》的一章加上部份的圖片，深表謝意。

在此亦要感謝三聯書店梁偉基和鄭海檳兩位先生及其團隊，

使這本書在編輯及設計方面，達至極高水平。

　　本書得孔安道紀念圖書館職員協力支持和襄助，又得其他友好在各方面的熱心支持，在此一併表示深摯的謝意。

　　筆者學有不逮，錯漏之處，在所難免，尚祈方家批評雅正。

楊國雄

2014 年初夏

目　錄

第一輯

舊書中的

香港風貌

最早關於香港通論的中文專著：
《香港雜記》

碩果僅存之作

19 世紀在香港出版的中文刊物，現存於世的真可算得是寥寥可數，期刊報紙方面只得《遐邇貫珍》、《循環日報》和《華字日報》等數種，而有關香港史方面的專書，根據筆者所知見的，就只得這一本《香港雜記》。

《香港雜記》一書，是在清光緒二十年（1894），由王韜集資創設的中華印務總局所承印，全書線裝一冊，內文共 48 葉。著者是南海曉雲陳鏸勳。有關陳氏的個人資料所知不多，但根據鄭寶鴻研究的資料，可以知道陳氏在商業活動的情況。陳氏又名曉雲、惠勳。1895 年陳氏以設於文咸西街 42 號的濟安洋面保險有限公司司理人身份，登報公開招股。1901 年，他又成為萬益置業公司、廣運輪船公司、咸北輪船公司的司理人，可見他在商界的活躍。1904 年，陳氏任東華醫院總理。1906 年初，陳氏逝世。陳氏除了《香港雜記》外，在 1895 年，曾以陳曉雲、譚子剛名義出版了《保險須知》一書。

◉《香港雜記》（香港大學孔安道紀
念圖書館藏）

　　陳鏸勳在《香港雜記》的自序是在輔仁文社寫成的，可以知
道著者和輔仁文社是有很密切的關係。輔仁文社是一個小規模俱樂
部形式的學術機構，清光緒十五年（1889），在中環結志街百子里
設立。發起人有楊衢雲、謝纘泰、周昭岳、胡幹之、羅文玉、黃國
瑜、陳芬、劉燕賓等 16 人。這個文社的宗旨是研究學術和開通民
智，是在香港設立的第一個新學團體。以後楊衢雲認識了孫中山先
生，輔仁文社也就變成一個宣傳革命主義和吸收革命分子的主要
機構。

全書包羅萬有

　　當時介紹新學的，主要是介紹西方科技和西方各國政治制度，
陳鏸勳在香港受教育，精通英文，一直都很留意搜集有關香港史
料。他既然和輔仁文社有密切的關係，在介紹西方學術之餘，很自
然便有這個意願介紹香港的概況，在〈自序〉中，他有表明編撰這
本書的目的：

　　……矧其為中國之外，地界中西則其例殊，人雜華洋則其情
殊，顧以不識時務者處此，拘迂成性，執滯鮮通，不合人情，不宜

土俗,漫謂隨地可行也能乎哉⋯⋯勳有見於此,自肄業香江,即隨事留心,有聞必錄,公餘之暇,復涉獵西文,累月窮年,或撮其要,或記其事,爰付手民,一以使入世者知所趨,一以備觀風者知所訪焉。至其中要義,則本英人沙君拔平日所記者撮譯居多,用誌弗諼,使閱者無忘沙君拔之意可也。

〈自序〉中所提的英人沙君拔,無資料可稽考。

《香港雜記》一書共分為十二章,計為:地理形勢、開港來歷、國家政治、稅餉度支、中西船務、中西商務、中西醫所、民籍練兵、街道樓房、水道暗渠、華英書塾,及港則瑣言。另有香港畫圖目錄,包括:香港全圖、香港城圖、香港畫圖、香港海面、督憲府第、公家花園、皇后大道、皇后書院、大潭水塘、山頂火車、博物院圖、操兵地圖、跑馬地圖、大鐘樓圖,及上海銀行。香港大學孔安道紀念圖書館現藏的《香港雜記》共有兩本:一本是根據 Royal Colonial Institute 所藏的一冊,從顯微膠捲轉成影印本;另一本是吳灝陵所藏的原版,是吳氏在 1932 年以 8 分錢購買。這兩本都沒有包括畫圖在內。1980 年 7 月 22 日,陳上塵在《香港時報》發表一篇短文〈「香港雜記」種種〉,說在大約二十多年前,曾在馮平山圖書館看過此書一次,並記下「全書線裝一冊,連插圖共約百頁」,這樣看來,馮平山圖書館所藏的那一本是附有插圖的。可惜,經查核後,馮平山圖書館現在並沒有收藏這一本書。希望知悉這本書有關圖畫部份的讀者,不吝賜告。

薄扶林即百步林,大嶼山叫靈濤島

全書所用的地名或機構的名稱,有些和我們現在所通用的有很大差異。現時的硫磺海峽(Sulphur Channel)書中稱為「秀路化海道」,薄扶林稱為「百步林」,大霧山稱為「大磨山」,大嶼山稱為

「靈濤島」，立法局稱為「定例局」，皇仁書院則稱為「皇后書院」。至於有關香港地名的考證，該書記載如下：

> 曩昔唐人稱為裙帶路，亦非無本，緣唐人渡船由東便入者，遠望香港斜路如裙帶然，因此路名裙帶。至西洋人名香港為賊島者，蓋港中為大島，有數小島擁護於其間，為中國海濱之門戶，是故巨盜以此為淵藪歟。昔東印度大公司之初至省也，其船常取水於港之溪澗，其澗居百步林及鴨巴顛之間，溪澗之水，先流石上，盤石參差，略一停蓄，再瀉海灣，每當春雨淋漓，如瀑布懸空，因此名為飛泉。此水之清潔，久矣著名，舊時唐人之渡船，海賊之扒船，多取水於此。是水也，取之不禁，用之不竭，味之彌永，因名之曰香港，香港之得名以此。（〈地理形勢〉章）

防禦海盜的周詳佈局

當年海盜在香港海域附近非常猖獗，所以香港的海防設施，佈置得很周詳：

> 海口炮臺稠密堅固，俱以來路泥為之，昂船洲之炮臺三，西環之炮臺二，五炮臺守西路之入口，是蓋船隻所必經者。又有一炮臺在列治門山頂，直瞰秀路化海道，其東道則鯉魚門炮臺二，又有紅磡兩炮臺以輔之守香港東道之入口。敵船縱能飛渡鯉魚門之炮臺，亦不能飛渡紅磡之炮臺，其最堅固者，尤尖沙嘴之炮臺，守香港中路。所有炮臺，俱快藥滿儲。外此有鐵甲戰船名感垣，有二千七百五十墩大，載大炮四尊。小戰船二，一名衣昔、一名地屈，每載大炮三尊。水雷船四，其接濟之船乃兵家薑船，名域多意文駕灣，在打波地對面，船為兵家總船軍器廠，乃修整兵船之所在，兵房之東、工役人等常有千百之多，至今則英屬九龍尤為屯兵之地。（〈民籍練兵〉章）

當年的大會堂

　　至於記敘香港街道樓房及各種建設，本書也甚為詳細，現在摘錄有關大會堂當時的情況，舊的大會堂是在滙豐銀行總行的現址：

> 　　本城書樓，足擅香江之勝，乃一千八百六十六年公眾題錢而建，皇家每年助銀一千二百員，以供費用。樓中有壯麗之戲臺，有寬廠〔敞〕*之廳房，西人於此，恒式歌且舞，並作公眾聚會之區。書樓一所，所藏俱屬貴重奇書，博物院一所，若中若西，若男若女、若老若幼、若貴若賤，俱可入內遊觀。珍禽奇獸，目不暇給。樓之正面，水景一座，乃本港商董未士尊旬所送，其時一千八百六十四年八月事也。（〈街道樓房〉章）

生鴉片舖公開營業

　　華人在香港所經營的工商業，本書有如下的記載：

> 　　唐人之工作，則如煮洋藥、吹玻璃、製銀珠、製白油、淹牛皮、染料房、製豆豉、製牙粉、製火柴、製呂宋煙。……唐人貿易，其多財善賈者，則有若南北行，約九十餘家，次則金山庄，約有百餘家，次則銀號，約三十餘家，寫船館約二十餘家，磁器鋪約十餘家，呂宋煙鋪約有六七家，煤炭鋪約有五六家，建造泥水鋪約有五十餘家，花紗鋪約有十五六家，麵粉鋪約有十二三家，金銀首飾鋪約有十六七家，生鴉片鋪約有三十餘家，當押鋪約四十餘家，米鋪約有三十餘家，茶葉鋪約二十餘家，疋頭鋪約五十餘家，餘則

---

*　編者按：本書所有引文的用字、標點及其他功能符號（如：空位、雙圓點）均依照書刊藏品的原本面貌呈現，若有明顯錯漏或其他說明則以方括弧「〔〕」標示。

◎ 香港第一間大會堂（來源:《百年前之香港》,香港:市政局,1970）

有洋貨鋪、傢私鋪、銅鐵鋪、日本庄、席包鋪、裁縫鋪、藥材鋪、
油豆鋪、油漆鋪、映相鋪、寫真鋪、藤椅鋪、硝磺鋪、辦館、酒
館、硯硃鋪、鐘表鋪、木料鋪,尚有別項生意,難以盡錄。而生意
之熱鬧,居然駕羊城而上之矣。（〈中西商務〉章）

　　上面所引的一段,值得注意的是生鴉片舖的數目和米舖的數
目,不相上下。

轎子和黃包車

　　香港當時陸上的交通,主要是轎子和東洋車（或稱人力車或黃
包車）,僱用此等交通工具是根據所僱人數、時間長短和路程遠近而
付費的:

◉ 1915 年的人力車（鄭寶鴻藏）

◉《香港雜記》內
的更正啟事（香港
大學孔安道紀念圖
書館藏）

香港雜記終

兹奉

闓安德華民政務司師 大老爺來函命更正如左

啟者前印之富國自強及香港雜記兩部書中指出夷字外國皇后英廷各

字樣者屬不合其夷字查和約內載明無論何處概不准用而印書尤為不

可 英國無皇后之稱宜稱皇帝外國富寫西國至於 英廷 中廷均應一

律抬寫何以抬 中廷而不抬 英廷之理乎種種破綻前經來署面晤白

知汗顏今雖更正尚未盡善仍望詳細檢察安貪繕正方可發售

更正

英皇后宜稱

英皇帝

 所有

英廷二字例應抬頭

如在域多厘城內計，則每僱一轎，用轎夫二名，半點鐘則銀一毫……由早六點鐘至晚六點鐘，是為一日，則銀一員。如域多厘城外計，用轎夫四名，一點鐘則銀六毫，……一日則銀二員。如在山頂計，用轎夫二名，半點鐘則銀一毫半，……一日則銀一員半。用轎夫四名，一點鐘則銀六毫，……一日則銀二員。如僱轎夫二名，而過域多厘城外者，則銀加半。凡東洋車所經之地，西至摩星嶺山腳，東至銅鑼環，高則至羅便臣之平陽道，如過界外，則回頭時加半。如僱多一名人，及行多一點鐘，俱照數計，每行十五分鐘，即一骨之久，則錢五仙士……（〈港則瑣言〉章）

文字風波　被迫更正

這本《香港雜記》出版後，曾引起過文字上的風波，原來在《香港雜記》和另一本《富國自強》的書內，稱謂和體例都不盡合香港政府之意，因此這本書在書後作了一個更正啟事，現在把這段文字攝影，可作研究香港出版史參考之用。

省港睦鄰史上的精彩篇章：
《香江酬酢集》

「省港復交」時代

民國建立以來，廣東省當局和港英當局的官式互訪，首次是在 1928 年 3 月，適值省港大罷工風潮過後不久，港督金文泰入粵訪問；同年 5 月，廣東省政府主席李濟琛將軍，亦乘「飛鷹艦」來港報聘，這次粵港軍政領導，握手言歡，有所謂「省港復交」時代。

以後直至 1936 年，省港才有第二次的官式互訪。1936 年 7 月，曾集軍政大權於一身，割據一方的「南天王」陳濟棠（1890-1954）因發動「兩廣事變」失敗下野，乘「海虎號」軍艦匆匆離開廣州。據廬山會議所討論的結果，粵省政府決定徹底改組，由原為蒙藏委員會委員長的黃慕松出任廣東省政府主席，由原本任鐵道部政務次長的曾養甫（1898-1969）於 1936 年出任廣州特別市市長。同年 9 月初，軍事委員會委員長蔣介石為解決廣西問題，南下廣州，召集高級將領會商桂事，與李宗仁、黃旭初、程潛、黃紹紘等面商善後事宜。1936 年 9 月 17 日，港督郝德傑偕同夫人及中軍奇勒，前往廣州

官式拜會蔣介石、余漢謀司令、曾養甫市長，及軍政當局，酬酢甚歡。後並遊覽廣州中山紀念堂、黃花崗、石牌中山大學等名勝，19日返港。同年11月4日，黃曾二氏奉蔣介石命來港報聘及慰問旅港同胞，下榻港督府，受到港督郝德傑及各僑團熱烈款待，至11月6日才離港回穗。

粵省大員來港的轟動

這次黃曾二氏來港回拜，首先是在1936年11月4日晨8時15分，乘廣九路局派定的花卡附掛第一班快車赴港。隨同黃曾二氏同一花卡來港的有曾市長夫人、英國駐粵領事費理伯、兩廣外交特派員刁作謙（1880-1975）、張遠南參事、李芳秘書。另外，香港華商總會來省迎迓代表伍維予、楊一飛，及黃曾二氏的隨員護士等二十餘人，另搭頭等專卡。當日上午11時10分抵達尖沙咀火車站，全港文武官員及一批華人名流紳商，親到歡迎。黃曾二氏抵港後，即在車站月台前舉行閱兵典禮，然後渡海到香港島，在中環皇后碼頭登岸，又在碼頭閱兵。午間，即由港督中軍等引導往港督府，正式拜會港督郝德傑。下午1時，港督在督轅設午宴招待。午餐後，則由華人代表羅旭龢等引導到城門水塘參觀。晚上8時赴督轅參加跳舞宴會，這一天的節目都是由香港當局接待。

11月5日這一天是由在港各僑團接待，上午9時，香港九龍各界歡迎大會，在思豪酒店舉行。11時，港九中華各界歡迎大會，在石塘咀金陵酒家舉行。下午1時，行政立法兩局華人議員及各華人領袖，在香港大酒店天台花園設午宴招待。華商總會亦於下午4時30分，在該會四樓開會歡迎。6時，崇正總會在該會舉行歡宴。8時，西商總會假座香港大酒店天台花園舉行歡宴會，歡迎黃曾二氏及其隨員，和廣州商界報聘團。

黃曾二氏經過兩天在香港的訪問後，於 11 月 6 日早上起程返穗。

為何出版《香江酬酢集》

《香江酬酢集》就是記述這次盛會的一本書。該書沒有書名頁和版權頁，封面只載書名，有關出版事項不詳。黃曾二氏來港訪問是在 1936 年 11 月，這本書的出版日期可能是 1937 年年初。岑學呂在廣東省政府為這本書寫〈弁言〉，根據這個線索，《香江酬酢集》可能是在廣州，由當時的廣東省政府出版的。香港大學孔安道紀念圖書館的一冊是據夏威夷大學圖書館所藏的一本影印，後來又增添吳灞陵所藏的一冊原版本。

岑學呂在此書的〈弁言〉中，扼要說出出版的由來：

> 民國二十五年仲冬之四日，粵省主席黃公，廣州市長曾公，奉蔣委員長命，報聘香港政府，宣慰華僑，港之官紳僑眾，爭郊迎而禮款，酬接之盛，開港僅見。論者謂英國對我邦交之增進，僑胞對國家觀念之濃厚，悉於此可覘之，洵不虛也，兩公之行，張君遠南李君聯芳林君芳伯從，為司筆札。及歸，特輯其事蹟簡牘為一卷，顏曰香江酬酢集，謂將以誌盛會而資觀感……

照片十五幀體現粵港高層交往實況

除〈弁言〉外，全書分為五個部份：一、照片，二、酬酢程序，三、往來函電，四、演說談話，五、歡迎的團體及個人芳名錄。除照片部份外，內文共 62 頁。

照片共 15 幀，前面 5 幀都是官式個人照片，計有〈總理遺像〉、〈蔣委員長玉照〉、〈港督郝德傑爵士玉照〉、〈黃主席玉照〉和〈曾

◉ 港府官員及名流到車站歡迎黃慕松、曾養甫（香港大學孔安道紀念圖書館藏）

◉ 黃慕松、曾養甫在中區皇后碼頭閱兵（香港大學孔安道紀念圖書館藏）

◉ 粵港官紳在港督府前合影（香港大學孔安道紀念圖書館藏）

市長玉照〉；其餘 10 張都是黃曾二氏在香港訪問活動的照片，計有〈……專車抵港九龍站港中官紳名流到站熱烈歡迎盛況〉、〈樂隊在車站奏國歌歡迎中英官紳肅立致敬〉、〈黃主席曾市長步出月台閱兵〉、〈黃主席曾市長在九龍車站門口攝影〉、〈黃主席曾市長在皇后碼頭閱兵〉、〈黃主席曾市長在督府閱兵〉、〈黃主席曾市長駕臨督府時攝影〉、〈港督歡迎黃主席曾市長在督府前攝影〉、〈香港九龍各界一百九十個團體歡迎黃主席曾市長大會攝影〉及〈港九中華各界六十一個團體歡迎黃主席曾市長大會攝影〉。其中以在港督府前攝影的一張面積最大，這張包括 29 人的團體照列明了圖中人物的姓名，對於認識當時粵港的官紳名流動態有很大幫助。這些照片都印得清晰，每張相片均以金線圍繞四周，相片之間又以襯紙相隔。

〈酬酢程序〉開列黃曾二氏訪港期內的活動，每個活動都詳細列明時間、地點、會見人物，及舉行的細節，最後列出香港政府正式約請人客的名單，和西商總會約請人客的名單。（見本章後附）

〈往來函電〉的這部份包括：華人代表、港九中華各界歡迎會、香港九龍各界歡迎會、香港崇正總會，和僑港國醫聯合會等邀請黃曾二氏共 5 函；黃曾二氏覆函接受邀請共 8 件；黃曾二氏回穗後的來往函件共 5 件，一件由香港自來水總工程師函謝參觀城門水塘，兩函是曾氏致港督和西商總會主席，其餘兩函由黃曾二氏具函致謝港華人代表和各團體領袖在港的款待。

〈演說談話〉部份一共收錄 28 篇文章：其中 11 篇是在不同的歡迎會上分由港督、西商總會主席鐸威路、華人代表羅旭龢、華商總會主席李星衢、副會長黃茂林、港九各界歡迎會主席團代表何厭、香港九龍各界歡迎會主席鄧志清、港九中華各界歡迎會顏成坤、葉蘭泉和韓文惠，及崇正總會林甫田等的致詞；14 篇是黃曾二氏分別在各個歡迎會的致詞；兩篇是黃曾二氏到港的書面談話；最後一篇是黃曾二氏聯名的離港談話。

港督盛讚中山紀念堂

港督在他的致詞中，談及他們在廣州訪問時受款待的情形，及對廣州的觀感：

……日前廣州二日之暢遊，實令余兩人腦海中永久不能遺忘者，回憶當日余等在黃埔晤 蔣委員長及其淑配宋女士，正值黃昏時候，夕照波光，映帶左右，水陸兩間，交呈金色，其歡迎熱烈之情，與自然界交相輝映，為之快樂無極。余等隨於明月之下，乘輪上駛，忽覩崇樓峻宇，矗立兩岸，五色燈光，輝皇層疊，則已至莊嚴璀璨之廣州市矣，時則巨舶牙檣，高參星斗，在此夜色迷濛中，漁舟小艇，駢集於萬丈波光之上，對茲晚景，尤足娛心。翌晨往遊中山大學，此處為最高學府，地處郊野，遠離市區，但見群巒在望，地闊天空，校舍莊嚴，田園廣大，使人瞻仰不已，市中又有偉大之中山紀念堂，及華麗之市政府，其構造之精美，實為華人現代建築傑出之作，……復於臨別之際，以象牙及金屬所製之雕鏤品見贈……

呼籲港人投資廣州

黃慕松主席在港督府的演說，亦有談及他對香港的觀感和港穗的關係：

……港中各官紳，躬親導引參觀城門水塘、滙豐銀行等之偉大宏麗的建築物，尤以城門水塘，為民眾設想，用心可佩，至於沿途所見各種建設，各處風景，無一不富有壯美之感力。省港兩地相去，祇一衣帶水，素為一親愛之姊妹埠，在現下廣州建設開始時期，真有望塵莫及之感，而在新廣州市之設計中，却得他山之助不

少。鄙人等此行,實於最近最熟之香港,獲得許多最新穎最良好之印象,尤認為答拜中最大之意外收穫,……

廣州市長曾養甫在港督府的演說,比較側重呼籲港人投資廣州,以恢復廣州的繁榮:

> ……鄙人前在扶輪會席上曾言,香港與廣州之繁榮,必須互相倚助,倘仍繼續經濟競爭政策,必致兩方均無利益。我們現為恢復廣州之繁榮,已準備進行一經濟建設之大計劃,惟欲求此計劃之實現,極需要友邦友誼之協助,故吾人極歡迎外人,尤其與廣州鄰近之香港,投資合作,……

其他大多數的演說詞,都是充滿客套樣版的詞句,無甚可觀,但其中提及的如西商會赴廣東省觀光、南中國的匯兌、中國民航公司港滬線通航、滬戰賑災、捐機祝壽、港僑校向中國政府立案、關稅的徵收、行旅的稽核、僑胞子弟回內地就學,和失業僑胞回內地居住等,對於研究香港和內地的關係,是有相當啟發性的。

接到三個請願

本書的最後部份是〈香港僑胞領袖及各界團體代表芳名錄〉,分成四組:第一組是華人代表各界領袖,共錄得 18 人;第二組是香港華商總會會長及各值理,共錄得 106 人;第三組是香港九龍各界歡迎會團體及代表,共錄得 90 個團體和 265 個代表;第四組是港九中華各界歡迎會團體及代表,共錄得 61 個團體和 124 個代表。第三組和第四組的團體的範圍包括甚廣,有商會、工會、同鄉會、國術社、學校、體育會和學會等,對研究當時香港的社團組織狀況,是有幫助的。

這次來港報聘期間,黃曾二氏亦接獲了三個團體的請願:香港

漁民協進會請速振興漁業；香港糖商會請撤銷糖業統制專賣，和華人機器工會請收回會權。

後話

　　黃曾二氏這次來港報聘，大觀聲片公司曾派工作人員，到場拍攝了時事影片。

[附]

黃主席曾市長答訪港督秩序

廿五年十一月四日至六日

十一月四日星期三

上午八時十五分	附掛花車,由省啟節。
十一時十分	掛車抵達九龍車站。
十時卅五分	廣九英段局長 W. J. Walker, Esq. 到深圳站歡迎。

十一時十分　　車抵九龍站時,港督派侍從武官 Capt. W. J. R. Cragg 連同以下各員,在車廂門外歡迎,并介紹下列各人相見:

(1) 華民政務司 W. J. Carrie, Esq.

(2) 港務局長 G. F. Hole, Esq.

(3) 市政衛生局長 R. R Todd. Esq.

(4) 羅旭龢博士 R H, Kotewall, Esq.

(5) 曹善允先生

(6) 周俊年先生

(7) 羅文錦先生

(8) 西商會主席 S. H. Dodwell, Esq.

(9) 華民輔政司 A. G. Clarke, Esq.

a. 中西人士,凡到站歡迎者,均穿禮服,中西併〔並〕用。

b. 港政府招待,除派專車以外,華人代表,另備三車,英商會另備三車供用。

c. 皇家軍隊,排列在車站歡迎,并請檢閱。

d. 軍樂隊奏中國國歌歡迎。

e. 檢閱後,乘小輪過港時,英海軍鳴炮致敬,全體肅立。

十一時廿五分	由皇家碼頭登岸，港督派布政司 R. A. C. North, Esq. 率同下列文武官員，在岸歡迎，并介紹相見：

（一）司法官 C. J. Alabaster, Esq.

（二）財務司 E. Taylor, Esq.

（三）工務局長 A. G. W. Tickle, Esq.

（四）醫務長 A. R. Wellington, Esq.

（五）警探長 T. H. King, Esq.

（六）J. J. Paterson, Esq.

（七）J. K. Braga, Esq.

（八）M. T. Johnson, Esq.

（九）A. W. Hughes, Esq.

（十）侍從武官 Capt. W. J. R. Cragg

（十一）港務局長 G. F. Hole, Esq.

十一時卅分　　　　在碼頭二次檢閱皇家軍隊。

a. 港督侍從武官，陪同黃主席曾市長，驅車直到督府駐節。

b. 布政司夫人 Mrs. North，陪同曾市長夫人，先赴督府。

c. 隨行人員，由布政司偕同赴香港大酒店，派員在預定房間招待。

十一時四十分　　　　黃主席曾市長駕抵督府，三次閱兵。

十一時四十五分　　　港督暨夫人，在督府大客廳，恭候黃主席曾市長暨夫人，行相見禮。

十二時三十分　　　　港督暨夫人，在督府接見宋廳長，刁特派員，李秘書，張參議。（由布政司 R. A.C. North, Esq. 引見）

下午一時　　　　　　在總督府午餐。（着早禮服，兩方皆無演講。）

二時一刻至三時一刻　黃主席曾市長暨夫人休息，或私人約會。

三時五十分　　　　　黃主席曾市長暨夫人，趁四點之渡輪，赴新界城門水塘參觀。

a. 着便服。

b. 港督及夫人，陪同前往，何時返港，聽主席及市長之便。

c. 在水塘進用茶點，（總工程師 Mr. Hull）担任招待。

d. 由水塘返港時，參觀滙豐銀行，如時間許可，則環遊港江全景。

e. 隨行人員，攜帶影機者，須先徵求港方陪員同意後，始得攝影。

下午八時　　　　在總督府晚餐。（着燕尾服）

a. 儀節概略：首由港督起立，持杯恭祝中華民國國府主席健康，在座皆起立共飲，飲畢，畧坐二分鐘，主席起立，持杯恭祝英皇萬歲，眾起立共飲，復坐。

b. 港督致辭歡迎，并恭祝黃主席曾市長健康。

c. 主席用中文答詞。（由李秘書担任通譯）

d. 市長用英文答詞。

e. 英軍司令，特備蘇格蘭樂隊助興。

（餐畢，主席市長，向樂隊指揮讚謝。）

十一月五日星期四

本日各項約會，港督概不加入，亦不派代表參加。

上午九時　　　　港九各界歡迎會，共一百九十個團體，假座思豪酒店，開會歡迎。

上午十一時　　　港九中華各界歡迎會，共六十一個團體，假座金陵酒家，開會歡迎。

下午一時　　　　華人代表，及十四位華人領袖，假座香港大酒店天台花園，恭請主席市長午餐，并請中西各界領袖作陪。

下午四時三十分　全島華商領袖，在華商總會開會歡迎，以上四項，主席市長，均有致辭。

下午六時　　　　　　崇正總會歡宴。

下午八時　　　　　　西商會歡宴。(地點在香港大酒店)
　　　　　　　　　　a. 會餐時着大禮服。
　　　　　　　　　　b. 首由主席用中文答辭。(李秘書担任通譯)
　　　　　　　　　　c. 市長用英文答詞。
　　　　　　　　　　本日中午及下午，各項秩序，均不招待女客。羅
　　　　　　　　　　旭龢夫人，曹善允夫人，羅文錦夫人，分別邀請
　　　　　　　　　　曾市長夫人宴會，并邀同港中名媛作陪，環遊全
　　　　　　　　　　島或購物。

十一月六日星期五

上午八時　　　　　　黃主席曾市長暨夫人督府與港督暨夫人握別後，
　　　　　　　　　　乘車赴皇后碼頭。

八時十分　　　　　　布政司夫人，伴曾市長夫人，布政司，警察司，
　　　　　　　　　　港督侍從副官，華民政務司，衞生司，及羅旭龢
　　　　　　　　　　博士等，陪同黃主席曾市長過港。

八時廿分　　　　　　廣九英段局長獲架，引導黃主席曾市長暨夫人，
　　　　　　　　　　及省方官員登車。

八時廿五分　　　　　啓節返省。(送行人員同前)

港府正式約請之客

黃主席　　　　　　　曾市長暨夫人　　　　　宋廳長子良
刁特派員作謙　　　　張參議遠南　　　　　　李秘書芳

港西商會約請之客

諶書記長小岑	林委員芳伯	鍾行長秉鋒
顧行長翊羣	江行長英志	何會長輯屏
鄒會長殿邦	陳行長玉潛	李局長祿超
盧行長衍明	歐陽副行長奇	劉廠長鞠可
姚局長伯龍	羅廠長聽餘	唐局長應華
錢委員樹芬	溫行長萬慶	陳先生仲璧
陳先生廉仲	蔡先生偉夫	

戰前的香港社會實錄：
《香港市政考察記》

《香港市政考察記》是這樣寫成的

民國二十五年（1936）冬，譚炳訓奉命自廬山來港，主要考察山路交通和自來水工程，更兼及一般市政設施，他逗留在港時間有半月之久。譚氏返回內地後，就見聞所及與搜集所得，編輯而成《香港市政考察記》。譚氏所以選擇香港作為考察地點，在其書內的序言中有提及：

> 香港九龍本我領土，在英人統治下將百年矣，國人之赴歐美及日本考察市政極夥，香港已發達為百萬人口之大市，其足為我市政上取法或借鑑之處必較海外都市為多，且此種割讓地及租借地之政治及建設，直接施之於吾國人，樹立於我國土，豈容漠然而視，不予以深切注意耶？故作者不計此考察記之疏陋，而刊之以供關心香港市政者之參考。

《香港市政考察記》於民國二十六年（1937）5 月出版，由廬山

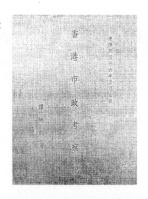

◉《香港市政考察記》（香港大學孔
安道紀念圖書館藏）

管理局發行，定價每冊4角。全書共85頁，另有〈香港九龍境界圖〉
一幅和城門水塘建設圖樣三幅。香港大學孔安道紀念圖書館所藏的
一冊，是據夏威夷大學圖書館所藏的原本影印。此外，廣州中山圖
書館和北京中國社會科學院近代史研究所圖書室都藏有原書。

　　《考察記》除〈目錄〉及〈序〉外，共分為六章：第一章為〈行
政組織與財政狀況〉；第二章為〈香港與九龍市區概況〉；第三章〈警
察〉分述警察公署之組織概況、警察之服勤及其待遇，以及警察訓
練；第四章〈公共衛生行政〉分述潔淨局、垃圾之處理、公共廁所、
屠宰場及潔淨局之經費；第五章〈工務〉分述工務司署之組織概況
及經費、道路、登山電車、香港九龍之自來水、城門水塘工程及下
水道；最後的第六章是〈香港市政考察記尾言〉。

　　譚氏來港考察主要的是山路交通和自來水工程，所以〈工務〉
的一章佔的篇幅最多，全書85頁中佔了49頁，全書照片插圖共33
幅，但全屬於這一章，這可以見到全書重點的所在。

戰前香港警察制度

　　雖然此書的重點放在考察工程上，但譚氏對於其他各章，都有
很深入的探查和分析，試以第三章〈警察〉為例，對香港警察的健
全組織制度，就有以下的論述：

一：服務期限。香港警察規定服務期限至少五年。此種限期對於警察訓練，關係至鉅。使非有此種限制，縱朝夕教練，新隊未精，舊隊已散，則教育空費，訓練無功，就警隊本身言，實等於虛耗！有此五年服務之限制，始克有精強之警隊常存也。

二：待遇優厚。香港印警最低月餉十八元，華警最低餉十七元，加餉每級四元，故勤慎服務，四年後即可月得三十餘元矣。較之歐警，每月數十元乃至數百元，雖相去甚遠，但較國內警察，月僅七八元者，則優厚多矣。即以餉額最高之首都警察而言，警士月餉為十四元至十六元，家屬宿舍，尚須自理。

三：升級加薪。香港警察之升級，多採遇缺即行補升之辦法，薪餉亦隨升級而加，凡有勞績，即予升補，亦有年功加餉之規定，蓋預算中已將官佐長警應加薪餉編入矣。此外尚有自請記名升級之辦法，如警士欲升警長，則請求入教練所受補習教育若干星期，經考試及格，即升為記名警長，一遇警長出缺，立即升補。參觀教練所時，見所內受補習教育之華印警若干人，一人或三五人一組，並不按時上課，僅由所中教官加以指導，自行補習。此種辦法，實至為美善，既可提高長警智識，又可使下級警察抱無窮之希望。且由此方法升拔之員警，其幹練之能力，必可補警官學校新畢業學生之缺陷也。

四：撫恤及養老金制度。撫恤及退職養老可使警察咸知勤奮，且不願輕於棄職而去。故香港警察每年流動率，約為百之十五，即離職及告休者每年二千人中僅三百人耳，此香港警察基礎之所以牢固也。……（第28-29頁）

當年繁榮的因素與賣地收入

譚氏觀察香港問題甚為深刻，在論及當時香港繁榮的主要因素時，他指出：

近三年來香港收入何以遞減，並且是否仍將繼續遞減，原因雖甚複雜，不過細察表內各項遞減數最顯明者，以碼頭捐及港灣捐一項為最著，換言之，即香港政府收入遞減之主因為停泊船隻之減少，此為世界經濟不景氣中不可免之現象。查表內碼頭及港灣捐收入最高時期，為一九三一與一九三二兩年，幾兩倍於一九二六年者。一九三一年是我國北伐完成後之第三年，內戰結束，統一建設開始邁進，此或香港船隻增多原因之一，所以世界經濟不景氣難關之打破與中國建設的步入常軌，此兩種互為因果之原素，為決定香港繁榮之主要力量。（第10–11 頁）

拿現在香港的情況來看，世界經濟和中國關係仍是促進繁榮香港的主要因素。譚氏對於以後賣地收入的估計，亦是十分有遠見：

　　……地產賣價歲收二〇六，〇〇〇元，佔歲入總額百分之〇‧七二，上兩項〔按：連廣九鐵路歲收〕所佔百分比，雖不為大，但將來皆有激增之可能。地產賣價中，八萬元出於香港，十二萬六千元出於九龍。九龍乃香港對岸之半島，背山面海，與香港勢成犄角。英初得香港，以一島孤懸，難以為守，咸豐十年乃續租九龍，時面積僅四方英里。迨法租廣州灣，英人更開拓九龍北部租界，訂期九十九年，舉九龍全半島與附近諸島，均歸租借，面積乃達四百方英里之多！則其將來對於增加香港政府之收入，必有可觀！（第 8 頁）

香港與內地之對比

譚氏熟悉國內事務，這一次他在香港所考察得到的，和中國內地的情形有不同的地方，都作了一個比較。因此，從這一本《考察記》，可以見到兩地發展的分別。

一是房捐地捐稅率很高。

　　（香港）產業稅內房地捐為五百六十萬零八千元，幾佔牌照稅及產業稅（一三‧一八八‧六〇〇）之半（約百分之四十三），房捐稅率為百分之十七，地捐稅率為百分之三，此種高稅率，在吾國任何大都市中，尚屬鮮覯！上海公共租界僅百分之十四，（有於一九三八年增至百分之十六之議）牯嶺房捐稅率僅百分之一，土地稅率衹百分之二，稅率既低，且原估之地價，多係三四十年以前所估者，而牯嶺之少數土著，對於廬山管理局概照舊章徵稅，猶認為苛求，以視香港政府稅率之高，當知彼輩對國家之負擔為如何輕微矣。（第7頁）

二是正試用紅黃綠交通燈。

　　香港之交通警，有益趨減少之勢，因自動交通信號燈，已採用於德輔道與車打道交口（一座之價約需港幣九千元），現已試用一年，成績極佳。此種自動交通信號燈，與普通交通燈大致相同，惟紅光變綠光，或綠光變紅光之間，加一黃光，名之曰準備信號。……自動交通燈則由來往之車輛自行操縱之。在距離交通燈五十公尺左右之路面上，設橡皮韌帶一條，橫陳路上，但高出路面甚微，汽車或人力車行經其上，韌帶受壓，即有電流通至交通燈，數秒鐘後（其時間之長短可隨意校對；以交叉各路之車輛往來密度而分別定之），燈光即由紅而黃再變為綠。此綠光直至另一方向之車越過另一橡皮韌帶時，始再變紅。

　　……上海公共租界江西路近裝自動交通燈一座，試用成績如何，尚未見報告，惟其構造與香港者稍有不同，雖亦有黃色準備信號，橡皮韌帶則取消，完全以固定時間變換燈光。（第24頁）

三是鬧市堆滿垃圾。

　　香港氣候，四季常暖，十二月間，蚊蠅猶生，垃圾由汽車傾入駁船時，臭塵與蠅群，一齊飛揚，碼頭行人與附近停泊航船之水手，無不掩鼻。冬季如此，夏季情形如何，可以推知。尤難堪者，當大汽車由住戶或街巷收集垃圾時，雖在交通繁盛之通衢，來往行人擁擠之中，收集垃圾之苦力負筐傾倒垃圾於車上之時，塵垢染目，惡臭撲鼻，作者在香港最繁盛之皇后大道上，曾見垃圾汽車一到，附近商舖住戶紛紛將垃圾傾於汽車所停之馬路步道上，鬧市頓成垃圾場，然後由工人裝入汽車運走。此種辦法，不僅有礙行人衛生及觀瞻，且妨害交通及秩序，較之數年前北平市採用垃圾待運站，閘門一開，垃圾汽車即裝滿，不僅衛生觀瞻及交通皆無妨害，且用一二分鐘之時間裝滿一車，較之隨地零星裝載可節省二十分鐘，香港政府或墨守成規，尚未思及改善也。

　　青島夏季歐美遊客最多，其於運送垃圾及糞便，嘗限於夜間為之。或劃定區域路線，使行人不見，廬山於盛夏之時，亦嘗限定時間，運除垃圾及糞便。（第 32–33 頁）

四是殺牲用刀，污水滿佈。對於有關殺牲設備提到：

　　香港殺牲仍以刀為之，上海公共租界所辦之屠宰場，以電箱殺牲，香港屠場其他設備，亦皆不及上海。（第 34 頁）

而有關污水的處理，則是：

　　下水簡分兩種：一為雨水。一為污水（即家庭廢水及工業餘水等）。此種下水之宣洩，設管導引，有採用分流制者，有採用合流制者。分流制即污水雨水分設水管，各成系統，互不相侵。合流制則污水雨水混合於一管而排洩之。香港島上畫〔盡〕為丘陵，其下水道似以採用分流制為宜，惟詳考其現有之水道，則多不成任何系統，污水雨水隨處設管，輸送入海。此種辦法，處理雨水猶可，處理污水則頗欠適當。蓋沿岸即為海港，船隻停泊或往來者頗多，

污物浮游水面，臭氣熏人。歐美大都市污水之處置，無論曬乾用作肥料，或輸送於大海，使之消容，均須先經極繁複之手續，設廠處理，使污物與水份分離，而分別消納於不妨礙公共衛生或觀瞻之處所。

青島市區形勢頗與香港相類。其於下水之處理，在德人經營時代，即有分流及合流兩種系統之分，而於污水則設處理廠五處，將污水過濾後，污物賣與農戶，作為肥田之用。濾後之污水，用升水機送至遠海深水之下，即少浮游物，更無惡臭熏蒸，今香港對於污水之處理，則大部直接輸於海濱，惟於維多利亞區，因恐污水染及海水浴場，且以距離維多利港灣太近，乃置小室一間，設一馬力半之電動升水機一座，將其污水內之糞污，由十二英寸幹管，送至太古製糖廠附近之海濱，仍任其漂流。參觀至該處時，惡臭撲鼻，令人欲嘔。（第78–79頁）

香港值得借鑑之處

譚炳訓來香港考察，主要是要看看香港哪一方面值得國內或廬山取法，所以在《考察記》，他提到：

一是法治精神和文官制度。

香港在英人統治下已將百年，英人之政治向以法治見稱，其在香港政治上表現之法治精神，亦殊令人欽羨。一切法典規章，無不編製俱備，卷帙浩繁，每部售價在二百餘港幣以上，此項典籍實為香港百年政治之結晶品，港政府官吏守法奉公之精神，在公私生活上亦多表現。香港工務司署署長韓德森君服務港府二十餘年，其他各司署長等重要官吏，皆不隨港督同進退，而薪給之優（港督年俸及公費二十萬港幣）及加俸退休養老金等規定，凡所以保障公務員之生活者，應有盡有，故官吏無不忠心服務。香港政治因以安定，

◉ 香港市容建設進步（鄭寶鴻藏）

一切庶政，皆上軌道，建設工作得循序前進，既無敷衍之習，亦無
躁進之嫌。如城門水塘工程分四年完成，其他大建設計劃，莫不經
長期之設計研究，然後從容實施之。此我國今日努力復興民族之經
濟建設所應取法者也。（第83頁）

二是交通。

　　九龍街道與公路之建設，年來進步極速，故其交通亦稱便
利，汽車路環繞半島全周，遊客可以三小時半之時間，週遊其全
境，按九龍與港島隔一海峽，其交通似應失聯絡，實則輪渡交
錯，形如穿梭，三五分鐘便得一渡，載客者有之，載汽車者亦有
之。香港有公共汽車八路，電車六路。九龍有公共汽車十七路，
分佈兩處，站驛遍佈。兩地交通，完全連成一氣。故以九龍之
大，而政治中心又偏居於港島。其治理開闢，絕無不便之嫌，交
通組織完密，有以致之也！（第20頁）

三是督憲府高低不齊的處理。

　　督憲署附近一帶，因其位於山坡，高下不齊，道路亦不規則，
雖然，其為全市交通之核心，則並不因而減色！蓋汽車路橫貫督憲

◉ 戰前大葛樓（高等法院）莊嚴外觀（來源：Burgogne, E.J., Far eastern commercial and industrial activity - 1924. London, Commercial Encyclopedia Co., 1924. 楊國雄藏）

署左右，可達商業區，登山電車處其右，直上而入住宅區，十分鐘內乘電車可登山巔，十五分鐘內可乘輪渡而達對岸之廣九車站及碼頭。故旅客可以一小時半之短時間，或登山巔，或縱覽全島。以港島形勢之崎嶇，而有如是便利之交通。此堪為廬山建設之所取法者也。（第 18–19 頁）

四是後備警察。

香港警署平時訓練義勇警多隊，英印華人皆有，均為有職業而熱心公益之人士，用為後備警，為非常時期中之用者。蓋如遇國際戰爭發生，現役警皆編入軍隊參加戰鬥，原有警察職務則由義勇警隊代之。

現在我國施行國民軍訓，以為非常時期之準備，自為國防上之要着，惟於已受軍訓之國民，選其智識較高者，再加以警察訓練，編為義勇警隊，在今日我地方警費支絀情況下，此項義勇警在平時

可補助原有警力之不足，而在非常時期則其為用尤大矣。(第 25 頁)　

五是自來水工程用的升水機。

　　香港所有升水機則皆用蒸汽，式樣雖老，管理得法，效率尚
好。直立式蒸汽升水機，較之德國製臥式蒸汽升水機，頗多改良，
汽缸為三，活塞之上下衝動力，較兩汽缸者，易於平衡，此其一；
汽缸廢汽之冷凝鐵櫃鑄入出水管內，利用升水機自升大量之水，冷
凝廢汽，省去另建冷凝池及該池所耗之水，此其二。有此二利，在
電力尚未普及之我國，購用此種升水機，極為合用也。(第 68 頁)

香港為人詬病之處

　　譚氏考察香港，有些地方認為值得國內借鏡的，但亦有以下的
情況是值得詬病的：
一是香港政治的殖民地性，架構重疊，軍費龐大。

　　香港山巔不准華人置產及居住，其間道路園林之整潔，與碼頭
附近華人居住區之污穢，不能比擬！香港最繁華之德輔道及皇后大
道，一至晚八時，人行道之水門汀上，即睡滿勞工乞丐，以破蓆覆
體，白亮之電炬，照其灰白之面上，儼如殭屍，步行其間，慘不忍
睹！他如煙賭不禁，慈善及全部社會事業之經費年僅二十萬元，為
歲出總額千分之六，而軍費歲支在五百萬以上，為歲出總額六分之
一，可知英人之治香港，其目的在以武力保護其經濟利益，吾僑胞
之福利安適，固非所計也。至港政府下駢枝機關之多，英籍與華籍
公務員待遇之差異，中下級職員中亦盡量安插英人，以解決其本國
之失業問題，致各機關俸給一項支出，佔經費百分之八十以上，此
皆殖民地政治之特徵也。(第 84 頁)

二是香港的自由主義。

香港所有公用事業，除自來水外，皆由私人投資辦理，如電廠，電車，登山電車，公共汽車及渡輪等，莫不為私人經營，因之高定價格，獲利極豐，窮苦居民所受剝削愈甚，而生活益苦矣。此皆港政府抱自由主義獎勵私人資本之流弊也。（第 84 頁）

三是英國人的保守主義，政府名稱充滿封建色彩。

香港工務司署每年以五百萬元之經費，年僅出極簡單之業務報告一冊，他如各種事業之概況及統計，各項工程之設計標準圖說，不僅無印制〔製〕品可供參考，即該署內部自用者，亦未釐定標準，此或為英人實事求是不講虛文之表現歟？至施工方面，如瀝青油路修築法，多沿用極不合理之舊法，材料之浪費極大，而效率又甚低。英人之保守性，不僅在「督憲」稱號及「香港督理軍民事務公署」等之紅色滿清式牌匾上見之，即技術上亦處處顯示其墨守成規之習性。（第 84–85 頁）

四是警政的腐敗，如警員勒索旅客。

作者曾與香港警察總監金君有兩小時之談話，彼亦坦然表示香港警察外表雖好，仍須努力改進也。水上警察在碼頭上之勒索上船旅客，尤為人所共曉之事。作者曾在九龍埠頭送別友人，水上警察以檢查旅客私運軍火為名，將所有行李一概翻開，逐物檢查，開船之時已屆，仍不放行，後苦求再三，始得登船。水警為華人而欺侮同胞，良可慨嘆！（第 29 頁）

戰前的香港工業調查：
《港滬化學工業考察記》

上世紀三十年代，廣東省的國立中山大學化學系對於化學工業，素極注重。1928 年春，該系成立化學工業研究所，所內設備有研究室、實驗室、陶瓷工場、製革工場、製紙工場、車場等，為學生提供實習探研之用。該所更積極計劃進行研究和調查事項。

中大來港考察化學工業

民國二十年（1931）夏，該化學系和研究所為使各同學獲得書本上的實地考證，及實現調查國內工業計劃起見，特別組織化學工業考察團，由理學院院長陳宗南和化學工業研究所主任康辛元率領化學系「民 20 年班」同學，於 4 月份初赴港滬一帶考察。團員計有助教李本張及盧鑑明、該班同學袁文奎、楊熙健、胡學良、許培根、曾汝猷、柳金頃、祝其琛、陳人闌、李玉琪、唐玉書及馮國治等共 13 人。所參觀的化學工廠、機械工廠及化學工業研究所等共四十餘處，費時十餘日。

⊙《港滬化學工業考察記》（香港大學孔安道紀念圖書館藏）

　　該考察團所訪問的單位種類，極為多樣化，在香港考察的共有六處，包括香港中華煤氣公司、香港自來水廠、群益暖水壺玻璃廠、明新雕刻玻璃廠、安樂園糖果公司及太古船廠。

　　在上海考察的單位，數量比在香港的為多，共計 27 處，包括閘北水電廠、天原電化廠、東方修焊公司、上海水泥廠、中國製瓷公司、中華琺瑯廠、上海玻璃廠、明華興記火柴廠、中國蓄電池廠、上海煤氣公司、五洲固本廠、南洋燭皂廠、同昌油廠、振華油漆廠、永固油漆廠、天廚味精廠、中國化學工業社、大華利衛生食品公司、上海皮酒廠、龍章造紙廠、江南造紙廠、上海皮革廠、亞洲皮革廠、大中皮革廠、熾昌新製膠廠、中央造幣廠和江南造船所。

　　該班同學畢業後，無暇整理該次考察資料，而袁文奎因留校服務之故，將舊稿檢出，陸續編輯，先後在中山大學自然科學雜誌發表，繼而由中山大學在民國二十一年（1932）出版單行本，以《港滬化學工業考察記》為書名，每冊定價為大洋 4 角。

　　《考察記》一書在上海社會科學院歷史研究所圖書館藏有原版本，全書共 108 頁，除編者的〈弁言〉和本書目錄外，內容主要分為〈香港之部〉和〈上海之部〉。香港大學孔安道紀念圖書館收藏資料範圍，僅限於有關香港的資料，因此所要影印的只是〈香港之部〉的 29 頁。筆者就按這部份而作出介紹。

　　該考察團在香港參觀時，常常遇到困難。如訪問明新雕刻玻璃廠時，因為該廠要守業務秘密，雖然破例允許該考察團參觀，但對於製鏡方法，很不願意說出來，經多方探詢，才大略知道梗概；訪問群益暖水壺玻璃廠的玻璃部時，適值該部改裝爐灶，不能開工；訪問安樂園糖果公司時，該廠暫未製造軟糖，故不能看到軟糖機的操作情形。

　　該書內的每一個考察報告大致分為概況、設備、原料、製法或處理手續及工人情況等類來介紹。其中設備、原料和製法這三大類側重介紹各種化學工業的製作過程，有圖表輔助解釋。有關香港戰前化學工業的製作技術文獻不多，這些報告可以補充這一方面的資料。

　　其次，這些報告不僅提供化學工業的技術情況，對於一些化工廠的業務、組織、該業製成品的市場等亦均有敘述，對於研究戰前香港工業史是很有參考價值，現摘錄有關群益暖水壺玻璃廠〈概況〉的一部份：

　　　群益煖水壺玻璃廠，在九龍旺角花園街，係股份有限公司，純由華人資本開辦者。成立雖僅年餘，然成績卻大有可觀。該公司除總廠外，尚有一分廠設於廣州河南二涌口，規模較總廠為小，祇專製汽水瓶，每日出貨，約值三百五十元。總廠有工程師二人，係葉均平君及劉亮桐君；葉君管理水壺製造部，劉君擔任玻璃製造部。其總司理為雷雨田君，掌理廠內一切事宜。……

　　　當該廠未成立之前，廣東全省所用之花燈罩，悉由日本輸入，顧國內缺乏此種工場與之爭衡，而日人所得盡其操縱能事。迨至該廠成立，創製花罩以還，日人遇此勁敵，始受打擊，今則不僅無操縱之可言，且失去競爭之能力，現在市面日本花罩，輸入幾乎絕跡，其挽回利權，殊非淺鮮。其次，該廠所製熱水壺，質料頗精，售價又廉，大可以抵抗舶來品。不僅此也，該廠出品，除供給本省

外，尚可暢銷於新加坡南洋等地，與外貨角逐。倘能悉心研求，精益求精，前途殊未可限量。

　　製造廠計分玻璃製造，磨罩，煖壺製造，機器四部，每部均佔地面不多。全廠有工人一百四十五，出品以煖壺及燈罩為大宗，每日可製煖壺心五十打，並燈罩出品，共可出貨八百餘元。燈罩有二百餘種，商標係雙箭及三箭二種。（第15頁）

值得注意的是該書編者極注重「挽回利權」，在敘述安樂園糖果公司的概況時，亦有提出這一點：

　　該廠鑒於年來外貨充斥，利權外溢，就糖果一項，國內通都大邑之商場，莫不充塞舶來品，故於製造方面，悉心研究，思有以抗禦外貨之侵略。其次，國內工場之用機器製造冰淇淋（Ice cream）者，亦以該廠為先河。最近該廠以市面上香口膠之銷路日廣，故亦用一種稱為 Chickle 之糖製成口膠，成績頗佳，且售價甚廉，約相當於舶來品二分之一。（第23-24頁）

◉ 安樂園創製雪糕片廣告（香港大學孔安道紀念圖書館藏）

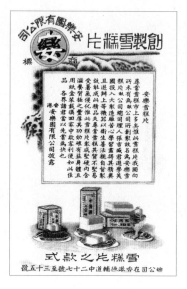

此外，該書還提供了部份工廠工人的情況，有關群益暖水壺玻璃廠的如下：

> 全廠有工人一百四十五，均係長工，無女工。玻璃部有八十六人，煖壺部有二十八人，其餘則屬車花、機器、庶務等部。普通每日工作十小時，工資視工作繁簡情形而異，如車花工人，月薪百元，雜役七元，平均約每人每日可得工資九角。上手工人，多由上海請來，以該廠創辦伊始，本地工人，多不諳習此藝。廠內未有組織工會，而開辦迄今，未有罷工事實發生云。（第21頁）

安樂園糖果公司多僱女工，但工資比男工低了一半有多：

> 全廠共有工人一百七十餘，男工佔三分一，女工佔三分二。每日工作九小時，男工每人每月平均可得工銀廿餘元；女工則以日計算，但至少須做一月，日可得工銀三角至四角。（第26-27頁）

太古船廠的規模較大，而工人福利比一般工廠為佳：

　　全廠工人，現在仍有三千餘，分為散工，拌工，及學徒三種，學徒學習期間，定為五年，在此期間，每月只給津貼二三元。工人之工資，視所做工作而定，平均每人每月約三十二元，每日工作九小時。該廠附近，建有房屋數座，租與工人住眷，廠內設有工人子弟學校，聘有男教員四人，女教員一人，學生約有二百人。廠內無工會組織，惟香港工會，可以自由加入，港政府不加干涉云。（第29頁）

早期的百貨公司是怎樣的：
先施、永安兩本紀念刊

當年香港的四大公司

　　香港現時的大型百貨公司，各區多有設立。以前主要的大型百貨公司，完全集中於港島中區，所以「行公司」，必定要「上中環」，其中尤以四大公司，執百貨業之牛耳。這四大公司就是大新、中華、永安和先施。大新公司的舊址是後來新建的大新行。中華百貨公司的舊址，就在皇后大道中現時連卡佛大廈的所在。永安公司和先施公司都已在舊址重建總行新廈。筆者所經眼的，就只得先施公司和永安公司所出版的紀念刊。這兩家公司不只繼續經營百貨，而且更擴張業務。而未見出版紀念刊的大新和中華，則未有繼續經營百貨業或甚至已停業了。

《先施公司二十五週紀念冊》

　　先施公司發起人是馬應彪。馬應彪創業於澳洲，後返港開設永

THE
SINCERE CO., LTD.
Twenty Fifth Anniversary

⊙ 先施公司創辦人馬應彪
（香港大學孔安道紀念圖書
館藏）

⊙《先施公司二十五週紀念
冊》（香港大學孔安道紀念圖
書館藏）

昌泰金山莊，繼而集資創辦先施公司。該公司於 1900 年 1 月 8 日成立，舖在皇后大道中。

當時該公司與其他商店的營業方針，有以下數點不同：

1. 力倡不二價公司，其他各商店皆有討價還價，而先施公司則實價不二；

2. 其他商店皆在樓下門沽，而該公司樓上亦作商場；

3. 各店習慣交貨收銀，便完手續，而該公司無論沽物多少，必發收據；

4. 該公司提倡女子職業，兼僱用女售貨員；

5. 逢星期日休息，宣講基督教義。

先施公司起初屢遭挫折，至 1904 年，生意始漸有起色。1907 年議決改為有限公司，並得陳少霞、夏從周、許敬樞、馬英燦、馬祖金、孫文莊、勞仲等人贊助。隨後另租德輔道通連干諾道之舖位一連六間，擴張營業。1913 年香港總行又購地建六層洋樓一座，作百貨總行。至於廣州及上海分行，亦先後在 1910 及 1917 年相繼設立，而澳門支行則於 1935 年開幕。先施公司除經營百貨業外，更兼營酒

⊙ 1924 年香港先施公司總行紀念日
門前的熱烈場面（香港大學孔安道
紀念圖書館藏）

店、保險、化妝品及銀業。

　　這本《先施公司二十五週紀念冊》記述了由清光緒二十五年
（1900）至民國十三年（1924）先施公司的歷史。1925 年出版，全書
無總頁數，約 400 多頁，由香港商務印書館承印，鄭天健編輯。全
書包括了〈序〉、〈題詞〉、〈攝影〉、〈論著〉、〈記載〉、〈餘興〉、〈跋〉
及〈告白〉等數類。

　　前三部份都是與先施公司有關的，作序的有顏惠慶、唐繼堯、
葉恭綽、黃冷觀，以及馬應彪的自序。〈題詞〉的部份包括題聯及題
畫共超過 80 件，〈攝影〉除創辦人馬應彪外，亦有各董事、職員、
各行及各部門之照片，二十五週年紀念日慶祝之照片亦有數幀登載。

　　這本紀念刊佔篇幅最多是〈論著〉部份，共 311 頁。徵文分
四題，以〈二十五年來中國經濟概論〉為題，共收五篇文章，以
〈二十五年來中國商業之變遷〉共收六篇文章，以〈二十五年來中國
工業之進化〉及〈二十五年來中國各大都會裝飾談〉為題的，都是
各收五篇文章。

大百貨公司的公餘活動

　　〈記載〉部份全都是有關先施公司的文字紀錄，最重要的一篇是

先施公司售賣禮券廣告（香港大學孔安道紀念圖書館藏）

〈先施公司二十五年經過史〉，其他記載則有董事及高級職員錄、各地分行紀略及附屬機構誌略。至於先施公司職員的公餘活動，則有以下記載：

> 一德育部，創始於主降一千九百零七年，由馬君應彪……等發起，一以栽培同人道德為宗旨，並以闡揚基督真理，指引同人向道為依歸……其始所有宣道各職務俱由馬等擔任……
>
> 一智育部……爰於前清宣統三年，特設夜學，教授中西文暨珠算等科，聘請同事中之長於某科者，即為某科主任，灌輸同人智識，以中文為本，以英文珠算輔之……
>
> 一惠愛會……同事數千人，其間困乏者實居多數，一旦有病，醫藥之費，調養之需，將何所出？其或不幸病歿，身後蕭條，營葬固屬急圖，撫孤亦非緩舉。爰於民國十一年創設惠愛會，由本公司同人解囊捐助，集成巨款，儲蓄母金以生子息，常年經費，胥賴供給……

〈餘興〉部份包括詩、詞、賦、聯、記、小說及雜俎，多與先施公司有關。小說由較有名之作者執筆的，計有周瘦鵑的〈未來之先施〉，枕亞的〈雙星記〉及何諏的〈升降機〉。

最後的部份有鄭天健所書的跋，以英文所寫的前言和先施公司的簡史。末附該公司各部門貨品的告白及早期先施公司禮券的圖片。

50 年後，先施公司又出版了《先施有限公司七十五週年紀念冊》，總頁數為 120 頁，有關該公司的歷史，更增添不少。

《香港永安有限公司廿五週年紀念錄》

永安公司發軔於澳洲雪梨埠，初名永安果欄，由郭樂、郭泉昆仲，與歐陽民慶、梁創、馬祖星、孫智興、歐陽品、容子榮、郭葵、彭容坤、郭順、郭創英等，共同集資 1,400 金鎊，專營果類，輸出澳

◉ 永安公司創辦人郭樂（香
港大學孔安道紀念圖書館藏）

◉《永安公司廿五週年紀念
錄》（香港大學孔安道紀念
圖書館藏）

洲土產，輸入我國國貨，營業日進。至清光緒三十三年（1907），再
集資本得 15 萬金，公推郭泉先行回香港，在皇后大道中 167 號，組
織百貨商店，名為永安公司，選辦環球貨品，兼營金山莊出入口生
意，當時舖址僅得一間，夥友僅十餘人。開始時慘淡經營，其後業務
蒸蒸日上，廣置物業。除百貨及出入口貿易外，兼營保險，紡織及銀
行業務。其後發展更推廣至上海、福州、漢口、廣州及梧州等地。

《香港永安有限公司廿五週年紀念錄》所記由清光緒三十三年
（1907）至民國二十一年（1932）永安公司之發展史。全書無總頁數，
書的厚度超過 5 公分。全書分為九個部份：〈序文〉、〈題詞〉、〈頌
贊〉、〈影片〉、〈論著〉、〈史略〉、〈小說〉、〈藝叢〉及〈廣告〉。

送贈序文的有陳銘樞、李濟深、鍾榮光、張惠良、黃廣田、黃
冷觀、穎禿生、何家及盛壽崧。自序的有郭樂、郭泉及杜澤文。題
詞、頌贊、題額、題畫及題聯多至二百餘款。

圖片有趣，可窺當年香港實貌

〈影片〉部份則有公司新舊舖面照片及職員照像，其餘與該公司

⦿ 1912 年永安公司的彩色廣告（香港大學孔安道紀念圖書館藏）

互有關係之上海永安有限公司、上海永安紡織有限公司、永安水火人壽保險有限公司、永安公司附設之大東酒店、維新織造廠及永安貨倉等，均有照片攝載。其餘二十五週年慶祝紀念照片，亦登載兩張。從永安公司自置產業之十餘張照片中，可以看到二十世紀初香港樓宇建築的風格。

〈論著〉部份共收徵文五題，計為〈今後我國之補救及對外政策〉、〈開發全國實業簡易計劃〉、〈推銷國產之最良方法〉、〈現代經濟變遷之概要〉及〈商業道德如何增進〉。每題各收三篇論文，共收載十五篇，這部份共佔了 46 頁。

〈史略〉部份記載該公司二十五年來的歷史，而歷屆的監督、司理及董事的姓名，亦有臚列在內。該公司於公餘之暇，照顧各員工德育、智育及體育這三方面，有如下的記載：

（一）德育部　培養道德，端貴陶鎔，每值星期，延請名流碩彥，博學通儒，開會演講。所注重者，皆至德要道，嘉言懿行，務使請夥友潛移默化……

1930 年永安公司在彌敦道的產業（香港大學孔安道紀念圖書館藏）

（二）智育部　設立英文夜學，聘請良師，每晚放工後，擇其年在二十一歲以下者，分級教授，鑄造人材……此外更有報室劇社之設，報室則宿舍凡六所，每所皆有之。劇社則始之以音樂會，繼之以白話劇。迨民國拾年終，再進而為鑼鼓國劇，同人所組設之永安樂，固社會所屬〔矚〕目也……

（三）體育部　國技、游泳、足球三者，為最時尚之體育，本公司均次第提倡，以使上下職員，得為有益之運動。國技則隨時練習，不稍間斷，足球則於星期日行之，間亦與同好者作友誼比賽。游泳則於七姊妹海濱地方，建築游泳棚，每於晚上收市後，各職員之前往游泳者，送以汽車，歸亦如之……

〈小說〉部份共登載六篇，作者為程瞻廬，黃崑崙、亞蔫、是

夢、龍實秀及劉學清。而〈藝叢〉部份則登載詩、詞、歌、頌共
四十餘首。大部份這些作品都是頌讚永安公司的。

　　廣告部份登載該公司的特色貨品，以作顧客指南，亦附有該公
司早期彩色海報一張，饒有趣味。最後部份是英譯有關永安公司發
展史一文。

道不盡的「妹仔」賣身史：
兩本蓄婢專書

平均每七十人有一個奴婢

近代中國女權運動起於戒纏足，興女學。香港在上世紀二十年代首先提倡反蓄婢運動，在中國婦女解放運動史上，佔有重要的地位。

婢女這個名詞，在香港又叫作「妹仔」，英文的稱謂，以音譯「妹仔」為 Mui Tsai。香港早年的蓄婢風氣甚盛，但對於婢女的人數，從來沒有一個正確的數字。直至 1921 年進行調查後，據所得數字，全港共有 8,653 個婢女，其中新界北段有 119 人、南段有 39 人、香港島內有 7,891 人、九龍有 600 人、水上人家則有 4 人。大部份婢女的年齡是 14 歲以下。當時全港人口共約 60 萬人，按比率計算，大約每 70 人中便有 1 人是婢女。

當時蓄婢風氣這樣盛行，主要是一般人重男輕女，加上生計艱難，貧苦人家便把家內的一二女孩，賣給人家為婢女。而婢主方面又樂意買婢回家，幫助料理家務，而不必支付工錢，更有些人家，多養幾個婢女來充撐場面。

◉ 反對蓄婢會主席楊少泉醫生（香
港大學孔安道紀念圖書館藏）

　　蓄婢問題在 1880 年，港督軒尼詩曾向當時的殖民地大臣金巴利伯爵（Earl of Kimberley）提出。隨後亦有多人提出這個問題，但都是毫無結果。到了 1921 年因得香港海軍官員希士路活（H. L. Haslewood）夫婦的推動反對蓄婢，英政府特別將這件案子交香港定例局研究作覆，以憑辦理。定例局華人紳士劉鑄伯、何澤生兩人就在 7 月 22 日的報上，登出召集全港居民大會的通告：

　　　　啟者：現因有人在英京下議院提議，並在各方面鼓吹，請理藩院令行香港政府取締我華人養婢之舊習，故特請我旅港華僑，于陽曆本月三十日，即星期六下午兩點半鐘，假座太平戲院，將下列各款，細為研究，從眾取決，將公共之意見，詳呈港政府，俾知適從，此事關於我華人習慣，甚為要大，屆時務祈踴躍賁臨公議，幸勿放棄，是所至盼。計開：(1) 養婢是否係養育以為妓女？(2) 為婢者是否為奴？(3) 為婢者是否供男子取樂之用，俟男主人厭棄之時，即轉售與他人？(4) 養婢之習慣，中國曾例禁否？(5) 為婢者，其主人是否可任意將其難為？(6) 其餘關於養婢之內容各事。以上各款，如經公司研究確屬事實者，即宜請港政府定例永禁，否則亦宜由我華人自行訂定如何維持之，以免外人有所藉口。香港定例局華議員劉鑄伯何澤生謹啟。

本港典型的賣身契，原用紗紙寫成，並有一信封，信封上寫「蕭月琴賣身契」字樣，想是買這位蕭孺光作婢女的黎惠文將她的名字改為「月琴」，因賣身契上，有「任由黎惠文二姑改名使喚」之句（梁濤（魯金）藏）

紳爵名流設立婢女維持會

這次舉行的全民大會，到會的大約有 300 人，其中婦女到會的有十餘人，基督教徒亦有很多參加。主席台上，中央是劉鑄伯，左邊何澤生、周少岐，右邊曹善允、周壽臣，其餘是李葆葵、李亦梅、李幼泉、葉蘭泉、羅旭龢、何世耀、尤瑞芝、岑伯銘、黃廣田。劉鑄伯一說說了一個多小時，把通告上面五個問題反覆解說一番，然後逐一付表決。最終，五條都作為無人承認，即是說婢制不當消滅而應加以維持。結果，通過黃廣田設立婢女維持會這一個建議。

但是，當天參加會議的基督教徒，力持人道主義，認為婢制應即消滅，極力提出反對，可惜力量不夠。不過，他們在這次全民大會後，積極籌備反婢運動。在同年的 8 月 8 日，假座楊少泉醫館舉行了「反對蓄婢會」的首次會議。以後，經過 26 次會議，渡過了組織時期，到了 1922 年 3 月 26 日那天，反對蓄婢會成立大會在青年會

禮堂舉行。中國大理院院長徐謙，也是反對蓄婢會的會員，當天也派代表前來，宣讀他的演講詞。

由於反對蓄婢會的努力，一方面在文字上宣傳，一方面在口頭上宣傳，雙管齊下：在文字方面，曾舉行徵文，有論文和歌曲，有發刊小冊子；口頭方面，有舉行演說，派員到各團體學校演講，往輪船唱曲等，終於取得廣大同情。

1922 年 4 月 14 日，港府乃下令嚴禁蓄婢，中西各報及各工團亦極贊成禁婢，華民政務司亦勸防範虐婢會和反對蓄婢會籌商善法，雙方代表經過數次討論，卒表決禁婢，聯名陳條於港政府。1923 年港府禁婢新例草案，經定例局三讀通過，於 3 月 25 日頒行新例。

到了 1929 年，港府頒行婢女註冊則例，規定由當年 11 月 1 日起，凡養有婢女的家庭，須在 6 個月內前往華民署辦理註冊手續，如逾期仍未註冊，對婢主將予嚴懲。香港實施婢女註冊辦法後，婢女數字銳減，到 1930 年 4 月底，已註冊的婢女，僅有 4,399 人。

香港實行禁婢後，蓄婢的人巧立名目，把婢女的名稱改為「育女」，避免干涉。但港府也修改法例，1938 年 6 月 24 日，港府下令育女註冊，凡在本港女童未及 21 歲，曾經由一家轉讓與他家者，無論育女或受保護之女童等，都要登記。戰後 1947 年，華民政務司杜德曾促請居民注意育女登記，志在消滅婢女制度。以後，社會風氣日漸開明，蓄婢的陋習在香港亦逐漸煙消雲散了。

《香港蓄婢問題》

根據編者所寫的跋，《香港蓄婢問題》這本書應是在 1923 年出版。書內沒有說明編者是誰，麥梅生的〈敘言〉說這本書是由反對蓄婢會負責，將有關婢女的文字，編成一冊而成。全書共 126 頁，分為〈輿論〉、〈外論〉、〈英京電訊〉、〈文藝〉、〈紀事及文件〉和〈餘錄〉六個部份，最後還加上一個〈附錄〉。

◉《香港蓄婢問題》（香港大學孔安道紀念圖書館藏）

〈輿論〉的這一部份共收二十篇文章，執筆者計有區德周、靖康樵公、王愛棠、不平子、楊少泉、黃天石（即小說家傑克）、慕法、黃屏孫、平原、爰同、靈根、廢五、後雨、栩然及華字報等。這一部份將反對蓄婢及防虐婢兩方的理論，兼收並蓄，反覆論證當時在太平戲院的全民大會所發表的意見，這些論證多曾在報紙刊載。雙方所論繁瑣，在此不詳引述，現只錄下靖康樵公〈禁婢議〉一文其中的兩段文字，可以了解當時婢女的地位和遭婢主苛待的苦況：

> ……地位云者，有開身契坐地契之異。開身者，開除本身所有權利，生死任之主人，父母不得相見，轉賣為妓為妾，唯主人之命是從也。坐地者，准其備價收贖，父母到訪給盤費，遣嫁為妻妾，猶通知父母也。……更有所謂送帖者，書明補回薑醋乳金以規避買賣人口之禁制，詭稱育女，志在欺人，實則槽豬花，作鴉頭，充妾侍……其不幸而遭連主人苛刻，日則侍立主婦身旁，非裝煙則打扇，非捶骨則捧茶，足憊身勞，莫逢體卹，夜則候門不睡，專待主人宵宴歸來，憑几含愁，誰憐婢子困頓。魚更四躍，蝶夢頻驚，天色未明，奴身即起，掃地抹桌，拭窗烹茶，漿洗備餐，固忙箇不了。主人既起，即立床前，獻茗奉匜，唯恐不謹。主人用餐，即侍檯側，獻酒進饌，每虞不周，此猶供役之常情，亦惟默怨其薄命而

已。所最慘者，主人呼喝無常，婢子接應不暇，唯諾稍緩，則呵其稽遲，對答不清，則斥其含混，辛苦既無可訴，刑罰又無可逃。或綁立床柱前，不能求救，罰跪局盅蓋，難說寬饒，或施籐鞭，不許啜泣，或絕粒食，仍須任勞。更有以爛布塞口，箝熾以烙身，沸水澆背，敲大棍而斷骨，堂高簾遠，外人干涉無由，苛法嚴刑，政府知情甚少。所謂防範虐婢者，實空言無補也。其或賣之於煙花寨中，則百般恐嚇，官前質問，亦須自認甘為。或嫁之為老人副室，則一世含冤，父母到來，亦難自由款待。此中虐遇之情形，恐累牘連篇，亦不能描寫其萬一也。

〈外論〉部份共收五篇文章，其中一篇由英國報章轉譯，其餘則由本港西報轉譯，這些文章的觀點大抵贊成反對蓄婢，但華民政務司較早時的論調是保守的：

> ……余對於中國人蓄婢之例，斷不能革除……因鞭撻婢子，即視為虐待，懸為例禁。余極不以為然，蓋凡人之品行，各有異同，余嘗見打子女打老婆者亦多矣，何止打婢女，若因人之打婢女，而遂將婢女禁絕，稍有知識者諒亦必不以為然。……他日防範虐待婢女會成立，有虐婢者可往此會投訴，不必另去見幫辦及官員矣。

〈英京電訊〉共刊十四則，是英國議員在下議院質詢殖民地大臣有關香港蓄婢事，極力促進取締香港蓄婢的陋習。

〈文藝〉部份刊載反對蓄婢會在文字上的宣傳，共十三則，有小說、論文、駢體文，並有歌曲，如龍舟及南音等。該會希望利用這些大眾化的媒介，使反蓄婢的思想，深入民心。

〈紀事及文件〉部份刊載當時在太平戲院所舉行全民大會的情況，並且報導防範虐待蓄婢會和反對蓄婢會這兩個會的組織和工作進展。附中國大理院院長徐謙的演講詞，及 1922 年 4 月 14 日港府禁

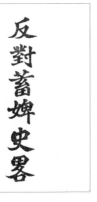

◉《反對蓄婢史略》(香港大
學孔安道紀念圖書館藏)

◉《反對蓄婢史略》編輯麥
梅生,亦是反對蓄婢會的主
幹之一(香港大學孔安道紀
念圖書館藏)

止蓄婢的公佈。

　　最後的部份是〈餘錄〉,包括港外人士對蓄婢的反應及討論,
和幾宗在香港及廣州發生的虐婢案。最後的附錄報導 1923 年對於反
蓄婢運動的最新發展,華商總會反對禁蓄婢新例,及本港工團共 154
家舉行大聚會贊成禁婢新例。

《反對蓄婢史略》

　　經過十年之後,即在 1933 年,反對蓄婢會又出版《反對蓄婢史
略》一書,由麥梅生編輯,將 1922 至 1933 年有關反蓄婢的史實,
編為一冊。又計劃由 1933 年起,每一年或兩年彙刊一冊,然後十年
後又編一本總冊。但此書出版後,未見繼續有彙刊出版。是書共 393
頁,除正文外,包括希士路活夫婦的個人照片,1930 年及 1933 年香
港反對蓄婢會值理合照,及楊少泉、麥梅生、張寶樹、黃森勤和黃
詩田的個人半身照片。

　　這本書是上面所介紹《香港蓄婢問題》的增訂本。資料方面,

⊙ 英國海軍官員希士路
活（香港大學孔安道紀
念圖書館藏）

THE CRY OF THE MUI TSAI IN HONG KONG
Mui Tsai, Translated—Girl Slave

Child Slavery has been tolerated in the British Crown Colony of Hong Kong since 1844, the last reported sale being that of the above child, Ah Moy, aged 8, who was sold on the 1st July, 1929 for the sum of 96 dollars, to the wife of a Chinese merchant in the colony.

⊙ 8 歲的程阿梅，1929 年
在港以 96 元被賣去作「妹
仔」（香港大學孔安道紀念
圖書館藏）

除部份照錄前書外，並增添 1923 年以後有關婢制的史料，如國外禁婢進展的報導、反對蓄婢會會務的進展，婢女註冊則例，及英國對香港蓄婢的態度。末附由 1921 至 1933 年共錄得的 300 餘則有關婢女的新聞，其中被賣婢女程阿梅還有附照刊載。本書所增補的資料比前書多了一倍。

後語

研究香港的婢制，除了上面所介紹的兩本中文書外，英文書籍亦有數種：第一種是 1929 年由皇家印務局出版的 *Hong Kong: papers relative to the Mui-Tsai question*，全書共 77 頁，內容是 1922 至 1923 年及 1929 年間，英國殖民地大臣跟港督、華民政務司及其他高級官員有關婢女的往來文件；第二種是港督貝璐在 1934 年委任的委員會所作的調查報告，這個委員會以 F. H. Loseby 為主席，所作的報告是由 1936 年由皇家印務局出版的 *Mui-Tsai in Hong Kong*，這個報告後經殖民地大臣呈上國會研究，全書 83 頁，附件 26 種；第三種是由

◉ 1939 年香港反對蓄婢會值理合照（香港大學孔安道紀念圖書館藏）

希士路活夫婦合著的 *Child slavery in Hong Kong: the Mui Tsai system*，
該書在 1930 年的倫敦 The Sheldon Press 出版，敘述香港婢女制度的
歷史；第四種是由英國政府所委派的 Commission on Mui Tsai in Hong
Kong and Malaya 在 1936 年所作的報告；最後的一種是在國際傳教會
檔案（International Missionary Council Archives）內，有包含 1914 至
1965 年間關於香港妹仔的文件，這些資料包括反對蓄婢會的函件，
備忘錄及有關孩童和婦女受奴役對待的剪報，香港中央圖書館有收
藏這個檔案。

　　以上的幾種書，都可以當作原始材料來看，近人研究香港婢女
而有專書出版的有日人可兒弘明，他所著的《近代中國の苦力と「豬
花」》是在 1979 年出版。他是第一個大量利用保良局所藏的文獻而
寫成書的學者。保良局所藏文獻資料十分豐富，是研究香港史的一
大寶庫。蓄婢問題不單只是香港本土社會史中的一個大題目，更牽
涉到英國議會的推動、當時國際的注視，以及與中國各地的互通消
息，實在是一個很好的研究課題。

「青山」、「凌雲」何處尋：
兩本古廟刊物

　　香港廟宇林立，大大小小的有數百間。有些是千百年的古寺，如宋代杯渡禪師駐錫屯門青山的杯渡寺（現青山禪院的所在）、元朗廈村的靈渡寺、明代初年的錦田凌雲寺。近數十年興建的則有大嶼山寶蓮禪寺、觀音寺、靈隱寺、延慶寺、羅漢寺，荃灣東普陀講寺、竹林禪院、南天竺、西方寺，港島東蓮覺苑，均是古色盎然，寺貌莊嚴。

　　戰後有關廟宇的專書出版不少，但至於戰前出版的就只得《青山禪院大觀》和《凌雲佛學研究社五週紀念刊》這兩種。

《青山禪院大觀》

　　青山禪院位於青山之山腰，歷史悠久。劉宋元嘉五年（428），杯渡禪師漂遊至屯門山，後人於是建杯渡庵以紀念杯渡禪師，亦稱杯渡寺。清道光年間，此庵曾改建為青雲觀，後來，青雲觀也冷落起來。至清光緒年間，有黃姑其人，道號蓮慈，自建茅篷而居。

◉ 《青山禪院大觀》（香港大學孔安道紀念圖書館藏）

◉ 青山禪院主持顯奇法師（香港大學孔安道紀念圖書館藏）

民國六、七年間，顯奇法師自浙江寧波觀宗寺受戒歸來，得黃姑讓地，建青山禪院於此，先後建有杯渡亭、諸天寶殿、大雄寶殿、地藏殿、護法殿、方丈室、居士林，觀音閣、海月亭、杯渡遺蹟牌坊、香港名山牌坊、韓陵片石亭及魚墳等，又闢化龍巖、杯渡巖、杯渡花園、韓昌黎碑、黃椰川碑等。山中所謂八景就是石門開合、桃花映澗、鷹爪奇石、虎跑清泉、海唧明月、龍化石巖、昌黎墨蹟及八仙古洞，這八景現在已不齊全了。

《青山禪院大觀》的著者是瓊山林大魁，民國十六年（1927）出版，先施公司發行，定價大洋 6 角 5，全書共 54 頁，附插圖。

書的前面是韓國鈞，王國憲和馮官堯的三篇序文，林大魁亦有自序，敘述這本書出版的因由。序文之後，有〈禪門大略〉一文，及〈顯奇法師事略〉，附法師小照一幀。跟着是三篇記敘文，題〈遊青山禪院記〉、〈登海月亭記〉和〈青山禪院記〉，前兩篇文章記述青山禪院之遊，後一篇述該院的歷史及文物建設。

圖片共 12 幅，計有青山全圖、青山之山麓圖、禪院山門圖、大雄寶殿正面圖、杯渡巖圖、杯渡遺蹟圖、昌黎韓文忠公筆蹟、化龍巖圖、青雲觀圖、海月亭圖、方丈室圖和居士林圖。最後的一幅團

顯奇法師事略

法師乃青山潭院住持年七十矣世居福建漳州漳浦縣幼時即其佛根性素定曰持不葷輩腥近長喪香江經營賣菜數年之內富有鉅萬親友以家室之說相勸均不見許自慚斗米養始設齋會於香港油蔴地譚詳以不殺伐則因果向大衆勸告積年果月促化日衆俊柔往常山穩知其地可以修行遠移居焉民國七年往甯波觀宗寺受成於諦閑老禪師天台宗派不久仍返青山諦同戒錄一闡其告侶從之言一回曰勿以異學之徒自昵勿以二乘之見自封事則曰智者大師一生行腳成珠則淨定水洞澄三則曰成定慧三者勿須打成兩概侈談定慧而輕毀成法其言即佛之言其心即佛之心異日成就安可限量余嘗與之遊深知大畧因述之於左

十一

體照片是顯奇法師和英國寶庇艦長夏德等人在軍艦的留影。

詩詞的部份包括晚坐七律詩一首、夜坐偶感七律詩一首、早起七律詩一首、海月亭夜眺七律詩一首、青山詞三闋、山中雜詠六十一首、山中五言絕詩十首，每首山中雜詠都有說明，略述作詩的旨趣，由此可以知道僧人的生活狀況及該寺的文物：

> 「梵音入耳夢初醒，移步偷看月滿櫺，常說出家殊自在，誰知辛苦未曾經。」

說明：余寓寺院，夜深乃就枕，不得酣夢，而喃喃已滿堂上。據僧云，夜間二時，即收單揩被，齊上佛殿，天明得休息，每夕如此。這樣辛苦，毋怪不知之人，既出家又入家也。（第24頁）

> 「拳拳奇石似雞籠，羅列參差古寺東，聞說山中能報曉，點頭一樣性靈同。」

說明：院旁奇石林立，狀似雞籠，相傳杯渡禪師居此時，此石能叫喚，與家雞無異，故名之為雞籠石，姑存此說，以質之談西遊者。（第44頁）

◉ 夏德等人率艦來港，到青山禪院與顯奇和尚會面時合影（香港大學孔安道紀
念圖書館藏）

最後附錄有顯奇七絕詩八首、黃椰川七律詩一首、陳伯陶詩四
首、英艦長夏德五言律詩四首及曹受培的〈重摹韓文忠公碑記〉。

《凌雲佛學研究社五週紀念刊》

凌雲寺在觀音山的山麓中部，跨着一條溪澗，隱在綠蔭深處，
是一個靜修的好地方。這間寺的歷史是相當長遠，開始是在明宣德
年間（1426-1435），錦田鄧洪儀的長子鄧欽，為安置他的繼母黃
氏而建的靜室，叫做「凌雲」，並把他父親鄧洪儀的木主安在裏面
供奉。在這幾百年歷史中，凌雲寺經歷過若干次重修。清道光元年
（1821）僧滌塵重修過一次，民國十三年（1924），妙參大師和女弟
子智修及喜修亦合力重修過一次。

民國二十二年（1933）冬，凌雲寺住持智修及喜修以提倡佛學，
興育人材，弘法利生的宗旨，敦請鎮盦法師在凌雲寺組織凌雲佛學

◉《凌雲佛學研究社五週紀念刊》
（香港大學孔安道紀念圖書館藏）

研究社，隨後便在 1934 年春季開學授課。在 1938 年，該社乘五週年紀念，出版了這本《凌雲佛學研究社五週紀念刊》，由鎮盦法師編輯，全書共 122 頁，分為〈刊詞〉、〈論說〉、〈傳記〉、〈講詞〉及〈雜俎〉幾個部份。

〈刊詞〉頭三篇的文章分由鎮盦法師、智修、喜修和偉修分別執筆，略述該社的宗旨及開辦的經過。偉修的一篇談及中國及香港的佛教教育情況，其中有關本港的部份摘錄如下：

> 比數年來，刱崇研佛學院者，已有數處，按年考之，啟吾港佛學院之權輿者，則青山寶覺佛學院實為之首，乃何張蓮覺居士請靄亭法師主講者。二十二年冬，凌雲住持智修喜修二老人，請鎮〔鎮盦〕法師蒞寺組織凌雲佛學研究社，隨於次年春開學授課。同年，葦庵法師所辦之菩提場，亦于是春告成，而蓮覺居士于廿三年築新址於山光道，遷並寶覺學院於其所，即今之東蓮覺院也。去歲閒大嶼山筏可法師，亦有佛學研究社之設。前年紫竹林曾一度招生授課，但未幾即行止散，今所存者，止此四處耳。其有現居士身而護揚法化者，則有香港佛學會及蓮社等，尤其有優〔悠〕久之歷史與成績……

〈刊詞〉除上述三篇文章外，其餘的五篇是學員自述受業凌雲的

感想。〈論說〉的部份是二十四篇學員對於佛學研究的習作。

　　有關凌雲寺的歷史，在〈傳記〉部份刊載很詳盡：鎮盦撰的〈妙參老和尚傳〉和〈觀音山凌雲寺重興記〉的兩篇詳記民國年間重修事。楞伽山人輯的〈凌雲寺史考〉轉錄宋學鵬的〈凌雲寺史〉，又刊載〈道光元年重建觀音山凌雲古寺碑文〉，民國十三年（1924）的〈重建觀音山凌雲寺碑〉和〈創建普渡橋碑誌〉。其他〈觀音山記〉、〈藏經樓記〉、〈學戒堂記〉、〈鐘樓記〉、〈功德堂記〉、〈涅槃堂記〉、〈幻廬記〉和〈客樓記〉各篇大多描述寺內各種建設。

　　〈講詞〉載兩篇，一是〈紀念釋迦文佛成道日講詞〉，一是〈紀念阿彌陀佛誕日講辭〉，都是因這兩個紀念日而發揮佛學理論。

　　最後〈雜俎〉部份包括喜修的一篇〈凌雲寺啟建常年念佛禮懺道場緣起〉，尾附凌雲佛學研究社簡章及規章。從簡章可知該社大約有教職員 7 人、學員 30 人。

第二輯

刊物中的

香港各階層

戰前的香港婦女雜誌

　　婦女雜誌是以婦女為對象和一些有關婦女職業的雜誌。香港最早的婦女雜誌，據稱是由洪舜英和洪美英於 1910 年所創辦的《女界星期錄》，內容都是與婦女有關的，而且職員全是女性。比其稍遲出版的是《脂痕》等刊物。

《脂痕》

　　《脂痕》逢星期六出版，每份港幣 2 仙，現存所見到的是第 13 期，民國十七年（1928）8 月 18 日出版，全期共 8 頁。督印人和編輯本是楊求義女士，由第 13 期起改由依然女士擔任。談及《脂痕》的，都說這份雜誌是 1930 年創刊，想必是以訛傳訛。這一期因為改版關係延誤了一週，據推算出來，創刊號可能是 1928 年 5 月 19 日出版的。

　　《脂痕》是提倡女權及新文學的雜誌，這份雜誌經常討論婦女問題，如廢娼及婦女地位等，文章大部份是用語體文（白話文）撰寫，對舊文學的看法，余志文的〈糊七八糟〉有以下的表示：

⊙ 《脂痕》（香港大學孔安
道紀念圖書館藏）

⊙《女子雜誌》（香港大學孔
安道紀念圖書館藏）

⋯⋯本刊態度是公開的，在最初的理想，學校林立的香港
⋯⋯教育可稱發達，況且港督金文泰氏很能替我們中國人設想，把
中國二三千年的寶貝──舊文學──極力提倡，且單以漢文一科
辦大學，樂得一般高呼「保存國粹」的人們額手稱慶，在這個情況
底下，舊文學自然恢復到滿清開科取士時代⋯⋯香港文學的興盛於
此可見，小子們竟敢在文學興盛的所在地，漫談文藝，實屬班門弄
斧，定遭迎頭痛擊，但是我們十二分歡迎人們指教，糾正，如現在
這樣的沉默真是大失所望了。

這期除余文外，有依然的〈「俺來也」──我的開場白〉，李詠
嫻的文藝作品〈別離的聲〉的續作，依興的〈香江遊記〉，各地婦女
消息三則，及雜俎兩篇：珍美的〈善惡分明〉和楊仰義的〈終是苦
了他爺娘的肉〉。

《女子雜誌》

《女子雜誌》在民國二十一年（1932）8 月 1 日創刊，每五星期

◉《當代婦女》（香港大學孔安道紀念圖書館藏）

◉《婦女時報》（香港大學孔安道紀念圖書館藏）

◉《女光》（香港大學孔安道紀念圖書館藏）

出版一次，每期零售港幣 5 仙。編輯為葉偉枝，監印者簡唯情。

編者的〈發刊詞〉說明創辦這份雜誌的宗旨：

> 女德之至於今日，可謂沉淪極矣。嗚呼，誰生屬階，至今為梗，余不禁怒焉憂之，思有以納吾二萬萬女同胞於正軌，糾正其過去，指導其將來，乃不揣愚魯，爰編是書……

第 1 期全期共有 24 頁，文章計有雯霏的〈女同胞應有的覺悟〉、KWC 的〈賢妻良母是女子為人的第一要義〉、慧清的〈女子與文學〉、鶴癡的〈我的女子職業談〉、佩珍的〈女子欲平權須從讀書始〉及珍珍的〈都市的婦女生活〉，這些文章不只談論婦女問題，對於民族意識，亦屢提及。其他小說雜文有葉偉枝的〈嗚呼自由〉、佩珍的〈智嫗愚盜〉、落華的〈真美〉和〈詩學〉、蔭庭的〈女俠吳慕蘭〉、馥蓮的〈兄妹〉及漢桃的〈燕玉與燕瓊〉。圖片是天津各國的租界和北平的名勝。

雖然這本雜誌提出的刊期是五星期刊，但第 3 期是在民國二十二年（1933）3 月 10 日出版，距離創刊號足足有七個月。現存所見的第 3 期只得封面和封底，這期的目錄刊在封面上，從中可知該期內容。

《當代婦女》

《當代婦女》第 1 卷第 1 號於民國二十二年（1933）3 月 10 日創刊，每冊實售大洋 1 角，該刊由杜格靈負責，當代婦女雜誌社出版。現存只得該期的封面及封底，據吳灞陵所記，內文全部共 76 頁。

《婦女時報》

創辦《婦女時報》的婦女時報社，社址在重慶，但在香港有辦事處，零售價每冊以港幣 1 角計算，所有廣告都是香港商業機構的廣告，加上刊內有兩篇作品是有關香港的，所以這本雜誌可以勉強說是香港的雜誌。

《婦女時報》是半月刊，第 1 卷第 1 號在民國二十九年（1940）1 月 25 日出版，這一期共有 16 頁。督印人是余娟娘，總編輯是梁珍東，其他所列出的編輯全屬女性。該刊以討論婦女問題、促進婦女文化、啟示婦女正當生活為宗旨，是一種綜合性的婦女雜誌。

這一期創刊號較重要的文章有盧靜薇的〈中國女子教育之新課題〉和邱桂焯的〈香港婦女生活進展史〉，其他軟性的文章有〈風韻學講話〉、〈怎樣成為一個好主婦〉、〈教育兒童方法〉、〈關於美容的知識〉和曾木蘭的短篇小說〈皇后道中之女〉。〈婦女新聞〉的一欄報導廣東省參議會通過女子試任縣長。

《女光》

《女光》在民國三十年（1941）8 月 20 日創刊，為半月刊，每月 1 日及 16 日發行，每期約 40 頁。現存所見的有第 1-7 期，第 7 期的出版日期是 1941 年 11 月 16 日，這期可能是最後的一期，因為這年

的 12 月，香港被日軍攻佔了。

《女光》的社長是羅艷基，經理陳雪晶，督印陸瑞英，主編梁淑德。創辦的宗旨，在〈發刊之話〉有以下說明：

> ……目標在於增加姊妹們的智識，擴大眼光，加強工作能力，提高生活興趣。一方面她要報導國際變化，介紹國外婦女在戰爭中的各種活動以資借鏡和鼓勵；另方面，她要溝通國內消息，使全國姊妹能互通聲氣，共同進步……

《女光》是一本婦女綜合性的雜誌，內容以婦女為中心，包括關於婦女問題的論文和雜感、國內外婦女生活動態、各地婦女工作的討論與報告、以中外重要婦女問題為中心的文藝譯作、婦女與兒童服裝之設計、婦女健美問題之研究和關於婦女活動之照片及婦女運動史料。香港婦女活動的報導很少，報導國內婦女對國家的貢獻較多。

《歌聲艷影》

香港茶樓的歌壇，在 1929 至 1939 年間，可算是黃金時代。最初登壇唱曲的，是來自廣州的龍舟歌者；後來唱龍舟的風氣轉變為南音，歌手多屬瞽師或瞽姬（通稱師娘）；再後來，唱瞽姬一變為唱女伶。最初實行延聘女伶唱曲的茶樓，是位於皇后大道西的武彝仙館。不久，茗芳、暢男、如意、三元各家茶樓也設有歌壇，於是歌伶人才輩出，當時得令的有所謂「四大天王」的張月兒、小明星、徐柳仙和張蕙芳。其他如燕燕、瓊仙、飛影、妙生、小燕飛、陳錦紅、李少芳等，亦享盛譽。全盛時期附設有歌壇的茶樓共有十多家，計有高陞、蓮香、先施、中華、添男、太昌、雲香、平香、中央、雲來、銀龍及新光等。戰後，這種歌壇已不為時尚了。

出版這份《歌聲艷影》的如意茶樓，創辦人是梁澄川，原在水坑口的富隆茶居任司理，業務蒸蒸日上，剛巧在永樂街吉祥茶居的

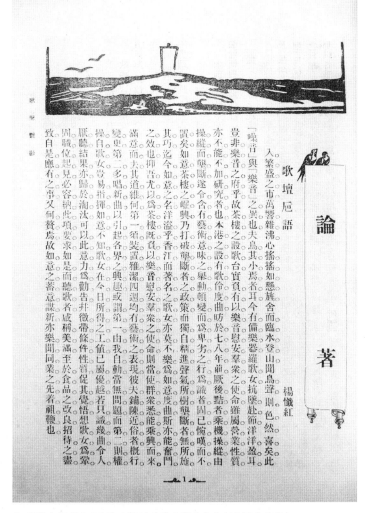

◉《歌聲艷影》，封面為歌者月兒（香港大學孔安道紀念圖書館藏）

◉ 楊懺紅撰寫的〈歌壇厄語〉（香港大學孔安道紀念圖書館藏）

舊址新廈落成，梁氏便離開富隆與人合夥創辦如意茶樓。除供應一般茶點及售賣龍鳳禮餅外，更設歌壇，以推廣業務。《歌聲艷影》這部雜誌可算是如意茶樓的宣傳刊物。

《歌聲艷影》現存所見的只得第 1 期，在民國十六年（1927）1月 1 日出版。楊懺紅編輯，每期定價 2 角，整本雜誌共 46 頁，內容分為〈攝影〉、〈論著〉、〈說薈〉、〈文藝〉、〈曲本〉、〈雜俎〉及〈銅琶鐵板〉各部份。這幾部份可歸納為〈攝影〉、〈論著〉及〈曲本〉三部份。

〈攝影〉部份包括如意茶樓的全景、如意歌壇的全景、創辦人梁澄川、編輯楊懺紅及如意樓副司理馬秀歧的照片、如意樓的營業部及梁澄川的父親梁芳如的遺墨。歌姬的照片包括月兒、瓊仙、飛影、嫣紅、鳳影、妙玲、珮珊、妙珍、燕非、雪紅及白珊瑚共 11幅，有半身照及全身照，從這些照片可知當時婦女的髮型和服飾。

〈論著〉部份有李曉初的贈序，略述梁澄川創辦如意茶樓的經過。楊懺紅的〈歌壇卮語〉，介紹香港歌壇的發展，論述如意歌壇的兩大特點，一是「裝置雅潔，四週均有藝術之表現」，二是「多唱新曲，以引起各界之興趣」。刊內載有幾篇文章評述各歌姬的造詣，其他雜文多是宣傳介紹如意茶樓。

〈曲本〉部份刊載各歌姬的唱本共十五闋。關於曲文的印發，刊內有如下的記載：

> ……環顧全港茶樓，印派曲文者，寥寥無幾，惟如意主人知此，故舉凡歌者所唱諸曲無不刊印，分送各顧曲家。該項曲文復將各該歌者之小影插於文中，尤為盡善盡美，且茶客若能將該項曲文，保存至一百頁，則該樓且為之裝訂成冊……

該刊亦有登載由梁澄川訂正的婚儀備覽，詳列男家過大禮所需的禮物，是研究戰前香港風俗史的一篇上佳材料。（見本章後附）

◉ 如意茶樓創辦人梁澄川
（香港大學孔安道紀念圖書
館藏）

◉ 如意歌壇的歌姬佩珊
（香港大學孔安道紀念圖書
館藏）

◉ 如意茶樓的歌壇（香港大學孔安道紀念圖
書館藏）

◉ 當年的如意茶樓（香港
大學孔安道紀念圖書館藏）

《花影》

　　香港自開埠以來，市面漸趨繁榮，娼妓亦隨而漸見活躍。到了
1879 年，港府決議徵收娼寮及妓女營業牌照稅，所有娼妓納稅領牌
後，便可獲得公娼身份，公開賣淫。當時妓院集中在水坑口一帶，
1930 年才由政府下令遷往石塘咀，頓使石塘咀花事，艷噪一時。在
煙花史上，這一地區曾經繁華了 32 年，羅澧銘的《塘西花月痕》敍

◉《花影》（香港大學孔安道　　◉《花影》刊內的娼妓（香
紀念圖書館藏）　　　　　　港大學孔安道紀念圖書
　　　　　　　　　　　　　館藏）

述當時塘西的花事，甚為詳盡。

　　《花影》第 1 集在民國二十年（1931）1 月出版，每冊定價港幣
5 角，石塘咀各大酒樓均有代售。主任是京兆二郎，飄泊少年編輯，
全集共 24 頁，分別介紹「石花」（石塘咀的娼妓）和「蔴花」（油蔴
地的娼妓）共 29 人，娼妓的照片多是獨照，亦有合照，每幅照片
有簡略介紹，及每個娼妓所屬妓寨。計是刊所記，當時石塘咀的妓
寨有宜香、長樂、詠樂、翠樂、天一、倚紅及賽花；油蔴地則有長
樂、添花院、新錦蓮、詠樓、雙鳳及雅鳳樓。

　　是刊除介紹各娼妓外，又刊載雜文和詩歌。照片有國內名勝共
10 幅，香港的名勝照片則有半島宋皇台及香港皇后像。

《香海花場》

　　《香海花場》第 1 冊所見是殘本，只得封面、封底、目錄、發刊
小言及編後語。是刊亦在民國二十年（1931）1 月出版，每冊定價 3
角，石塘咀各大酒樓均有出售，編輯的是黃天蕩。內容都是介紹「石

⊙《香海花場》（香港大學孔
安道紀念圖書館藏）

⊙《香港導遊專刊》（香港大
學孔安道紀念圖書館藏）

花」、「蘇花」和「茶花」（茶樓侍女），此外有刊載香港名勝照片多幀。

《香港導遊專刊》

　　1932 年，港督貝璐宣佈禁娼，所有西洋娼妓及東洋娼妓須於是
年 6 月尾停止營業，而中國娼妓須於 3 年後，即 1935 年 6 月尾，全
部停止營業。公娼禁止後，變相的合法妓院，即是那些導遊社，便
開始蓬勃了。

　　導遊社，又稱嚮導社，起源於上海，上海淪陷後，導遊社便在
香港發展，最早的導遊社是香海和南針這兩家。至 1939 年間，導遊
社多至 80 餘所，導遊女達千餘人。而導遊社的業務，有些更附帶經
營浴室、按摩和修甲。

　　《香港導遊專刊》於 1939 年 5 月創刊，督印人為楊子豪、編輯
浪子，出版為清平社，定價每冊兩角。所經眼的創刊號殘缺不全，
只得封面、封底及內文 4 頁。據殘缺資料，內容介紹導遊女，附有
照片。從內文其中一段的介紹，可以知道戰前九龍塘區可以馳馬
遨遊：

⋯⋯筆者昨遇諸九龍塘，見彼姝衣白色恤衫黃馬褲，與一男子各騎駿馬，按轡緩行⋯⋯

　　刊內另有一篇約有千字的短文〈導遊社與導遊女員〉，介紹導遊社發達之原因、經營小史、組織和嚮導女員的生活，這是研究戰前娼妓史的一篇重要資料。

[附]

婚儀備覽 （男家過大禮式） 澄川訂

椒鹽龍鳳	十四盒	大雞蛋糕	六盒
蓮子蓉酥	八盒	大壽桃	兩盒
荳沙紅綾	八盒	糖蜜棗	一盒
荳蓉黃綾	八盒	糖椰絲	一盒
大合桃酥	四盒	荔枝潤	一盒
胭脂花餅	四盒	北瓜子	一盒
如意香酥	四盒	百合	一盒
大杏仁餅	四盒	燒雞	一盒
糖蓮子	一盒	燒鵝	一盒
糖藕片	一盒	鮑魚	一盒
糖金橘	一盒	堆翅	一盒
糖金桔	一盒	冬菇	一盒
龍眼潤	一盒	魷魚	一盒
合桃	一盒	豬腿	一盒
生蓮子	一盒	金腿	一盒
燒鴨	一盒	萍菓	一盒
燒百鴿	一盒	紅柑	一盒
炸肚	一盒	鮮橙	一盒
土魷	一盒	金銀潤	一盒
草菇	一盒	臘鴨	一盒
大蝦	一盒	中洋糖	一盒
羊腿	一盒	花洋糖	一盒
羊火腿	一盒	罐頭波蘿	一盒
蜜柚	一盒	罐頭子薑	一盒
鹹肉時菓	四盒	奶士	一盒
伍仁白綾	八盒	花孖厘	一盒
潮州婆餅	六盒	豉油鮑魚	一盒
金腿肉酥	四盒	呂宋香烟	一盒
好事肉酥	六盒	罐頭喫啡	一盒
嘉會肉酥	四盒	青蔜	一盒

芝麻	一盒	不的波	一盒
糯米粉	一盒	意米	一盒
皮蛋	一盒	罐頭鯪魚	一盒
大衣椰	一盒	各式烟仔	一盒
花椰	一盒	罐頭鷹奶	一盒
鴨蛋	一盒	衣檳	一盒
威士忌酒	一盒	禮茶	一盒
色酒	兩埕	片糖	一盒
糯米酒	兩埕	冰糖	一盒
生鵝	四隻	鷄蛋	一盒
鷄項	四隻	佛蘭地酒	一盒
臘腸	一盒	紅砵酒	一盒
臘肉	一盒	雙蒸酒	兩埕
大洋糖	一盒	杞菊酒	兩埕
小洋糖	一盒	石榴子花	一套
罐頭荔枝	一盒	剝鷄	四隻
罐頭什菜	一盒	金錢仔	四千

戰前的香港鄉族刊物

不同籍貫幹着不同行業

香港是一個國際商埠，居住着很多不同國籍的人，就是華人也分為許多不同籍貫和派系，所用的語言又是多樣化的：廣州話、潮州話、客家話、福建話和普通話等，其中以廣州話在香港最為普遍。

不同籍貫的人說着不同的方言，他們所幹的行業亦大致上能夠以籍貫分別。在過去，拉人力車的多是海陸豐人；當苦力的多是東莞、海陸豐人；魚販多是深圳南頭人；收買雜物的多是新會七堡李姓；洋雜貨商是中山人；錢業是南海九江、中山小欖人；四邑人洋雜貨、建築、金山莊；肇慶人搭棚業；南海西樵人洋服業；潮州人南北行、海味、糧食、銀業、工廠等；瓊州人餐室、航運業；客家人出入口莊、文化教育、織布業、皮箱業、籐具業、打石等。當然，時移世易，這種行業的界限也逐漸消失，再沒有從前這樣的明顯了。

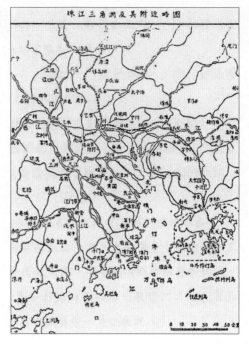

方言相同，風俗和生活習慣亦相同，加之中國自古以農立國，鄉土觀念至為濃厚，所以同鄉會應運而生，以維繫同鄉情誼，實踐「守望相助」、「疾病相扶持」的美德，群策群力，成為推動地方社會福利事業的一種力量，進而兼顧故鄉福利，捐輸建設，對於僑鄉的發展是有一定的貢獻。溫達明在 1949 年出版的《僑港東莞同鄉會第三期特刊》，提及該會產生的目的，實際亦是一般旅港同鄉會設立的目的所在：

> 第一個目的是，集中本縣旅港同鄉的力量，本着相扶相助的精神，去解決每一個旅港同鄉所可能發生的困難，使其能夠在本港站得住腳跟，能夠把握着向外發展的機會；同時，本着輔車為用的明訓，共同努力，使每一個旅港同鄉在本港所舉辦所經營的各種工商事業，得以突飛猛晉，長足擴展。

第二個目的是，集中本縣旅港同鄉的力量，去造福鄉里，建設桑梓。務使我們祖宗墳塋之所在地，及子孫萬世的托足之所，成為一個現代化的模範鄉村，成為一個衣食住行都臻至善的境地，從而推廣，俾能對於建設本省，建設祖國，有所貢獻以為國民的責任。

香港同鄉會的建立，有遠至清朝時期，亦有近這幾年才成立的。同鄉會的組織，有由一鄉組成的，如順德龍江同鄉會；有由一縣組成的，如新會縣同鄉會；有由兩個或數個縣合組而成的，如香港中順同鄉會（中山、順德）和僑港五邑同鄉聯誼會（台山、新會、開平、恩平、鶴山）；有一省或兩省組成的，如香港廣西同鄉會、冀魯同鄉會和蘇浙旅港同鄉會；亦有聯合多個同鄉會而成立一個總會的，如廣東社團總會、香港同鄉會聯合總會；更有世界性組織的，如全球客屬華僑聯誼總會。有些同鄉會的同鄉，在港分佈甚廣，故在很多分區都設有分會，如東莞同鄉總會設有元朗、上水、大埔、荃灣、屯門、沙田、觀塘、粉嶺及新田古洞等多個分會，各分會註冊為有限公司，自行處理產業與財政。

（一）四邑鶴山及中山篇

根據戰後華僑日報出版的《香港年鑑》所載，鄉族團體和同鄉的工商團體合計數目超過 145 個，但現仍保存的戰前有關鄉族的刊物，不過只得十餘種，並且很多是殘缺不齊，筆者所介紹的刊物，都是廣州府屬 16 縣內的地方。首先介紹四邑、鶴山（不屬廣州府）和中山有關的刊物，這種介紹的編排是沒有什麼特別意義，只是就着筆者所見到資料的多少而劃分的。刊物的介紹，包括由同鄉會所出版的定期或不定期的書刊，或其他文化機構所出版有關當地的期刊或專著。

◉《四邑星期報》（香港大
學孔安道紀念圖書館藏）

◉《四邑星期錄》（香港大學
孔安道紀念圖書館藏）

《四邑星期報》

四邑包括台山、開平、新會和恩平，這些地方原非富庶之區，四邑之繁華，多賴各地邑僑的刻苦奮鬥。在 1845 年時，據香港政府統計，香港有居民 23,700 人，而四邑人已達 2,000 人，幾佔人口十分之一。

《四邑星期報》第 1 期在民國十七年（1928）10 月 17 日出版，零沽每冊港銀 1 毫半，每月出 4 冊，總編輯為儒醫呂哲公，主任區壽彭，督印呂鋤雲。特約撰述員有苦蝶、夢餘、狂簡、倩芳女士、呂劍三、呂瘦影、梁仲公、簡清吾、司徒君毅、朱滄浪、趙燊堯、呂省三、呂夢熊、夢秋女士、幻僧、一狂及疑雲等。

所見的這一期是殘本，只得封面、封底及第 3-4 頁，吳灞陵註全 56 頁。該報刊行的目的，哲公的〈發刊辭〉有以下的說明：

> ……而論自治，則須先鞏固其鄉與縣之基礎，此非囿於界限也，先求諸近，而後及於遠也，四邑星期報之組織，亦此物此志耳，我四邑之在廣東，以形勢論，實為西南之咽喉，而人民之富庶，風氣之開通，亦甲於他邑，先於他邑，則以四邑人民之營工商

業於外國者，其數最多也。當此建設時期，倘吾四邑人，內外聯絡，各致其力以謀鄉邑之治，以立建設之基礎，則不止富庶甲於全省，且將樹全省建設之摸（模）範焉。故於此而謀宣揚邑人之情形，以達於內外，啟鑰四邑人之知識，以為之指導，更聯絡四邑人之感情，使內外一致，以共謀桑梓之福利，是不能不賴於報紙，此則本星期報之所由發起。

該報徵稿「以聯絡鄉情、監督邑事、鼓吹建設、注重公益為主，言論公開，各界惠稿如（論說）（小說）（雜文）（班本）（南音）（粵謳）及（詩詞）等等，一律歡迎」。

《四邑星期錄》

《四邑星期報》出版後，總編輯呂哲公因事離職，主任區壽彭亦因事繁，不能兼顧，而該報又波折重重，以致報務停頓。呂哲公於民國二十年（1931）12 月重新出版該報，改名為《四邑星期錄》，期數重新由第 1 期再起。零沽每冊銀 1 毫，每月出 4 冊。

該刊的總編輯兼督印署名呂一狂，料是呂哲公的筆名，主任王惜予、總司理鄭夢秋。特約撰述有顛珠、苦蝶、一狂、夢餘、老休、簡季植、朱滄浪、王惺岸、邱園及許言諤等。所見的第 1 期是殘本，只得封面、封底和第 1-4 頁。吳灞陵註全 54 頁，徵稿例與《四邑星期報》同。

《四邑兵災分鄉踏查記》

《四邑兵災分鄉踏查記》一書在民國三十年（1941）6 月，由四邑兵災踏查團出版，全書序文 8 頁，目錄 8 頁，正文 200 頁。每冊定價 1 元，賣書所得之款項，除扣除印刷及郵寄費用外，餘款留作賑

● 《四邑兵災分鄉踏查記》（香港大學孔安道紀念圖書館藏）

濟四邑難民之用。

1938 年日軍南侵，10 月廣州淪陷，隨後日軍鐵蹄擾及四邑，田舍多被蹂躪，人民慘遭凌辱，不死於鋒鏑，即淪為餓殍。旅港四邑人士，因家鄉函電不通，以致謠言四播，對於鄉中情況，不能真確了解，所以當時這個踏查團趁日軍入侵後岐澳公路第一次開放之際，即由李瑞榮、區樹聲及梁基疇等團員 19 人，分別遄歸四邑各鄉，作實地踏查，歷時一個多月，所費亦超過 8,000 國幣，彙集調查稿本，由雷通群編輯成書。書中每一字的敘述，均經親身踏查而得，並無從報紙抄錄或從口頭傳聞而邃輕易加入，每遇一事略覺懷疑，則彙集三四位之踏查員以比較，務求翔實。

該書序文共四篇：第一篇是雷通群的〈敬告海外四邑僑胞書〉，其他的三篇序分由香港四邑商工總局主席劉毓芸、香港國民大學分校校董李青一和前國會議員馬小進擔任撰寫。另有方振武將軍、朱汝珍太史和台山商會黃月樵的題字及題詞。

正文共分為四大篇：〈述敘篇〉、〈踏查篇〉、〈紀事篇〉和〈建議篇〉。〈述敘篇〉包括該團的重大使命與回鄉踏查的經過、團員回鄉的路線及踏查地點、追述四邑在事前應有的設防佈置、台山當時失守的真實原因、日軍在斗山登陸及台城失陷實況。該團經澳門回鄉踏查，經過日軍駐防之淪陷區：

……每到一日軍駐地，必須停車待驗，生殺任其所欲，稍涉嫌疑，即有生命之憂，同行者均提心吊膽，在未見日軍之面以前，祇聞車夫言「此地須敬禮」，已互相震恐，噤若寒蟬。計由澳門至石歧，需時約二時三十分鐘，停車待驗者十餘次，下車受檢者三次，愈近市郊時，日軍駐區愈密，婪索不已。其最喜歡之物，一為香煙，二為剃刀鬚刨，三為手錶，四為自來墨水筆，五為眼鏡，六為底褲底衫等日用必需品。至若遇年輕婦女，往往藉名檢查，而調戲為實……

在日軍淪陷區受日軍苛捐勒索，可算是想像之中，但在自由區內，亦有以下的記述：

既抵七堡墟，原可算由涸濁世界復返自由世界。但是，在我軍界內的七堡，印象尤覺不良，即以渡河一事言之，平時每人祇收渡費銅仙二枚，軍興後增至毫券一角，早月則又漲至大洋二角，此尚無不合，唯最不公平者，在本地居民，則祇收二角，而外處生客經此，則苛索無度，唯其所欲。余等每人須繳大洋一元，上渡頭時，經過七堡團隊的一次檢查，對於各人所帶貨物之任意取攜，亦與日軍無異，尚須每人繳保護費一角。

〈踏查篇〉專載四邑各鄉村踏查員親填之表冊，關於屋宇舖戶之焚毀，物業之損失，人口之死傷，均查確切實數目填報。至於當地人士之來往書信，對面談話，及所述善後意見與報告軼事等，間亦錄入。調查報告以台山各屬特詳，因該地遭災最重。

〈紀事篇〉所記包括廣海、斗山、都斛、沖蔞、公益、新昌、荻海等處被陷時實情、開平縣長沙水口附近鄉村遭擾實情、新會諸鄉所受浩劫、恩平所受兵災之間接影響、彭霖生司令的忠勇戰績、溫邊松海白石三次挫敵之光榮事蹟、大亨等鄉壯丁挫敵實情、陳沖屢次擊退登陸敵軍實情以及抗戰 14 人傑軼聞記。同時並述散賑的實際

成績，與海外僑胞踴躍捐輸救災的實數。有關香港的鄉親賑濟兵災的行動，有如下的記述：

> 旅港四邑工商總局，亦鑑於四邑災情慘重，遂成立「四邑籌賑會」，分向本港及海外同鄉募捐，匯返救濟，在正副主席劉毓芸黃棣珊策動之下，曾籌得國幣數萬元，分匯各邑救濟。其款項之分配如下：台山一萬元，新會六千元，開平四千元，恩平二千元，另撥五千元為慰勞抗戰將士之用。又旅港台山商會，亦接到黃縣長來電呼籲救濟，曾開大會，並議決以下事項：(1) 組織台山救濟委員會，推選委員一百名，除商會三十一名理事為當然委員外，其餘由旅港邑人之有聲望及熱心公益者充當。(2) 先電匯國幣五萬元，交台山商會，縣黨部及教育會等會同縣府賑濟。(3) 籌募款項繼續施賑，辦法將待救濟會正式成立後決定。(4) 分電各埠邑僑組織救濟會，籌款救鄉，並請將款項匯交該會辦理。

最後是〈建議篇〉（兼包括善後與建設計劃），分為縣防與軍事、整理四邑交通之計劃、增加四邑的生產計劃，及台山戰時教育之權宜方案。最後附錄〈補刊台山縣城災況損失表〉，及〈本書主編者在國內出版之著書〉。

《鶴僑報》

上世紀三十年代，鶴山縣人口約 25 萬，在香港居住的約有 3 萬餘人，經營各行商業，其中以印務、照相和故衣三業為多，其他有從事於船務、米業、洋行、銀行、醫藥、教育等業。

旅港鶴山商會，成立於民國元年（1912），由易光石、侯壽南、葉蘭泉、胡毓靈、源雲翹等創辦，首屆會長為葉蘭泉。該會先後於省港註冊立案，對於邑中公益，及救濟桑梓，樂善不倦。1937 年「七七事變」爆發後，戰事逐漸南移，該會組織邑僑籌賑兵災難民

⊙《鶴僑報》（香港大學孔安道紀念
圖書館藏）

會，舉辦急賑平糶、贈醫、施藥，又為解救邑僑匯款接濟家屬之困
難，復組邑僑匯兌處。1939 年鶴山初陷，又組回鄉服務團，購備大
幫中西醫藥，分配邑內各地施贈。香港淪陷，港僑紛紛返鄉，於是
會務停頓，直至抗戰勝利，該會復會，又擴大組織，將商會名稱更
改為香港鶴山同鄉會，戰後會址凡三遷，現址莊士敦道是自置會所。

　　現存戰前出版的《鶴僑報》第 2 卷第 5 期，是民國二十七年
（1938）8 月 1 日出版，該報每冊定價 2 角，每月出版一次。除在香
港及鶴山銷售外，行銷遠至菲律賓及美國。該報主任為葉蘭泉，編
輯勞緯孟，督印任煥文。全期共 56 頁。圖片包括該會於 1938 年 6 月
歡宴葉蘭泉獲贈英皇勳章之合照、該邑女救護隊野外實習救護工作
照片、邑人航空師李嘉君立於飛機側之照片，以及沙坪附近之水東
園被西潦淹浸情形之照片。

　　〈論著〉有張敏生的〈抗戰建國之第一年〉，略述抗戰一年的經
過，並展望以後建國之進展。跟着是會務報告，主要是報導該會捐
助鶴山平糶事，此次鶴山辦理平糶，該會兩次捐款共達 4,724 元。關
於平糶事，據鶴山縣縣長謝鶴年覆函的報導，可以略見辦理的情況：

　　……竊查本會前以米價騰貴，貧苦民眾，有粒米如珠之嘆，

　　當由鈞府召集各機關會議設立，以濟貧民，即席議決，公推鈞座充

任主席，職為主任，負責辦理。經於五月二十日，假借沙坪同善堂址，開始施糶。會章規定每元售米八斤，每人限至多購買五毫，當時市上米價，一日數起，最平者每元僅得六斤半，是以到會購米民眾，人山人海，擠擁非常，平均每日售出約一千元有奇，直至六月二十一日，米價稍落，減售每元九斤。二十八日起，每元減售九斤八兩，擠擁情形，仍不減於開辦之始。而大會以離沙坪較遠之鄉村民眾，赴會購米，往返需時，恐未能普及，乃遍設分會於各鄉。

關於平糶事，馮鶴籌的〈對於辦理平糶之小小貢獻〉一文，有提出改良辦理之意見。該會除捐助該邑平糶事，對於勸募公債，支持救亡運動，更不遺餘力。當時為了勸募公債，在香港設有香港勸募公債分會，主任是周壽臣，副主任是鄭壽仁、簡東浦和李星衢。在這個分會之下，更在其他社團設有募債支會。旅港鶴山商會募債支會是相當出力的，在這期的會務報告，報導了這個支會積極提倡「公債月」，發起本港各大業主實行捐租一月移作購買公債，該會本身亦率先實行。該會募債成績亦甚可觀，共捐得 22,025 元。

〈新聞〉部份分為〈國聞錄要〉、〈省聞錄要〉及〈本邑要聞〉，以〈本邑要聞〉所佔篇幅最多，共 25 頁。

〈藝文〉部份有填夢生的連載寫實社會小說〈炸彈開花〉、蒼霖的連載廣州故事〈仰忠街〉、崑山的〈本邑文藝零拾〉、愛鶴山人的〈東坡亭之蜃樓海市〉、〈聯語〉和〈閱報得讀鄒先生入峽詩根觸情懷敬和、附鄒魯先生入峽原唱〉。末附醫學問答有關癇症治法。

《中山海外同鄉濟難總會月刊 —— 八一三特刊》

中山海外同鄉濟難總會於民國二十七年（1938）5 月，由歐偉國、郭泉、楊樹章、古卓崙、幸玉銘、周雁亭、楊少泉等發起組織，以期募集款項，拯救災黎，並策動各埠同鄉，組設分會，共同

⊙《中山海外同鄉濟難總會
月刊 —— 八一三特刊》（香
港大學孔安道紀念圖書館藏）

⊙《中山海外同鄉濟難總會
季刊》（香港大學孔安道紀
念圖書館藏）

負起救鄉工作。

　　《中山海外同鄉濟難總會月刊》共出版 5 期，在「九一八」、
「七七」、「八一三」、「雙十節」等紀念日各有特刊印行，現存可見
到的是《八一三特刊》。該月刊總編輯是鄭學海，總幹事是方半農，
幹事彭卓駒、黃慶璋和譚翰昭。撰述有楊鐵夫、黃居素、李碩卿等
四十餘人。

　　這一期共 16 頁，論著計有古卓崙的〈如何抗戰必勝〉、方半農
的〈獻金救國運動〉、黃慶璋的〈我們紀念八一三應有的認識〉，
最後一篇是彭卓駒的〈救濟難民書感〉，以為救濟難民，可分兩種
途徑：

　　　　狹義言之，則送之安全地域，賑以衣食，延其殘喘，不至令其
　　流離失所；廣義言之，則開闢荒山荒地而使之耕種，既可令其自維
　　生活，亦可供養戰時糧食之需，一舉兩得，法可善也。

　　〈文藝〉部份計有譚翰昭的愛國紀實小說〈悲壯從軍〉；七言詩
有逸叟的〈抗戰建國紀念日素食〉、天不虛生的〈吊義寧老詩人陳三

立〉、李仙根的〈六月返破廬〉及〈答李吹萬〉、前人的〈漢上晤舊〉
及〈參政和盧前〉、高保予的〈八一三淞滬抗戰週年弔殉難將士〉；
樂曲有個中人的粵曲〈救濟難民〉、鍾亞的粵謳〈良心一個〉和〈可
憐可憫〉。

〈紀事〉部份有彭卓駒的〈抗戰時期的故鄉消息〉，記述 1938
年 6 月 22 日至 8 月 3 日中山地方抗日賑災的情況。末附該會職員一
覽表。

《中山海外同鄉濟難總會季刊》

《中山海外同鄉濟難總會月刊》出版了五期後，因缺乏人手，故
未能繼續出版，後經第二屆委員決議，改為季刊，每年出版四次，
總編輯為伍章根，副編輯鄭學海，幹事為程志遠、譚翰昭、黃碧川
及黃章。

《中山海外同鄉濟難總會季刊》第 1 期於民國二十八年（1939）
8 月出版，共 104 頁，書首有該會第一、二屆職員個人照片，跟着是
伍章根的〈發刊詞〉，正文分為〈評論〉、〈會務〉、〈要聞〉、〈專載〉
及〈藝林〉等幾個部份。

〈評論〉部份的政論文章，有鄭學海的〈斥汪兆銘〉及黃碧川
的〈半年來國際大局與中國〉；有關故鄉的濟難有古卓崙的〈本會
之濟難工作與展望〉、「暉」的〈保衛中山起來〉、王季原的〈釋濟
難〉及張浪石的〈救濟難民之管見〉。現舉古卓崙一文對濟難工作的
介紹：

> 查本會成立以來，濟難之工作，可分兩類：
>
> （一）積極之濟難工作：如協助政府，為抗戰種種之使施；一
> 面使 X〔日，下同〕方知我有備，不敢輕於侵襲之嘗試，一面設我
> 自衛團隊，增加相當實力，以固吾圍，關於此項之支出數，共一萬

八千餘港員，所有工作，均由本會職員，親與縣長協同辦理，實支實報，絕無虛擲捐款之弊，經此設施之後，雖鄰邑次第淪陷，吾邑尚歸然獨存，X人頻頻侵襲，不能達其登陸之目的，本會亦微有力焉。

（二）消極之濟難工作：自X機頻擾城鄉，X艦時轟沿岸，全邑民眾，受重大之威脅；因而喪失工作，或拋棄職業者，不知凡幾；更有流離遷徙，疾病傷亡，滿目哀鴻，野有餓殍！本會目睹慘狀，或發給現金，濟其眉急；或普施藥物、拯死救傷，暨其他慈善團體護送難民於安全區域；并撥款辦理平糴，以平米價，期使一般難眾，直接受惠，減輕其精神之痛苦，援助其物價之需要，統計用去捐款，數共二萬四千餘港員；以用之頗為適當，遂有優良之效果……

〈會務報告〉共分三部份：甲、總會概況，登載該會一年來工作概況及各次委員會會議的會議錄；乙、公牘，刊載該會對外的來往書信；丙、募捐成績，臚列捐款人姓名及所捐之款項。又附〈本會辦理平糴經過情形概況〉；〈分會消息〉刊載駐加拿大二埠中山海外同鄉濟難分會職員表。

〈要聞〉部份之前附有〈最新中山縣全圖〉一幅，這部份刊載譚翰昭的〈抗戰時期之故鄉消息〉，主要報導 1939 年 5 月 17 日至 8 月 4 日中山抗日的情況。〈專載〉部份包括彭卓駒的〈X機慘炸疊石起鳳環實況素描〉，和周守愚編的〈暴X最近侵擾中山始末記〉。

〈藝林〉部份刊載狂瀾的小說〈靜鎖一庭愁〉；七言詩包括黃季騫的〈寄懷譚翰昭學長〉和〈感懷〉、李金漢的〈上翰昭詞丈一律〉、前人的〈天王橋〉、〈遊馬交石〉和〈送翰昭詞丈之港即席三絕〉；新詩有碧川的〈憶〉，另有〈志遠的公牘程式弍款〉，其他尚有雜文、龍舟及聯話等。

《今日中山》

筆者所經眼的《今日中山》，有第 1 卷第 2、3 期合刊、第 5 期
及第 6 期，共 3 冊。該 3 期分別在 1940 年 9 月、1941 年 2 月及 4 月
出版，該刊原定一年出 12 冊，但從所存期數看來，刊期很不穩定，
零售每本 2 角，第 6 期的〈中山淪陷週年特輯〉特大號每本 4 角。每
期篇幅約 60 至 70 頁，特大號有 94 頁。編輯兼發行是今日出版社，
該社社址前期在香港，後期遷往中山八區斗門。該社經費，除依賴
報費及廣告費外，又發出捐冊，向海外同鄉募集出版費。該社的進
支數目，並有按期列出。

該刊登載在創刊號的發刊詞全文被檢，所以在第 2、3 期合刊重
加申說該刊出版的立場、信條和目標：

（甲）我們的立場：一、國家民族利益高於一切。二、遵奉抗
戰建國綱領實行三民主義。三、擁護抗戰，堅持團結。

（乙）我們的信條：一、不誇張自己不吹捧別人。二、不寫「抗
戰無關」的文章。三、不幹「為匪張目」的工作。四、不受「不
義」的津貼。五、不歪曲事實不顛倒是非。六、不向善人「吹求」，
不為惡人「姑息」！七、不問毀譽只求工作。八、不惜工本，充實
內容。

（丙）我們的目標：一、努力使本刊成為「中山大眾」的讀物。
二、喚起全邑民眾救國救鄉。三、把本刊成為溝通僑胞意見的橋樑
集中力量建設「新中山」。四、把我們的餘力，推廣一切文化事業。

該刊內容除每期刊載一篇社論外，有中山戰時青年工作隊的工
作報告。人物方面，聲討漢奸的文章有聖臧的〈「香山」群奸獻醜
記〉、流戈的〈漢奸孫文金〉和〈全縣偽鄉長總調查〉。專欄〈中山
人物誌〉介紹對中山有貢獻的人物包括，丁金的〈與郭泉先生談生
意〉、劉振漢的〈國大港滬粵商界三代表 ── 郭泉、郭順、郭劍英〉

◉《今日中山》第 1 卷第 2、3
期（香港大學孔安道紀念圖書
館藏）

◉《今日中山》第 5 期（香港
大學孔安道紀念圖書館藏）

和聖臧的〈譚贊先生〉；介紹僑港同鄉實業的有〈青山磚廠〉；介紹
遷澳的中聯中學的有新風的〈中聯中學〉和察察的〈中山聯合中學
概況〉。

　　有關當時中山情況的文章有周守愚的〈中山今日與將來〉；新聞
報導的專欄有〈邑聞〉和〈敵偽動態〉；新聞評論的有〈以事論事〉；
分區詳述縣內新聞的有〈各區特訊〉；〈僑訊〉報導港澳及海外各同
鄉僑團的動態，有關中山海外同鄉濟難總會的文章就有幾篇：勁人
的〈關於二十萬元賑米！〉，魯巴的〈向中山海外同鄉濟難會進一
言〉、〈中山海外同鄉濟難總會最近工作概況〉，程志遠的〈中山海
外同鄉濟難總會一週年會務簡報〉、〈周守愚氏向濟難會建議〉、〈濟
難總會致函分會報告工作再請捐輸〉及〈濟難會最近工作〉。這些資
料對濟難會的工作情況，很有補充。關於濟難會的賑米，勁人的一
文有如下的意見：

　　……此次中山海外同鄉濟難總會，為救濟淪陷區人民，特撥
　　出國幣二十萬元巨款，返鄉賑米，這種惠及桑梓的一片「婆心」，
　　誠屬「難能可貴」！

現在事已「功德圓滿」，我們且看看所收穫的是什麼？

全中山縣人口約八十萬，以二十萬元來平均，每人所得不過二三角，實惠情況，不問而知，而且這筆款子，經多方轉折，始達境內，怕不怕中途打了折扣尚成疑問，此其一。

其次，在淪陷區工作的青年，和正在以血肉保衛未失土地的團隊官兵，他們正以生命去打擊敵偽，做着中山不怕吃貴米的工作，他們的生活都比普通有田地耕種的艱苦萬倍，但我們倒不見有若何的救濟，這真有點令人「莫明其妙」？

第三，「偽」縣長歐逆大慶，為此事竟發表荒謬的談話，謂：「我之繁榮工作，已感動海外華僑之捐輸」，這是侮辱了我們的僑胞，污衊了總理的聖靈，識者聆此，孰不痛心？

因此，我們覺得在淪陷區裏面辦這種工作，只有便宜了敵人，而且助長了敵偽的氣燄，對邑人實在沒有什麼大的「盛惠」！所以不希望再有二十萬或三十萬的更大的賑舉。

此外，還設有〈僑胞服務〉專欄，為各鄉親解答問題或代辦家鄉事，〈義務信筒〉是為各同鄉互通消息。

第6期的〈淪陷週年特輯〉有孫科、吳鐵城、陳慶雲、袁帶、郭劍英等的題字，另有小文章分由古卓崙、余達莊、朱克勤、郭泉、郭劍英等執筆。

插圖方面，封面有陸田的木刻〈仇恨！〉和梁永泰的〈反攻之前〉；〈中山人物誌〉有郭泉、郭順、郭劍英和譚贊的個人小照。圖片以第6期的特輯最多，封面是石歧的俯覽，刊內有七頁照片，有關中國軍隊、日軍動態、中山的建設、橫門戰蹟、中山戰時青年工作隊的活動，和日軍官大角岑生之死。

（二）南海東莞及順德篇

《南海同鄉會會刊》

南海同鄉會，成立於民國二十八年（1939）11 月，當時中日戰事蔓延，南海同鄉流離於香港漸多，飢寒交迫，極需救濟，於是該邑名流孔昭度、黃漢鏻、廖伯魯、陳屈伸、周章英、羅殷仲、周啟剛、區芳浦、傅秉常等發起組會，救濟桑梓，經數月奔走，遂告成立，當時約有會員 200 餘人。

《南海同鄉會會刊》現存第 1 至 2 期，分別為民國二十九年（1940）10 月及民國三十年（1941）10 月出版，據出版相距時間，該刊可以說是年刊。第 1 期有 67 頁，第 2 期 48 頁。

該會刊的〈發刊詞〉由廖伯魯所撰，舉出表揚輿論、聯絡鄉誼、調查災情、扶植民氣及報告會務為出版該刊的目的。為該刊題字的有林森、陳樹人、吳鐵城及黃麟書，照片包括有第一屆會員大會合照，該會會所、議事室、香港及九龍區義學、旅行大嶼山等照片，以及監事、理事和醫務委員的個人照片。

內容分為〈論著〉、〈專載〉、〈調查〉、〈文藝〉、〈會務〉及〈雜組〉數大類。

〈論著〉部份都是有關當時南海縣的苦困和提出濟難辦法，文章包括呂國治的〈為邑人進一言〉、區萃崙的〈我們為何要救南海？〉和〈華僑教育之我見〉、麥秀歧的〈南海分區施粥議〉和〈南海僑置新村議〉、廖伯魯的〈本邑農民宜改良種植〉、焚吾的〈關於淪陷區〉和邢仕材的〈南海旅港邑僑宜速團結起來〉。

麥秀歧的〈南海僑置新村議〉提出一些具體辦法以積極幫助同鄉：

> 吾邑居民，大部滯留於淪陷區中，其勢不能自拔，其能外徙港澳者，又以各自為謀，勢難群聚以謀彼此互助，於是僑置新村實為

● 《南海同鄉會會刊》內陳樹人的題字（香港大學孔安道紀念圖書館藏）

適合環境，其法為何，曰：擇港澳附近未開闢之島嶼，仿照客人成立客家村之辦法，師其意，而以近日拓荒法行之，積漸自成村落，近年來宣城有僑樂村之設立，吾人正可仿其法而行之者也。吾人實現此項僑置新村之計劃，當成立一經濟組合，其名擬假設為南海僑置新村墾殖公司，集資本十萬元至二十萬元，購地從事開墾，其墾殖畜牧之投資計劃書，另行草擬，然必先於墾殖之中心區，成立農村之簡單質樸屋宇數十幢，以廉價租與邑僑，將所墾殖地，分區開闢，果林園藝畜牧灌溉水利，分組從事工作，以合作社方法組織其群眾，以墾殖公司活潑其金融，羅致邑僑中之智識分子，以從事於教育及訓練工作，以農貸法為墾殖之資金，指導繁殖散發種子，皆以專門人才司之，務令僑置新村成為有組織有朝氣之近代農村，舉凡農村之學校教育社會教育自治經濟治安衛生墾殖之多方面工作，皆於墾殖公司為之推動，而以僑置新村為公司之產品，復由新村成立委員會以實施各項改進新村之設施，新村之收益，即公司之盈利，新村之福利，即難僑之衣食住生利數問題，得完滿之解決，將邑中旅港僑民為其遭難親戚之個別救濟，集中而為有系統有計劃之墾殖生利之事業……。

〈專載〉部份包括教育部、廣東建設廳農林局和南海縣政府的頒佈方案和通告、第十二集團軍政治特派員辦公室印發的〈粵北作戰

經過概要〉、〈國民參政會第一次大會廣東參政員議案〉和〈僑務委員會頒佈海外華僑團體備案規程〉。

〈調查〉部份包括蘇鎏靈的〈活躍的南海游擊縣政〉、甘彤的〈陷落的西樵〉、陳恩的〈佛山見聞〉、關紹祖的〈鐵蹄下的九江〉、何古愚的〈淪陷後之煙橋〉、黃尚志的〈我軍反攻官窰〉、李守義的〈南海二區各鄉風災慘劇〉、廣東省賑濟會駐港辦事處引導旅港華僑及招待無力自備旅費義民回韶辦法、抗戰各役中籍隸本縣之傷故員兵殉職退休官吏家屬，及出征抗戰軍人家屬證明書調查表，遷澳的南海縣立中學校亦有報告。

〈文藝〉部份有羅憩棠的〈蒙古世次表序〉、呂次眉的〈毘盧寺序〉、關超卉的〈蕙農畫冊自序〉、廖伯魯的〈上增城縣方啟東大令請保護陳忠愍墓書〉和陳景農的〈鄉村教育憶西樵〉。此外，李寶祥、李景康、江叔穎、呂次眉、陳屈仲、廖伯魯、孔公豁、桂南屏、區季愷、江霞公、何直孟、馮陶侶等人亦有詩作。

〈會務〉部份報導該會建立經過，刊載該會章程、理事監事會辦事細則、醫務委員會簡章、捐款表彰規條、徵求會員辦法、救濟邑籍失業教員失學學生辦法、設立難童學校計劃書、對外來往公文、發起人題名錄、職員表及會員表。

〈雜俎〉部份有呂次眉的〈空襲防避常識〉、丁百厚轉錄的〈救飢驗方〉、〈省政府招致僑民回國墾殖〉、〈南斐洲華僑捐送省政府救護車〉、沈雄的〈禪山今昔〉及〈石灣陶器〉，附鳴謝啟事。

《駐港東莞東義堂事略》

東莞地接香港，相連咫尺，因地理及交通的關係，東莞人來港居住的，愈聚愈眾。初時以業苦力和販工為主，貧窮的邑人死後無力盤運回鄉安葬，又有些死後久失祭掃，當時設有義塚在電線岡，但該處為水壚地，旁近丘壟纍纍，無可擴展。其他各邑多有聯合組

● 《駐港東莞東義堂事略》（香港大
　學孔安道紀念圖書館藏）

織堂名，辦理邑中善舉，皆設有義地，所以在清朝光緒癸巳（1893）
秋，由周少歧、何子貞、衛冕齋、陳麗堂、袁煥堂等發起成立東義
堂。延至 1897 年，才完成建築香港仔華人永遠墳場的東莞義塚、清
明祭掃，並頒發胙肉。1916 年，倡議停胙辦學，至 1920 年，始設立
義學。1937 年，該堂已開設有 10 間學校。太平洋戰爭爆發，堂務
停頓。

　　《駐港東莞東義堂事略》一書，據書內第 32 頁的足球義賽籌款
合照的說明來看，似是在民國二十一年（1932）出版，由香港奇雅印
務承刊。搜羅事實，徵集照片，由該堂前任主席周炳垣和黃秋旺、
當屆主席周昌年及正司理周鎰畬等負責，該堂督學葉沃林主理編輯
工作。

　　全書分為兩大部份：圖片和文字部份。圖片部份共 35 頁，就戰
前的刊物來看，這本書的圖片是相當豐富。圖片包括捐款興學的善
長、該堂歷任主席的個人照片、東義學校各年全體員生合照、該堂
籌款活動照片、該堂歡宴謝曉繁、中華體育會南遊足球隊及周埈年
等全體合照，及香港仔華人永遠墳場和長洲之東莞義塚照片。

　　正文前面有祁正的〈駐港東莞東義堂事略序〉，但有關東莞東
義堂的創立、會務範圍和興學特色，從李少伊的〈東莞東義堂事略
序〉，可以得其梗概：

香港舊為寶安縣地，去粵省最近，故粵人之商於港者，為數甚眾。各縣因此多聯合團體，設立堂名，以辦理邑中義舉。我邑東義堂，遂於前清光緒年間成立，計自癸巳至今，已四十年矣。其時篳路藍縷，度不過聯絡鄉誼，互相慶弔，以及建設義塚，春秋祭掃，數大端而已。迨後經理得人，日益發達，而創設免費義學，及運送先友遺骸善舉，遂次第舉行，迄今義學增設多間，而運送遺骸，亦無遠弗屆，其餘如施棉衣，施棺木，及調和械鬥、捐款賑災等，不一而足，嗚呼盛矣，而余謂數者之中，尤以辦學為特色，何言之，中國內地，自頒行新學制後，各小學校，皆廢止讀經，改教白話文，而四書五經，遂束之高閣。……幸港政府尊崇孔教，准各校讀經，並創辦漢文學院以為提倡，故海內經師，多抱殘守缺，講學島上，以為傳道計，各值理因得釀觶興學，延鄉先生訓課，智育之外，兼重德育，使僑港邑童，得以肆習經書，俾聖經賢傳，不致廢棄，而數千年之國粹，可以因此保存，其功固甚大也，此其一。

義學之設，本以嘉惠貧童，故學生但粗識文字，略具普通智識，於畢業後，足以謀生，況各值理，強半為商界中人，均有職務，乃捐助不已，每月必到校巡視，考核各生之勤惰若何，品行若何，成績若何，年終復頒獎金，以示鼓勵，故在校之學生，皆知自奮，此其二。

各邑港僑，多設有義學，但少或一二間，多亦不過三四間而已，而東義堂則設有九間，初由西營盤推至灣仔，繼推至油麻地，將來並擬推至香港仔，務使邑中貧童，均得受教育，學務之發達，為各邑首屈一指，此其三。

各邑義學教員，因薪金微薄，故濫竽教席者，恒居多數，惟東義堂之教員，多由於嚴格考取而來，是以為教員者，類多品學兼優，不徒具中學或師範畢業資格，故教授得宜，學生成績，較別校為優，此其四。

義學生徒，類皆貧寒子弟，無力多購書籍，各值理知其然也，

每校特設藏書櫃，捐款購置古今書籍，充實其中，以便學生借閱，裨益智識不淺，此其五。

正文分為：（一）緒言；（二）四十年前之邑僑狀況；（三）倡建東莞義塚之勸捐情形；（四）建築東莞義塚之經過情形；（五）歷屆職員之任務；（六）歷年祭掃義塚之沿革；（七）辦學情形；（八）置業概況；（九）最近籌款情形；（十）公讌周埈年君榮任定例局議員紀事。

附錄：（甲）駐港莞邑東義堂學務部管理校務章程；（乙）莞邑東義學校學生遵守規則；（丙）莞邑東義學校課程進度日記程式；（丁）莞邑東義學校督學員視學紀錄程式；（戊）莞邑東義學校值理視學紀錄程式；（己）通知值理查學公函；（庚）莞邑東義學校學生成績報告表；（辛）莞邑東義堂學務部誥誡學生家長書；（壬）莞邑東義學校課程時間表彙錄；（癸）東義高初兩等小學校招生章程；附錄港紳介紹啟事。葉富強的跋附在最後，全書共 92 頁。

《事略》一書以辦學一事敘述得最詳細，附錄部份保存了大量該堂辦學的文件，對研究香港戰前小學及義學的發展是很有幫助。（見本章後附）

《旅港順德商會徵信錄》

旅港順德商會，原名旅港順德商務局，創辦於民國元年（1912），該會宗旨在章程上有列明：

> 本會以研究商務，聯絡鄉情，維持公益，兼辦一切慈善事業為唯一之宗旨：
>
> （甲）凡有格於港例及關於政治範圍等事，本會概不與聞。
>
> （乙）凡本港重要例文，關係順邑人者，本會應即隨時摘要繙譯解釋，俾同人明白週知，以便遵守，及政府定立則例，有不便於

⊙《旅港順德商會徵信錄》
（香港大學孔安道紀念圖書
館藏）

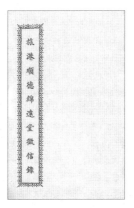
⊙《旅港順德綿遠堂徵信
錄》（香港大學孔安道紀
念圖書館藏）

邑人者，則以輿情入告，獻可替否，或以筆扎〔札〕陳明，或以謁
見剖訴，俾得為政府之助。

（丙）凡同人中因商場事務，或有爭執，經兩造情願到本會調
處者，須隨時設法持平解釋。

（丁）凡關個人一己之事，欲本會維持者，須先審其事理，合
維持者則代為設法維持，惟非本會同人不在此例，以昭限制。

（戊）凡本邑遇有水荒風暴等災，本會須立即先行集議，酌量
籌賑，及隨即舉行一切善後事宜。

（己）凡本邑人在香港或外埠有振興實業者，本會可代為鼓吹
贊助。

（庚）如遇外埠之本邑人還里，或遭意外，及被人拐帶等事，
可告知本會，集議代為酌量設法。

（辛）凡本邑難民遣發回籍，間有川資缺乏者，本會須酌量
助給。

創立該會時，何星儔、梁獻生、譚亦豪、陳廉孚、余曉石、霍
鑑泉、梁獻康、梁仁甫、羅少鎧等最為熱心，對於邑中公益及救濟

桑梓，不遺餘力，歷年以來辦有義學兩所，補助失學兒童，戰後初期已有會員 700 餘人。

徵信錄大概就是現在的財政進支報告，大多是一年出版一次，所見的該會徵信錄有兩冊：一冊是丙子年（1936）及丁丑年（1937）合冊，另一冊是民國二十八年（1939）的。

這些徵信錄是線裝本，各有司庫員撰寫弁言或序言，略述該年財政的狀況，接着是刊載該會的章程，及列出歷年主席及各職員姓名。主要內容是詳細列明每月進支的數項，最後是核數員的查核報告，證明該進支報告確實無訛。這些徵信錄雖然沒有直接刊載該會的活動情形，但很多活動都會牽涉到往來賬項，從這些賬項中，亦可以知道該會的活動情況，所以徵信錄亦是一類很重要的史料。

《旅港順德綿遠堂徵信錄》

順德綿遠堂於光緒二年（1876），由旅港順德同鄉梁鶴巢、曾月溪、陳瑞生、李澤亭、李鳳珊、劉蔭泉、梁侶楷、梁炳南等集資創立。該堂曾舉辦清明重九致祭義墳，推廣在大良建設懷遠義莊，繼在香港的東區咖啡園（即現在香港政府大球場）及西環摩星嶺營置義塚（現遷新界和合石社團墓地）。民國十九年（1930），梁仁甫、何星儔、劉星昶、梁弼予、陳伯益等訂立章程，在香港註冊立案。現在摘錄該堂章程數端，說明了該堂堂務的範圍：

　　……

　　（二）綿遠堂組合團體，純粹屬於慈善性質，俾順德縣籍華人前時或將來在外埠身故，其骨殖運回原籍，則予以經濟上之助力。

　　（三）順德縣華人或其遠祖是順德縣華人之業已在香港身故埋葬者，每年於夏曆清明重陽兩日舉行拜掃其墳墓之典禮，本堂會友及非會友均可參加。

（五）順德縣屬若遇水火災殃饑饉癘疫或其他慘災，則捐款救濟難民，每次捐款不得超過本堂是年進款之二成五，無論何年捐款之總額，不得超過本堂該年進款之實額。

自從該堂立案後，每年印發徵信錄，以示大公。香港大學孔安道紀念圖書館所藏的該堂徵信錄，是民國二十八年（1939）線裝本。該年徵信錄包括司庫員何耿中的序，附錄羅耀生的初刊徵信錄弁言和《祭墓芻言》、該堂當年職員表、當年進支數項，及章程摘要撮錄。關於西環摩星嶺義墳的營建，在《祭墓芻言》有以下的記載：

> 西環義墳，有碑記泐石，始由同治五年丙寅，四環盂蘭值理，目擊溪谷草莽之間，旅櫬鮮主，權厝無碑，乃將醮務餘貲，撥充善舉，掭拾遺骸八百餘具，蒙當軸允許，合瘞於摩星嶺，內有八十骨骼雜遝，莫分甲乙，瘞於中穴，排骸承骨，石蓋而穸封之，又環骼塔八十，共成一大穴，其六百餘具，各儲新塔，每三塔一穴，層列同堂，閱數月而工竣，（照碑記錄）死者男女姓氏里居，均無可考，大率死於同治丙寅以前，或十年或數十年，其人生時，當在港埠未開，或初開，概可知矣，其人不能有據，證實為我邑同鄉又可知矣。

《桂洲月報》

1941 年間，旅港順德桂洲同鄉，約有 3,000 人。該邑名流岑光樾、馬師曾、胡林等，為便利辦理救鄉救國工作及謀求聯絡同鄉感情，於 1941 年 2 月 2 日在綸經絲莊召開第一次籌備會議後，便積極進行建會工作，徵求會員。在同年 9 月，參加入會的同鄉已有 300 餘人，旅港順德桂洲同鄉會便於 9 月 7 日，在六國飯店舉行成立暨第一屆職員就職典禮。

◉《桂洲月報》(香港大學孔安道紀念圖書館藏)

《桂洲月報》創刊號便是在成立典禮那一日出版。該刊現存兩期,第 2 期是在同年 10 月出版,距離香港淪陷不夠兩個月。主編是胡漢輝,編輯委員是邵維新、胡霞舉、葉仲敏和梁漢聲,每期的篇幅都是 12 頁。編者在〈創刊詞〉說明了該刊出版的目的:

> 我們知道,同鄉們分佈在海內外各地的,為數很是不少;為着使各地每一個同鄉都與本會發生密切的聯繫起見,「桂洲月報」這小冊子,無疑地會是我們與各地同鄉發生聯繫的一種工具。同時,我們為着傳播鄉邦的消息,為着實踐我們工作的報導,「桂洲月報」這小冊子,無疑也將成為本會報告會務的電台。

《桂洲月刊》所見的兩期,內容主要分為會務報告和桂洲消息報導。會務報告有該會籌備成立經過、第一屆理監事的選舉、該會成立典禮特輯、會員名錄、章程、財政報告、啟事及通告等。在成立典禮中,監誓員葉蘭泉提出同鄉會組成的重要性:

> 在現在情形,凡旅港之各縣各鄉人士,均有成立同鄉會之必要,尤望該鄉人士踴躍加入,以發展力量,為救鄉救國而工作。

而國內人士對同鄉會的期望,從「挺三」司令部駐港委員周守愚在該典禮中的致詞,亦可了解一二:

蓋每一鄉淪陷，其中負責之父老，多已遠走他方，甚或投奔敵人，故對於鄉事，極難付梓，必須由旅外同鄉，迅即與政府商討妥善辦法，或即派員回鄉散賑，及協助政府一切，即鄉民自易重見生天。再者，每一鄉淪陷其間之有為青年，每散而之四方，而我粵沿海各地，現均淪陷敵手，故必須在港設法羅致，以為他日為鄉為國之用。羅致之責，自在各該鄉之同鄉會，故同鄉會對於救國救鄉，其力量甚為偉大。同時順德所產生絲，為我戰時換取外匯之唯一特產品，從每年出產，達萬萬元之鉅，同鄉會方面，今後亦應為生絲本身謀改良及發展，並設法杜絕敵人攙充掠奪。

關於鄉邑情況的報導，該刊設有〈桂洲電台〉一欄，報導該鄉物價及刊登簡訊。

圖片方面，有該會理監事合照、成立大會同人合照、成立典禮照片和留名錄。致送題詞的有王曉籟、孫科、劉維熾、曹善允、陳慶雲、董仲偉、譚雅士、杜月笙和葉蘭泉等。

（三）潮州客家及福建篇

《旅港潮州同鄉會會務報告》

1842 年，香港開埠之初，中環海傍靠西一帶，遍佈營幕，而潮州人經營之乾泰隆、元發行已在營幕附近搭蓋棚廠，開始營業，兩店均專營暹羅白米出入口業務。1868 年，南北行成立，兩店亦均為當時行中翹楚。

其後港人目光逐漸轉移，趨向工業。戰前潮人多經營染布業、拆船及五金業；戰後本港工業日趨發展，潮人經營棉織、製衣、塑膠等主要出口工業，其他如銀行、船務、出入口、交通、文化、政教，以及專業的律師、醫師、建築師、會計師等，亦不乏潮人肩任要角。

◉《旅港潮州同鄉會會務報告》（香港大學孔安道紀念圖書館藏）

旅港潮州同鄉會，創自民國十八年（1929），由該邑商人余繼宗、朱晴川、林子實、蔡鏡臣、陳庸齋、蔡秉臣等二十餘人發起組織。該會的任務，在《會務報告》第 8 期有列出：

> 甲、贊裹社會公益！乙、拱護桑梓安寧！丙、扶助同鄉事業！丁、排解同鄉糾紛！戊、聯絡同鄉情誼！己、救濟同鄉疾苦！庚、促進同鄉文化！辛、領導同鄉自治！壬、調查同鄉狀況！癸、溝通同鄉消息！

現存的《旅港潮州同鄉會會務報告》第 8 期是殘本，吳灞陵註全期「8 頁、留 2」。這一期在民國二十三年（1934）11 月，由第四屆執行委員會出版。

本期目錄見封面書影，這期殘本的第 1-2 頁只包括〈誌謝〉、〈會務紀要〉，和〈徵求特載〉的部份徵求會會議紀錄，內容大多是有關徵求會員資料，當時「徵求委員會」包括林子實、謝翌人、李紹瑞、王溥生等。會務除徵求會員事務外，並錄有「資送同鄉貧婦楊林氏（庵埠內洋人因來港尋姑不遇悽涼無依）並其子女三人回家」一事。

《僑聲》

所存《僑聲》的第 1 卷第 1 期亦是殘本，只得封面及第 3-6 頁，吳灞陵註「全 24 頁」。該刊由旅港潮商合資刊行，故題詞皆為潮人社團。督印人為黃凍雲，由中華印書館承印。出版日期是民國二十年（1931）9 月 5 日，逢星期六出版，零沽價每冊定價 5 仙。

該刊在〈發刊宣言〉闡明出版的目的：

> ……我們發行這刊物的動機，當然絕不含絲毫實際參與政治的活動的意味；不過在政治上貢獻一點，凡有評論，概以客觀為立場；凡有記載，以詳實為主旨；傳達海外僑眾的意志，而引起國內的同情；勉力負起一個能夠代表僑民的真正輿論的使命。

該刊內容有德章的〈關於救災〉、渚青的〈中國人的死〉，與封面所提及的〈廣州印象之段片〉、〈軍縮會之前途〉和〈每週新聞〉。雖然這個刊物是由潮州人合資刊行，但從這冊殘本來看，內容和潮州人並沒有什麼關係。

《崇正月刊》

清順治、康熙年間，鄭成功據守台灣，清廷顧慮沿海居民與鄭氏相通，實行「海禁」，下令東南沿海邊界，向內地遷移。十七世紀末清朝平定鄭氏後，客家人便又恢復遷往東南瀕海地方。太平天國建立，內地人民頗多來港避亂，就中客家人士，為數亦多，因此新界有很多客家人聚居的村落。客家人歷世以崇正黜邪自守，故數十年來，通稱為崇正同人。

崇正總會於民國十年（1921），由廖新基、李瑞琴、黃茂林、賴際熙、何天地、溫葆六、彭樂三等發起，在西環太白樓遊樂場，舉行旅港客屬代表大會，並隨即組織崇正工商總會。該會的宗旨是「聯

◉《僑聲》(香港大學孔安　　　　◉《崇正月刊》(香港大學
道紀念圖書館藏)　　　　　　　孔安道紀念圖書館藏)

絡國內各地，及海外各埠，同系人士，交換智識，振興工商事業，
興辦學校，共謀共益，攷證源流，互助同人」。至 1926 年，易名簡
稱為崇正總會。

　　戰前出版的《崇正月刊》，現存民國二十七年（1938）7-12 月合
刊及民國二十八年（1939）1-6 月合刊，共兩冊，頁數分別有 34 頁及
43 頁。內容分為〈論著〉、〈文藝〉、〈筆記〉、〈特寫〉、〈掌故〉、〈會
務〉、〈海天風絮〉、〈雜錄〉及〈體育〉各部份，所刊載的都是短文。

　　〈論著〉部份有張仲莊的〈今後軍人當抗戰焦土不可焦土抗戰〉、
胡文虎的〈客家精神論〉、李萬葉的〈自力更生〉、古直的〈滇西添
建行省芻議──附致劉顧問電〉、林甫田的〈一元還債運動〉、〈第
二期抗戰宣傳綱要〉和〈香港崇正會中大服務團崇正救護隊特輯〉。

　　〈文藝〉部份有謝遠涵的〈益三先生六十壽言〉和〈崇正總會救
濟難民委員會特刊序〉、張仲莊的〈九龍登宋皇臺感賦四律〉、李博
的〈哭廣州〉、柳移的〈李君小白墓誌銘〉和〈元龍百尺樓詩草〉、
江瑞英的〈步陳倚雲先生重遊泮水感懷原韻〉和挺生的〈倭夷南侵
廣州淪陷感而賦比〉。

　　〈筆記〉、〈特寫〉、〈掌故〉和〈雜錄〉這四部份包括特寫時事
的〈江會長五七誕辰讌會紀略〉、〈張向華將軍之一封書〉、林泉可

的〈沈演公訪問記〉和李次溫的〈墜機遇險憶記〉，其他的都是歷史考據小品。現謹抄錄黃鐘的〈三十六行之祖師考〉的 36 行祖師的名稱：

鞋業「孫臏」。硯業「子路」。針業「劉海」。紙業「蔡倫」。筆業「蒙恬」。酒業「杜康」。茶業「陸羽」。旅業「關羽」。錢業「玄壇」。銀業「歐歧佛」。戲業「唐明皇」。箆業「綠仙女」。染業「梅葛仙」。秤業「胡鼎真人」。木業「楊四將軍」。皮業「白頭兒佛」。鐵業「氈採老祖」。妓女業「管仲」。刻字業「王維」。丸藥業「神農」。燒窰「郭公」。剃頭業「羅祖」。丹青業「吳道子」。僕役業「鐘三郎」。睇相業「麻衣仙」。玉石業「白衣神」。札彩業「五道子」。京戲業「老郎神」。庖廚業「唐明皇」。成衣業「軒轅黃帝」。書法業「蕭何曹參」。建築業「張班魯班」。木石瓦等業「公翰子」。書業印刷業「文昌公」。煤窰盆碗缸業「老君」。說書業「崔仲達柳敬亭」。

〈海天風絮〉部份撮錄世界各地新聞花絮；〈體育〉部份有李惠堂的〈抗戰與體育〉和王孝英的〈為什麼提倡女子體育〉；〈會務〉部份刊載進支表和各會議議案。

《崇正月刊》在日本侵佔香港時期停刊，民國三十五年（1946）10 月 10 日復刊，卷期由復刊第 1 期開始。

《香港崇正總會救濟難民會特刊》

自 1937 年中國全面對日抗戰，日軍席捲而南，廣州陷落，大批難民紛紛逃港。崇正總會於 1938 年 12 月，召集會董會議，決議組織崇正總會救濟難民會籌賑，以資救濟，並推古瑞庭為主任委員，推進募捐，並印發捐冊，向香港各慈善人士及商號，沿門勸募，計得8,800 餘元。並將捐冊分寄海外，未及一年，先後收到吻哩洞、加里

吉打、南菲洲、暹羅、紐約、三藩市、巴拿馬、檀香山、西印度、爪哇、千里達、大溪地、蘇里南等地僑胞寄回賑款 16,000 餘元，白米 200 包。

該會初成立時，為求施賑迅速普遍，首先撥款 1,000 元，交英國籌賑中國難民華南分會，代為散賑。1938 年，聖約翰救傷隊在新界、深圳、南頭、沙頭角等處增設醫院及贈醫處 11 所，專為難民而設。該會亦即撥款該隊，代購藥物，並撥款予中山大學戰地服務團，購棉衣代發；又撥款予惠陽難民救濟會，使就地施賑。不久，與中大戰地服務團合組崇正救護隊，赴東江工作，加撥醫藥及開辦費等，沿途拯救，並注射防疫。又於龍川設立臨時醫院，以診治傷病。潮汕陷落後，將崇正救護隊擴充三分隊，增加賑款，又積極撥款予各救難會賑災。一年間，施賑及救護等費用耗資 26,000 餘元，其後繼續募款施賑，凡達四年。

《香港崇正總會救濟難民會特刊》於民國二十八年（1939）4 月出版，共 212 頁。〈發刊詞〉由該會主任古瑞庭撰寫。贈送題詞的有蔡元培、張一麐、葉恭綽、王正廷、宋子文、吳鐵城、陳樹人、周壽臣、羅旭龢、黃琪翔等。另有序文分由謝遠涵、江瑞英和廖暉宸等三人執筆。圖片有該會委員、職員個人照片，和 50 餘幀該會出發各處救濟工作的實地照片。

正文首先刊載該會組織章程，接着是該會委員、職員一覽表，古瑞庭的〈本會工作概述〉略述該會成立經過、募捐情形、施賑一斑和工作展望。另有兩個工作報告：〈崇正救護隊工作報告〉和〈崇正救護隊東莞工作報告〉。崇正救護隊到了東江一帶，在老隆一地開設診療所，因為得到當地居民信任，不夠一個月，便診治了 1,572 人，該隊除了軍民的醫療工作外，又有辦理衛生宣傳、清潔大掃除，推動冬耕，組織姊妹會等的工作。該會更在老隆開設政治救護訓練班：

◉《香港崇正總會救濟難民
會特刊》（香港大學孔安道紀
念圖書館藏）

◉ 葉恭綽為特刊題字（香港
大學孔安道紀念圖書館藏）

……我們班的中心任務，除了理論與實踐配合外，還可以分兩方面來說明：

第一，從政治方面說，加強幹部的民族意識，建立自覺紀律，堅決抗戰到底，用革命理論武裝青年頭腦，加強思想能力，提高工作技能和自發性，養成犧牲奮勇的精神。

第二，若從救護技術說，灌輸醫學常識，實習救護技能，提高學習興趣，用簡單敏捷方法教授，不斷的研究和不停的實踐。

全班學員，共有 39 人，其中 14 人為女性。

〈論著〉部份有謝作民的〈抗戰與救災〉，薇萍的〈賑災運動與抗戰救國〉，吳子安的〈抗戰形勢與僑胞責任〉，「翼」的〈抗戰局勢的前瞻〉，梅人的〈對於財部調整外匯應有的認識〉，鄒梁定慧的〈後方救災與前線服務〉，李左孚的〈救濟難民為人類之天職〉，黃倬南的〈慈善事人人良心所應做〉和〈救國箴言〉，黃育根的〈保持此仁心擴充此仁量〉及昭寧的〈怎樣救濟難民〉。

〈詩作〉部份有黃倬南編的〈宇宙廬詩話〉和〈感懷〉、李左孚的〈挺生兄以廣州淪陷感賦等詩見示感事傷懷令人悲怛奉答四絕示

⊙ 崇正救護隊（香港大學孔安道紀念圖書館藏）

⊙ 政治救護班授課情形（香港大學孔安道紀念圖書館藏）

⊙ 新界賑濟難胞（香港大學孔安道紀念圖書館藏）

以同抒憤慨也〉。

〈專載〉部份刊載〈國民公約〉、〈蔣委員長通電全國宣佈實行國民精神總動員〉、〈蔣總裁廣播演詞〉及〈全國生產會議蔣委員長訓詞全文〉。

〈請賑函件節錄〉是其他社團請求援助之公文;〈本會議案節錄〉撮錄由 1938 年 12 月 6 日第一次委員大會起以後各次會議的會議錄;〈新聞剪輯〉有范國豪的〈來港難民一瞥〉一文,及由《華僑報》、《大公報》、《華字報》及《循環報》各報所轉載有關該會的新聞;最後是〈捐款芳名一覽〉和〈收支冊結〉。

《旅港福建商會福建旅港同鄉會會刊》

福建商會創辦於民國五年（1916）,戰前會務範圍包括開闢義山、助賑施棺、資遣難民,為同鄉排難解紛,辦理聯誼,募捐公債、開辦義學等。該會與旅港福建同鄉會極有淵源,在同一地址辦公,而《旅港福建商會福建旅港同鄉會會刊》這個刊物就是由這兩個會共同出版的。編輯是葉苔痕,該刊於每月 20 號發行,現存第 3 期,在民國二十九年（1940）12 月出版,共 28 頁。

該期的第一篇文章是葉苔痕的〈流浪鄉胞的積極救濟〉,概述當時福建籍的難民在港情況,並應如何積極地幫助他們:

> 當金廈前後棄守,商會及旅港的鄉胞曾組織救濟會,搶救了萬餘鄉胞;這些努力的功績是每個鄉胞所深知而讚許的。但惜因時間與經費的關係,一時未能予以積極的救濟,結果祇得轉請東華醫院收容或予以遣散,這不能不說一個遺憾!自是而後,成千上萬的鄉胞復回廈鼓,成為敵人繁榮廈門剝削人物力的對象;也使留廈鼓而思跳離火炕〔坑〕的鄉胞們感覺失望;間也有不願遄返為順民的,到今天除少數出洋及找職業維持生活外,其他的都

◉《旅港福建商會福建旅港同鄉會會刊》（香港大學孔安道紀念圖書館藏）

成了香港的流浪人了！

　　時至今日，經過的時日不能算不長；但我們還見不到同鄉僑團作有計劃而積極的救濟。雖然，同鄉會和商會還有資助回鄉的措施，然而卻時時感到這辦法是消極的！加以小部份回國機工，因祖國風土不適而流浪到港的；以及居留南洋受失業打擊而被遣散來港的，也日漸增多，加深了這問題的嚴重性，也更值得我們密切地注意了！

　　當這抗戰轉進相當緊張的階段，我們必須迅速起而傚效國內各地積極救濟義民的方法，用生產方式來進行救濟這批鄉胞。最近同鄉會曾有在新界建立農場以收容這些鄉胞從事墾荒生產的計劃，並且已派人在新界找地；這措施是值得我們全港閩僑注意，而予以襄助的！

　　其他部份有會務報告、鄉音通訊特輯及僑訊等。會務報告有〈籌建會所校舍委員會工作報告〉、〈召開會員大會討論陳嘉庚先生閩政談話〉、鄭玉書的〈廿八年度勸募規寧丸經過〉及〈廿八年徵募寒衣經過〉；鄉音通訊特輯包括〈閩省通令田賦按米折徵收〉、阿文的〈漳泉糧食運輸問題〉、〈全省報紙通訊社調查〉、趙家欣的〈難民到農村去〉、〈福建種種——糧食問題的嚴重與處理〉，和孟琇燾的〈沙城浮雕〉；僑訊部份有〈公祭李清泉氏〉、〈吧城僑領丘元榮抵港〉、〈同鄉會商會合創商業學校〉和〈旅港米粉麵線業公會致菲助抗會

函〉。旅港廈門米粉麵線業同業公會，以菲律賓抗敵會准許廈門米粉麵線入口，對於旅港米粉麵線廠商，打擊甚大，特函該會：

逕啟者：查米粉麵線為廈門手工業產品，銷運南洋各埠，為數至鉅。溯自金廈棄守，該途工商多不願在敵人之勢力下經營，相率遷移香港，重新設廠於鴨脷洲，長洲，鯉魚門，青衣等處者，先後有十二家，所有產品，均運往菲律賓、新嘉坡、緬甸等埠銷〔銷〕售。詎廈門敵偽，以米粉麵線一項，每年銷數達百萬元，為「繁榮市面」，奪取海外資源，不惜施用懷柔手段，勾引並資助因廈變停閉之米粉麵線廠，使其復業，所用原料，概由偽米合作社供給，製成貨品，則歸偽合作社統制，然後由各洋郊配往南洋傾銷。利用滙水較低儎費較省之關係，以打擊香港米粉麵線之銷路，而搶奪各埠之市場。用心之狡，手段之毒，實堪痛恨！

本會所屬各廠家則因南洋各埠定購者，幾至斷絕，營業將告停頓。且因米碌麵粉及一切附屬品均日益騰貴，本重利微，與其以重本而製無人光顧之貨物，不如暫行停工，以待將來。近者竟有數家發生動搖，擬圖搬返廈門。觀此，本會各廠商處此苦境，若不力謀補救，前途誠不堪設想，爰召集各廠商開會討論，當經議決函請

貴會秉一貫愛國之熱情，設法取締廈偽米粉麵線，運往菲埠，俾資源得無流入敵手，避港千餘工商免致誤入歧途，則國家幸甚，本會幸甚！

其他文章還有華僑建設公司的〈致馬來亞僑領談抗建〉和〈華僑建設閩南之經過〉、廈門兒童救國劇團的工作報告〈戰地三月〉和〈淘化大同罐頭廠概況〉。

《福建旅港同鄉會會刊》

自從廈門淪陷後，福建人士遷來香港較淪陷前多出數倍，邑人

遂感覺有必要組織同鄉會，以聯繫鄉誼及從事救鄉救國工作，因此推舉籌備工作人員，廣徵會友，前後共得 600 餘人，定名為福建旅港同鄉會。民國二十八年（1939）2 月開會員選舉大會，胡文虎當選主席，鄭玉書當選副主席，暫假福建商會為會所。同年 7 月開始租定德輔道西一處地方為辦公處。

所見《福建旅港同鄉會會刊》的一期是民國二十九年（1940）3 月出版，由《星島日報》印刷，屬非賣品。這一期相信是創刊號，全期共 45 頁，書首有該會全體職員合照一幅，緊接是〈發刊詞〉。

該期內容分為章程類，包括會章、學術時事研究社和業餘國語研究社簡章，及該會發給證明書規則；表類包括會員及職員表、組織系統表、會金及會費徵收一覽表，及業餘國語研究社學員表；重要文件包括〈電外交部請使團制止日人在鼓浪嶼濫捕無辜文〉、〈請福建商會會辦國民精神總動員函〉、〈致福建建設廳請在港設旅運分社函〉、〈請會員於「八一三」紀念獻金函〉、〈致中國振濟會許委員長請撥規寧丸函〉、〈本會成員呈請准予備案由〉、〈請中西各醫生討論贈診及減收診金函〉及〈本會召集旅港各團體徵募寒衣紀略〉。

該會所附設學術時事社是在香港各個同鄉會工作中比較特別的，現在錄下這個研究社的簡章，以供參考：

一、本社以探求學術研究時事俾收集思廣益之效為宗旨

二、本社附設於福建旅港同鄉會

三、本社社員以福建旅港同鄉會會員為限

四、本社設正副幹事各一人負責辦理本社一切事務編審委員三人負責審查稿件及編輯刊物事務

五、本社社務分為左〔下〕列二種

（甲）座談會

（乙）刊物

六、本社座談會每兩星期舉行一次於每月第一星期第三星期之星期二下午七時行之其座談之種類如左〔下〕

◉ 1940年福建旅港同鄉會全體職員，中坐者為胡文虎（香港大學孔安道紀念圖書館藏）

◉《福建旅港同鄉會會刊》（香港大學孔安道紀念圖書館藏）

（甲）預先推選本社社員或請社外專家到會演講

（乙）預先擬定一種問題以供社員到會討論

（丙）預先推選社員報告兩週來之國內外時事

七、本社座談會開會時並舉行聚餐餐費每席以港幣八元為限各社員應預繳半年餐費港幣拾元倘社員欲邀友朋臨時參加者須代繳餐費壹元且須預先通知本會幹事以便準備

八、本社每月出月刊一次將座談會所集材料及各社員之特別著述經編審委員審查合格者彙刊發表

九、本社月刊所發表之文字不得違背國家政策及攻訐私人

十、本社月刊所發表稿件概為義務性質不給酬金惟該稿件如經本會送交報館發表所得稿費則歸撰作者享受

十一、本簡章經福建旅港同鄉會執行委員會通過後即生效力如有未盡善處得隨時提出請求修改之。

刊內所發載的〈演詞〉，相信就是在座談會所發表過的，演詞包括許地山的〈香港小史〉、鄭揆一的〈戰雲下歐洲〉、李萬居的〈敵軍進攻廣西的意義〉和宋斐如的〈最近日本內外矛盾的發展〉。

該刊又有登載該會的收支報告，最後的《編餘》附無悶古詩兩首。

《旅港閩僑福州同鄉會會刊》

旅港閩僑福州同鄉會原名旅港閩僑同鄉會，該會於 1937 年冬由陳登賢等發起組織，並經香港政府發給證書，准予立案。該會旋於 1938 年秋修改會章，呈請福建省准予備案設立，並改名為旅港閩僑福州同鄉會。入會會員以諳福州語者為準。

該會創立初期，向福建同鄉在港所創立之俱樂部及團體，如三山馨社、閩廬、古董幫、榕廬、客棧幫及客塵等，廣徵會員，至 1939 年 8 月，已有會員 460 餘人了。

該會的工作範圍，主要的有捐募前方戰士寒衣，創辦國語夜班、設立書報室、發給回閩證明書、發給回閩半價票、救濟被炸難民、創立節約食社，及發起籌募建築會所基金。

在這一期《旅港閩僑福州同鄉會會刊》內，沒有標明期數，相信是創刊號，在民國二十八年（1939）8 月出版，由大東書局印刷，屬非賣品，共 74 頁。

內文主要是有關該會會務的報告，包括〈本會成立經過〉、〈本會成立宣言〉、〈工作總報告〉、〈本會章程〉、〈本會各會部辦事細則〉、〈本會組織系統表〉、〈各部工作報告〉、〈本會發給回閩證明書辦理規則〉、〈領取回閩半價票規則〉、〈本會重要文件〉、〈寒衣捐款徵信錄〉、〈特別捐助本會經費芳名一覽〉、〈捐贈本會器物芳名一覽〉、〈救濟福州被炸難民捐款一覽〉、〈各輪船公司贈送半價票一覽〉、〈本會經濟收支報告〉、〈本會會員費徵收一覽〉、〈本會大事記〉、〈本會職員錄〉、〈本會贊助員一覽表〉及〈本會會員錄〉。

關於該會辦理發給回閩證明書的理由，在〈為發給僑民回閩證明書再呈福建省政府文附批（其二）〉有說明：

◉《旅港閩僑福州同鄉會會刊》（香港大學孔安道紀念圖書館藏）

⋯⋯查華僑由南洋各埠經港回閩者，自有領得居留政府所給出口證並我國駐外領事或當地中華總商會給予證明書，勿必再由本會發給證明書，惟閩僑留港逾數千人，而吾國政府既無香港領事館之設立，即當地華人亦未有中華總商會之組織，且香港政府對於華人進出素取方便態度，更無發給出口證之規定，似此，留港閩人若回本省，苟非本會發給證明書，無以證明其身份及資歷，茲為臨時補助　鈞府檢查便利及留港閩僑回省免生糾紛計。特製此證書，再請鑑核，准予備案　實為公便！

結語

研究旅港各地邑人的學位論文，大都從人類學的觀點來做研究，但從戰前出版的同鄉會的刊物來看，旅港同鄉會的作用不獨在港聯絡鄉誼，增進同鄉福利，鄉國有難時，便出錢出力救鄉救國；局勢太平時，無時或忘建設僑鄉。在香港眾多的社團中，以同鄉會和國內最有根連，對研究香港與中國內地關係的人士來說，同鄉會的刊物是一種重要的資料。

[附]

駐港莞邑東義堂學務部管理校務章程

第一條　名稱　　　　本堂所辦義學，定名為莞邑東義學校，其由邑人
　　　　　　　　　　遞年捐資五百元。或五百元以上助辦者，則定名
　　　　　　　　　　為莞邑某某東義學校。

第二條　宗旨　　　　本堂各校，以培育本邑旅港貧家子弟，使有普通
　　　　　　　　　　智識，足資自立為宗旨。

第三條　學生　　　　凡本邑旅港貧兒，確屬無力讀書，遵章附繳二寸
　　　　　　　　　　軟膠相片，親到指定地方掛號，經本部值其執閽
　　　　　　　　　　選定，調查合格，方許肄業，其學額則照校舍面
　　　　　　　　　　積而定，并每校設學生名冊一本，由督學員保
　　　　　　　　　　管，以備存查。

第四條　編制　　　　本堂各校編制，定為單級教授制，每校限編四
　　　　　　　　　　班，一班直接教授，餘班自習。

第五條　程度　　　　本堂各校為初級小學程度，暫仍舊章，四年畢
　　　　　　　　　　業，由　校長給以畢業証書，并於各校中指定一
　　　　　　　　　　校開辦第五年級，以便遞年選送各校初級畢業生
　　　　　　　　　　前往肄業，藉深造就。

第六條　年齡　　　　學生入學年齡，以七歲以上者為合格。

第七條　入學　　　　學生入校肄業，必須偕同管理人到校簽具志願
　　　　　　　　　　書，若半途退學，必須聲明退學理由方可，教員
　　　　　　　　　　如遇學生退學，須即呈報督學員，轉陳本部另補
　　　　　　　　　　新生。

第八條　規則　　　　本堂各校遵照香港一九一四年教育章程辦理，學
　　　　　　　　　　生遵守規則另訂之。

第九條　時間　　　　本堂各校每日由上午九點至十二點，又由下午一

點至四點，授課六小時，每星期共授課三十六小時，每日上午八點半，下午十二點半，須開校門，任由學生到校，功課時刻，須將校門開闢，以便巡視。

第十條　學科　　　本堂各校遵照一九二九年香港教育司規定中小學課程表，小學課程標準，選授國文，「讀文作文寫字」算學，「筆算珠算」歷史，地理，公民，常識，衞生，等七科，其時間課程得由督學員會同各校教員妥為編配，每校繕錄一份，彙交督學員轉送　校長，呈請　教育司批准施行。

第十一條　試驗　　　本堂各校暑假前舉行學期試驗，年假前舉行學年試驗，由本部派員分赴各校命題試驗，積分以平均六十分以上為及格，成績優異者，擇尤頒給獎品，以昭鼓勵。

第十二條　升級　　　試驗及格者，方得升級，若平均不及六十分者，試驗缺席者，均不得升班仍留原級肄業，曾經留級一年，至下年仍不能升級者，即將該生除名，免碍學額。

第十三條　積分　　　本堂各校計分之法，乃將學期學年兩次試驗之積分，平均為總積分，每告假一天者扣半分，以重學業。

第十四條　會試　　　本堂各校蒙　教育司遞年給予官立學校免費學額兩名，由各校考選，每歲屆時須令各校第五第四年級全級，及第三年級中賦性聰穎者會試，拔尤保送。

第十五條　督學　　　本部為求學務之進展起見，由庚午年起，特設督學員一位，負監督及指導各校學務進行之責，舉凡員生勤惰，員役薪工，購買校用物品，及其他興革事宜，均歸其審查，轉陳本部核奪，每校每月至少到查四次，每到一校，必須將該校管教情形，照本部規定之查學表，據實紀錄，不得徇情，督學教員均須署名表上，按月彙呈本部，以

備查核，至其他應辦事宜，隨時由本部致函通知着辦，除奉送脩金暨舟車費外，其餘醫藥費，假期及代職等，概照教員辦法。

第十六條　教員　　本堂各校，定每校延聘教員一位，惟學額在五十名以上者，照章多聘一位，該教員必先經本部考驗及格，復經　教育司批准註冊，始行延聘，任由本部隨時調充何校教席，奉送關書以一年為期，半途雙方均不得辭退，但不遵照本章程辦理，或行為不端，經本部查有實據，或為　教育司飭令辭退者，不在此限，其辦理妥善者，得繼續延聘，初任脩金每月三十六元，自膳，滿一年後，經本部考察成績，認為完善者，每年按月得遞加三元，至四十二元後，則每年遞加二元，至六十元為止，但担任第五年級教席者，除額定脩金外，每月另給津貼三元。

第十七條　校役　　每校僱用校役一名，每月工食共十二元，由教員代收發給，每滿二年，按月遞加一元，至十八元止，該校役須服從督學教員命令，辦理一切雜務，非經教員許可，不得擅自離校，如因事告假，必須稟知教員轉陳本部核准，倩人代工，方得離校，該代工金須自行支理，又該校役得由教員分別情形，訂立規則，令其遵守，其有不遵規則者，得由教員呈請本部更換之。

第十八條　津貼　　本堂各校為優待員役起見，凡教員有病，所需醫藥費，如在十元以上者，得憑醫藥原單由本部核明發給，但每年不得超過一百元，校役則每年給予津貼五元，以示體恤。

第十九條　假期　　禮拜日放假一天，年假二十八天，暑假二十一天，清明假十四天，重陽假七天（以上四項假期，屆時酌定），孔聖誕紀念三天（夏曆八月廿六廿七廿八日），國慶紀念一天（國曆十月十日），新曆元旦一天，端陽節一天，秋節一天，冬節一天，英國國慶日一天（國曆五月廿四日），其餘掃灰水洗太平屋等，分別情形，放假一天或

123

半天，惟須預早一日函報　校長轉呈　教育司存照，除此例假之外，非經本部特許，不得放假。

第二十條　告假　教員因事告假，必須先呈本部核准，倩員代課，方得離校，該代課脩金，每日定為一元二毫，由教員自行支理，學生因事告假，必須到校聲明理由，向教員領取請假書，如不告假不上課，或假期已滿，不到續假者，教員即須飭役催其上課，翌日未到，再行函催，倘仍不到，即作為退學，另補新生，以重學業。

第廿一條　查學　本部除特設督學員專司查學外，每月另派值理分赴各校巡視，將所見情形，登記調查員記事錄內，該記事錄每月須呈本部　部長檢閱，如遇　視學官到校巡視，應將察視情形，據實函報督學員，轉呈本部備案。

第廿二條　校具　各校教員須將該校大小校具，詳細分類，造具公物清冊，呈繳督學員保管，以後如有破爛，必須報明註銷，倘尚有需用之物，每月總數價在一元以上者，須先呈報督學員轉陳本部核准，方得購買，惟每月總數價在一元以下，確屬校中急需之物，可先行墊購，憑原單向　主席支回，至於紙筆墨等日用物品，可向督學員領取。

第廿三條　雜費　本堂各校為完全免費義學，除書紙筆墨由學生自理外，所有學費堂費及一切雜費，概不收受，特定每校每年給予烹茶柴火費五元、校舍膏火費每月五毫、其餘試卷清糞等雜費、概由公欵開銷、不得再向學生徵收分文。

第廿四條　支領　各校教員須于每月二十日上午十點至下午一點，飭役將下月薪工及本月墊購清單送呈督學員審查，所有薪工，均于每月上期發給，不得透支。

第廿五條　校舍　校舍地台及樓梯窗門，必須整理清潔，休課時刻及晚間，教員校役均不得招集閒雜人等，在校舍聚賭吸烟，及一切不正當行為，致碍校譽。

莞邑東義學校課程表時間表彙錄

（民國二拾一年重訂）

第五年級課程表

學科	所授書目	冊數	每週教授時數
國文	新撰國文教科書（高級用）檢查字典閱日報	第一二冊	三時
經學	孟子	選授	二時
文法	作文示範（商務印書館版）	選授	二時
信札	尺牘進階（商務印書館版）	選授	二時
歷史	文體歷史教科書	第一二冊	一時
地理	新撰地理教科書	第一二三四冊	二時
公民	新撰公民教科書（高級用）	第一二冊	一時
常識	文體理科教科書	第一二冊	二時
衛生	香港衛生教科書		一時
筆算	公約、公倍、加減命分（共和春高新算術）	第三四冊	三時
珠算	四則之練習（珠算指南）		一時
作文	譯文、信札、紀事文、淺易論説文		二時
抄書	各科教本		三時
默書	各科教本		三時
讀書	各科教本		三時
覆解	各科教本		二時
習字	正書、行書、練習臨帖		三時

重光前的香港工會刊物

研機書塾是香港最早工會

二十世紀初，香港已有工會的創立，但礙於當時香港政府不易批准華人成立會社，對於工人組織，更不容易給予核准立案，所以工人便以「書塾」、「研究所」、「外寓」等名稱，利用學術研究，交流知識的名義，作為掩護，組織工會。

最早在香港設立的工會，就是機器工人在 1908 年組成的「中國研機書塾」。其後各行各業相繼成立工會，工會的行列慢慢地壯大起來，產生了機器工人大罷工（1920）、海員大罷工（1922），及波瀾壯闊的省港大罷工（1925-1926）。

經過省港大罷工後，香港經濟元氣大傷，適逢世界經濟大衰退，失業工人日多，香港政府更採取壓制工會行動，工會活動陷於低潮。直至香港日佔的前幾年，由於中日戰爭爆發，民族主義和愛國主義抬頭，工會的路線已集中於支援救亡的工作了。

日軍佔領香港後，一切工會都受到極度的鎮壓和禁制，只有那

些惟命是從的少數，尚可苟延殘喘。

香港重光前的工會期刊，現存的數量很少。可能在戰前，香港工會所出版的刊物，登載很多反日言論，所以在香港日治時期，藏有這些刊物的人恐怕惹禍，唯有棄毀了這些刊物。日治初期，日軍又常常搜查工會，毀滅會內大量的文卷和書籍，因此，能保存下來的便不多。可幸在吳灞陵的藏書中保存了幾冊零星但彌足珍貴的香港早期工會期刊，其中《研機報》相信是香港工會最早出版的其中一種期刊。孔安道紀念圖書館更搜集到香港華人機器總工會所出版的會刊，保存的期數相當多，對研究香港工會發展史，有一定的幫助。

《研機報》

香港華人機器總工會歷史悠久，創會於宣統元年（1909）。當時香港機器工人，散佈於各大船廠及公用事業機關服務的，為數不少，其中有些工人常被西籍管工無理開除及毆辱，但沒有一個健全的工人組織來幫助排解。直至 1907 年，在太古船塢打磨工人黃桂鴻被誣，及另一位工人被西籍管工毆打的事件發生後，很多工人都覺得有設立一個機器工會的需要。初時借用「群樂別墅」作籌備處，推舉劉建東做籌備主任，更分西灣河、灣仔、深水埗、油麻地、紅磡五區，聯絡工友，徵求會員，僅僅三個星期時間，已徵求到 3,000 多位會員了。

1908 年 3 月 13 日，中國研機書塾宣佈成立。辛亥年間（1911），當地政府對於他們的組織，有了深切認識，不再懷疑他們，該會認為書塾名稱未能符實，故改為「香港中國機器研究總會」。自易名後，即對教育設施特別加強，各區學校學生增加達數百名，每週又舉行會員機械研討座談會。到民國九年（1920），又改名為「香港華人機器會」，以免跟館址在廣州的「中華全國機器總工會」的名稱有

◉《研機報》（香港大學孔安道紀念
圖書館藏）

所抵觸。最後，在 1948 年改名為「香港華人機器總工會」。

香港華人機器總工會歷年所完成的工作，可歸納為數大類：

1.為革命事業而奮鬥；

2.為爭取僑工地位及謀海內外機工大團結；

3.為機工爭取合理的加薪運動；

4.為不平等待遇及無理壓迫作正義的呼籲；

5.舉辦帛金會撫卹貧苦死亡工友；

6.舉辦失業工友登記及救濟事項；

7.舉辦機械研究班及工讀義學；

8.舉辦月刊著述機械研究提高工人知識水準；

9.辦理歷年國內各次水、旱、兵、飢災及救國公債勸募工作；

10.介紹工友職業及代各地僱主招募技術工人。

有關該會詳細的歷史介紹，可參考李揮如輯的〈本會四十年演進史〉（見《華機四十週年紀念特刊》）。

《研機報》第 1 期在辛亥年（1911）9 月 20 日，由香港中國機器研究總會出版，每期定價 2 毫半，內地及外埠均有代理處。全期共 88 頁，跟着封面的一頁是以紅色大字題「漢族光明」，再後是華特（James Watt）和外國一間工業學院的照片。

韓鍾岳的〈發刊辭〉說明了出版目的：

> ……本報之所以組織者，思欲合多數者之腦力之思想研究機
> 器學術也。……不寧唯是，報章之設，不僅登載吾中國人所發明
> 之造機學識，凡世界各國有新發明之機器學術，皆譯而登之，無異
> 合全世界人以研究機器學術，是則本報即全世界上一大研究機器學
> 校也。

〈祝詞〉共有四篇，分由香港華人基督教青年會、香港四邑商工
總局、嘉屬商學公所及香港建造研究所四個社團所撰送。

〈論著〉部份共佔 38 頁，包括黃魂的〈機器與世界交通之關
係〉，鑑民的〈短評〉、〈華特傳〉，李幹庭的〈機器榨糖說〉，伯元
的〈五金之一──鐵〉、〈英國戰艦記〉、〈德國浮水澳〉，羅錦澤譯
的〈美洲最古商會〉，無方的〈工人教育歷史譚〉，張芝園和朱伯元
的〈機器科中西名目表〉，江伯元譯的〈初級數理〉、〈船政廠澳地方〉
和〈英國所立之例與考獲頭二等機師執照有關係者〉。

消閒性部份有〈益智〉、〈趣話〉、龍舟歌的〈振機聲〉、粵謳的
〈革命功成〉、〈炒蝦〉、〈拆蟹〉，附謝洪賚的〈免癆神方〉。

第三部份是會務消息，除了刊載〈本會維持會之成立〉外，〈本
會同人一覽表〉列出當時共有會員 3,121 人：內有機師 2,638 人；藝
徒 432 人。〈本會同人在各埠營生工僱一覽表〉列出：

> 在本港各廠者二千六百二十七人，往省城七十六人，往星洲
> 四十八人，往石龍二十八人，往金山九人，往台灣九人，往上海八
> 人，往安南七人，往渣華五人，往廈門五人，往澳門六人，往漢口
> 四人，往暹羅四人，往喇路埠二人，在各輪船上工僱者七十六人，
> 報賦閒者一百五十六人。

〈本會近事〉記載該會選出李幹廷、朱伯元和冼志三人為代表，
與本港各界代表共 30 人，往廣州籌商全粵獨立事宜，眾推舉胡漢民

為粵省民國軍大都督，為請國民捐供款項以維持全省大局，該會亦被推為籌款分局之一。

最後的一部份為〈大事記〉，分為中國之部，外國之部、本港、粵聞等。當年滿清政府被推翻，香港市面的情況有如下的記載：

> 十六晚七點鐘，報界公社接上海電，謂京破，宣統皇攝政王慶王被拘之電，詎報界傳單散佈後，大馬路德輔道壹帶燃放炮竹，拍掌歡呼，未幾，上中下環各街次第施放，轟轟之聲，不絕於耳鼓，直至十點後鐘仍未止，且有人在路上，太〔大〕為歡呼，炮竹壹聲推倒滿清，觀此，可知中國人的心理，對於清政府，無望其不覆亡也。

《華人機器會刊》

《華人機器會刊》第 1 卷第 1 期於民國二十一年（1932）9 月出版，以後刊名經過幾次的更改：第 2 卷第 12 期改名為《華人機器會月刊》；第 4 卷第 20 期（1935 年 3 月）起簡化刊名為《華機月刊》；抗戰勝利後，1946 年復刊為《華機半月刊》；最後復刊第 1 卷第 10 期（1948 年 1 月）起簡稱為《華機》。

現存的期數有第 1 卷第 1-18、20-30、32 及 34 期，以上各期都是戰前出版。戰後出版的會刊計有：《華機》復刊第 1 卷第 2-14、18-20 期，第 2 卷第 1、3、5 期；第 38、44-45、47-51、60-64，及 68 週年紀念特刊（1947 至 1977 年期間出版）；「民」四十七、四十八年（1958、1959）春節特刊，及「民」四十九、五十一年（1960、1962）特刊。這些特刊除了報導該會當年發展的情況外，亦有刊載有關該會歷史的文章，對研究了解該會有很大幫助。

該刊刊期不穩定。篇幅方面，創刊號只得 14 頁，後來各期頁數多至三十餘頁，最多頁數的一期有 66 頁。至 1940 年時，因紙張太

◉《華人機器會刊》（香港大
學孔安道紀念圖書館藏）

◉《華機月刊》（香港大學孔
安道紀念圖書館藏）

◉《華人機器會月刊》（香港大
學孔安道紀念圖書館藏）

◉《華機》（香港大學孔安道紀
念圖書館藏）

貴，縮減至二十餘頁。

　　總編輯最初是由黃夢蘇擔任，1933 年 2 月起，加聘羅少俠及何
國榮協助。同年 9 月，總編輯轉為韓文惠，11 月，添聘梁謙武和黎
工佽為義務撰述。1936 年 2 月，加主編李撝如，同年 5 月，改總編
輯為楊耀庭。至 1939 年間，總編輯由何章及麥安兩人擔任。抗戰勝
利後，由李輝如擔任主編。

　　1. 新聞拾零，間有可取

◉ 1933 年華機第 25 屆職員合照（香港大學孔安道紀念圖書館藏）

　　該刊的內容，除會務報導外，大致上包括機械科學理論，中外科學及發明家的消息、關於勞工近事的記述和評論、海內外各地機工的消息，以及小說文藝。

　　從地域的範圍來看，有關香港的報導不多，簡單的〈新聞拾零〉有零零碎碎 1930 年代港聞的登載：〈港滬粵長途電話通話有待〉、〈本港防空演習將舉行〉、〈粵路與廣九路接軌在審擬中〉、〈九廣路建冷氣車〉，其中〈本港將設游客問路機〉一文有如下的記載：

　　　天星過海小輪公司近為利便游客對本港之路徑得有指導起見，特製定新式問路機一副，查該機製造極精巧，內有地圖一，列有本港各大商店、銀行、酒店、旅館之名字、倘游客欲至某店而不識路者，可抄〔按〕該店字號之旁鈕掣一下，即有燈號顯示由尖沙咀碼頭前往該店之捷徑，該地圖塗改顏色，全港之商業中心皆繪於其上，私人住址及各洋行亦有列入〔皆依英文字母排列分類〕鑲以一鏡架，游客可先在鏡架檢查其目的地，然後按掣，但列入圖內之商號或私人，每月須納費若干，圖內亦列明電車巴士及小輪之路線，

全具共有電泡五仟餘個，電線有八英里長，該圖面積長約十八英尺，活〔闊〕約六英尺，聞於最近期內，即可裝置云。

該刊對於各地機工工會的消息，紀錄甚詳，尤其是設於廣州的中華全國機器總工會（簡稱「國機」），與香港華人機器總工會，很有淵源。1933 年，「中國國民黨中央執行委員會西南執行部」接收「國機」時，引起很多糾紛，在這個時期出版的期刊，有很詳細的報導。

2. 參與賽馬賭博

會務的部份登載當年幹事人名，財政進支報告，歷次議案簡報及通告等，報導對會員的福利設施，如介紹職業，施放帛金，興學教育，對國內募款賑災，七七賣花籌款，八一三獻金，雙十售旗捐款，購買公債等。

會務報告比較特別的，就是該會戰前也有舉辦馬票。現由該刊第 3 卷第 14 期（1934 年 3 月）錄下〈本屆舉行春季馬票紀略〉的一段，以見當時舉辦的辦法：

> 每歲香江賽馬之期，各團體每有舉行馬票者，本會會章，亦有關於馬票之規定，本年春季大香檳賽期，爰按向例，舉行春季馬賽，集議通過後，着手舉行，諸會員均踴躍勸銷，計共發出馬票一萬條，實售達八成五以上，一切辦理均依期完竣，茲將各情誌後。

> 章程撮要

> （一）發票一萬條，每條收香港銀貳圓，所收之銀以百分之五作競博賽稅外，餘款以百分之八作費用，以百分之九十二派彩，其分配如左，（首彩）佔百分之六十三，（二彩）佔百分之十八，（三彩）佔百分之九，有馬出共佔百分之六，有馬入圍共佔百分之四。

> （二）攪珠對號於本月廿七日下午八時在本會舉行。

> （三）首二三名之馬，根據本會攪珠次序，對香港馬會出賽為所掛之號碼為標準。

（四）凡中彩者，由中彩後第七日起，六個月內持票到領彩銀，過期無效。

（五）凡攪珠前仍未交銀之票，作為無效。

（六）關於馬票之一切事項及爭執問題。統照本會馬票章程辦理，不得異言。〔見本章後附〕

戰後復刊各期的內容，比較着重香港的勞工問題，報導各工會的動態，香港工潮的發展，並且編輯各地機工工會的歷史。

現存的香港工會期刊，以華機出版的最為齊全，以下介紹的，是比較零碎的工會期刊，按着出版年而分先後。

《海陸理貨員公會月刊》

海陸理貨員包括「海上輪船辦房職員，與陸上洋行及船務公司、華洋各行棧管店管倉等眾」，他們在民國九年（1920），組成這個海陸理貨員公會，到了 1921 年已有會員 1,700 餘人。

《海陸理貨員公會月刊》的第 1 年第 1 期，在民國十年（1921）

⊙ 海陸理貨員公會進支賬項表（香港大學孔安道紀念圖書館藏）

10 月 15 號出版，該刊主任是由該會司理羅永年兼任，由鄭冠公編輯。這一期的印數是 2,000 份。該刊出版的目的，惺父在〈發刊詞〉有說明：

> 本會建立，迄今一週矣，同聲相應，同氣相求，凡我同業之入會者，日聯袂而來，結合團體，以與外界工商各會相馳逐，而天演公例，優者勝，劣者敗，本會同人，惟瞠乎在後之滋懼，思所以彌缺點，而謀勝利者，則月報其當務之急也，報中記載，會務為詳，披露收支，用昭眾信，抑且徵求同志，羅置賢才，事既信而有徵，業愈推而彌廣。

以上所引述的一段，說明了該刊主要是刊載會務消息，報告財政收支狀況。本期有關會務的篇幅，佔了全期 44 頁中的 36 頁，會務消息的刊載計有〈司理部啟事〉、〈催收經費〉、〈職員表〉、〈徵求會員簡章〉、〈各界祝詞〉、〈開幕財政進支表〉及〈日常進支帳目〉。從〈職員表〉來看，職員分為會長、副會長、正司理、副司理、財

政長、文牘長、調查長、評議長、庶務長、交際長。每組另有組員協助，全部職員組員共超過 200 人。

該刊有關財政收支賬目甚為詳細，從這些收支賬目，可知當時的物價和工銀；從賀銀支出細目，可以知道當時工會的名稱，和工會間的關係，對研究社會經濟史是很有幫助的。

此外，除了惺父的〈論理貨員關繫於世界之大〉是一篇理論性的文章外，其他都是消閒性的文字，包括有禺山孟公的小說〈崔生〉；詞林有公冠的〈憶別〉、墨叟氏的〈閨情〉，和秋翁的〈太白樓詩畫社以賣花翁命題〉；冠公的班本〈鹽倉土地懺悔〉，霍烈民的粵謳〈月費〉；龍舟歌有冠公的〈陳烱明班師〉和省工的〈工界指迷〉。另有燈謎，皮鞋油製造法，治湯火傷和蛇咬的治療介紹，及甘肅地震慘狀的新聞刊載。

《香港摩托車研究總工會工報》

摩托車研究總工會在 1920 年成立，至 1924 年，因風潮影響，以致會員星散，失業者日多，會費收入大減，因而自行結束。但在 1928 年，有些會員感覺缺乏一個集合場所，每遇事故，召集很有困難，故此由熱心的舊會員發起召集，隨即在 2 月 29 日召集會議，一致議決，恢復原有名稱，6 月 22 日發票普選，複選 32 人為該會職員。該會組織採取委員制，分為執委、財委、監委、仲裁等各委員會，而執委會內，又分秘書、交際、庶務、調查、介紹、慈善等部。在 7 至 11 月期間，執委共開常會 17 次，特別會一次，及同人大會兩次。這幾次會議的決議及執行的事項有：

(1) 各區之負責員，負責東、南、西北、山頂、特別等區域徵收及通訊等事；(2) 編印本會月刊；(3) 特聘葉蘭泉君為本會顧問，以勵助會務，又聘單樂生單季生為本會義務西醫生，應同人之需

◉《香港摩托車研究總工會工報》（香港大學孔安道紀念圖書館藏）

◉ 1921 年摩總開幕同人合照（香港大學孔安道紀念圖書館藏）

求：(4) 興辦會賣電油，經組織電油籌辦處籌劃辦理；(5) 救傷隊；
(6) 足球隊；(7) 失業之維持問題。

《香港摩托車研究總工會工報》的出版，就是執行以上第 2 項
決議的「編印本會月刊」。《工報》的第 1 期是在民國十七年（1928）
12 月印行，該刊主任由主席陳九兼任，督印人是盧展。這一期共 59
頁，前面有照片多幀，計有民國十年（1921）11 月 22 號該會開幕同

人合照、該會第一屆職員合照、主席陳九、該刊顧問鄭國有、該會義務醫生及該會各部門主任的個人照片。

正文共分為〈社論〉及〈會務報告〉兩大部份:〈社論〉部份刊載六篇文章,計有鴻鉅的〈本刊出版的意義〉,浣廬的〈中國的交通問題與汽車事業〉,簡鉅的〈我對着本會前途的希望〉,穎川九郎的〈危險〉,劉耀光的〈籌辦義學為當急之務〉,及盧展的〈本會恢復成立感言〉。其中簡文最為言之有物,他希望急切籌辦義學,教育同業的失學子弟;繼續發行月刊,互相交換智識;組織合作社,減輕一切的負擔。

〈會務報告〉部份包括〈恢復本會經過情形之略告〉、〈維持失業工友討論結果宣言〉、〈催收基本金月費通告〉、〈催領會員證書通告〉、〈介紹部佈告三則〉、〈催收帛金通告〉、〈訃訊〉、〈同人大會會議紀略〉、〈本會職員一覽表〉及〈本會進支數目總分類報告表〉,其中對於工友失業的維持辦法,經討論決議所訂,有下列數項:

(1) 每人(每月)科銀壹元;(2) 週濟失業同人之膳費,永遠無限;(3) 每一失業同人,每月發給膳費陸元,每日貳毫,每星期發給一次,仍視存款多少,盡量分派;(4) 此項經費,俟開收結束後,始行開派;(5) 失業同人,如有工替,雖一日之少,仍要交此項經費壹元,半個月亦如是,在有工替期內,則將其膳費停給,倘替完之後,其翌日之膳費,亦照常派發;(6) 有工替而不去四次者,即當取消享受膳費之利益;(7) 如因事返鄉,該膳費即行停發,倘其人回港,適遇本會開派膳費之期,仍可照為發給;(8) 發給膳費日期,定每星期一日,如至期不到領取,逾二十四小時則作為自悟〔誤〕。

刊末附鄭國有著連載佚聞小說《點婢》。

《酒樓月刊》

香港酒樓茶室總工會，由譚藝、莫慶雲、麥麗山及梁賢等四十餘人在民國九年（1920）發起組織，設籌備處於德輔道中，徵求會員，參加的共有 3,000 餘人。後覺舊址不敷應用，便遷往中環樂慶里，繼續發展會務。戰前本港經濟蓬勃時，該會擁有會員達五六千人。在總會直屬下的支會，舊稱「外寓」（即工人宿舍），此種「外寓」，早期有「式燕」、「嘉賓」、「趣樂」等，即現在所稱的「分部」。分部社員皆屬總會會員，除享受總會之同人權益外，亦有福利事業辦理，如對失業者予以救濟，仙遊者給予帛金等。

該會在 1938 年以前，出版過好幾個特刊，但都是以年刊的形式來出版，而月刊則可算是首次。編者在創刊號的〈寫在卷頭〉說明了該刊出版的目的：

> ……過去在北伐時期，我們工友曾經發動起本身的力量幫助政府幹過偉大的工作……現在，我們站在統一民族戰線底下，更應該跟着「有錢出錢有力出力」的口號來切實地幫助國家，把瘋狂的敵人打倒，把民族的禍害掃除，才能解救危亡，復興民族，得到保障生活的希望。

> 為着這點意見，就要請求工友們不要把這「酒樓月刊」當作一般的酒後茶餘的讀物，應該當作救亡工作的會議場所，來討論救亡的方針和隨時隨地的提出意見，同時更應該努力的去履行職務徹底謀解決本身的問題。

《酒樓月刊》第 1 卷第 1 期在民國二十七年（1938）出版，全冊共 28 頁，外加廣告數頁。內容分為〈圖畫、題字〉、〈論著〉、〈專載〉及〈會務消息〉四個部份。

該刊題字的有蔡廷鍇將軍，翁照垣將軍及中央委員鄒魯。圖畫全部都是政治諷刺性漫畫，畫家的名字署名新波、李波、煙橋、

⊙《酒樓月刊》（香港大學孔安道紀念圖書館藏）

⊙ 香港四大餅家（茶樓）（香港大學孔安道紀念圖書館藏）

⊙《酒樓月刊》刊載的黃新波作品（香港大學孔安道紀念圖書館藏）

新、橋，這些畫可能都是黃新波和范煙橋兩人的作品。登載的以署名新波的作品居多，有〈大家起來殺盡漢奸賣國賊〉、〈沖破了敵人的夢〉和〈皇家的勝利〉共三幅。

〈論著〉的部份除了編者的〈寫在卷頭〉，及呼籲工友投稿〈這是工友一回事〉的一篇短文外，還有其他五篇文章，多數都是號召抗敵救亡。其中以火生的〈貢獻兩點小意見〉較為突出，他提出的

兩點就是一切男女職工應該團結合作，和酒樓茶室工友在抗日救國運動中有特殊任務：

> ……偵查漢奸的活動，是酒樓茶室工友最切當的工作。大小漢奸走狗的活動當然是有他們的機關，但酒樓茶室也是大小漢奸們活動聯絡的場所，甚或小漢奸們的集會，酌議，都有在酒樓茶室舉行的。我們的工友，在提鐘奉酒之餘，對顧客的言語，談話一一加以技巧的留意觀察的話，漢奸的面目不難要在酒樓茶室裏暴露，他們的活動的線索，也可以從酒樓茶室裏捉住。

〈專載〉部份的政論文章包括：廣東省黨部的〈告民眾書〉、余漢謀的〈保衛廣東〉、宋慶齡的〈國共統一運動感言〉、翁照垣的〈抗戰前途樂觀〉和孔德成的〈本着智仁勇的精神方能救國〉，此外亦有轉載國內外的勞工消息。其他的幾篇都是和該會有關：〈為勸募救國公債告愛國工友書〉、〈本會經募救國公債第二次報告表〉、〈第十六屆委員會就職宣言〉和袁洪範的〈為酒樓月刊感言〉。

最後部份是〈會務消息〉，當年不景氣瀰漫，失業會員約600人，會務消息刊載有關維持失業工友的辦法，帛金的清還積欠通告，及炮金權利通告。這部份又刊載各號同業新入會名表和收支一覽表。

《存愛》

《存愛》第3期是香港存愛會在民國二十九年（1940）出版。該會是一個工人組織，據現存這期的殘本，文中提及陳耀材任學務部主理，陳耀材是1954年間香港電車職工會的主席，由此推想這份刊物是香港電車職工會所出版的。從〈為了迎接新生的第十週年〉的社論來看，該會應是1931年期間創立。

這期殘本只得第1頁，吳灞陵在這頁的後面有註「留半」，料想

⊙《存愛》（香港大學孔安道紀念圖書館藏）

這期全 2 頁。內容包括週年會務報告，歸納該會各部的工作報告，這幾個部門分為組織部、財政部、學務部、智育部、宣傳部、體育部和援助部。社論是展望來年的工作計劃，包括：1. 應該加強該會的行政機能；2. 提拔新幹部；3. 關懷工友的要求；4. 應該展開小組活動；5. 多舉辦一些有趣的集會；6. 多做援助不幸工友工作；7. 盡力展開時事討論和學術研究的風氣。附理事會議案撮要。

《南海》

民國初年，未有海員工會設立之前，香港海員找尋工作是要靠行船館。當時行船館有百多間，分為三大類：一是私家館，是私人出資營業；二是兄弟館，由海員每人科銀若干組成，如有工作便抽簽輪派；三是渺孖沙館，即是包工制。海員謀求工作，或各國輪船到港招請海員，都要經行船館。

民國九年（1920），中華海員工業聯合總會在港成立，會址在德輔道中（前代月電器公司樓上），正副會長分為陳炳生和蘇兆徵（1885-1929），該會首先撤銷包工制，爭取職業介紹權。民國十一年（1922）1 月，發動加薪大罷工，此時參加罷工海員有 4 萬餘人返廣州，至 3 月 8 日，談判成功，遠洋輪船加百分之三十，內河輪船加

◉《南海》（香港大學孔安道紀念圖書館藏）

百分之二十。民國十四年（1925）6 月，廣東各界援助上海五卅慘案，發動省港大罷工，海員連家屬在內有 6 萬多人返廣州。省港大罷工後，該會在民國十六年（1927）在港復會。至日佔香港後，海員工團有六七個之多，昭和十八年（1943）3 月，「香港海員公會」成立後，便統一了全港所有一切的海員會社組織。

《南海》第 1 期就是由這個親日的公會所負責，在昭和十八年（1943）4 月出版，全期共 22 頁，編者的〈我們的話〉說明了出版目的：

> 正如本會宗旨一樣：「以聯絡同業工友感情，救濟失業工友，團結海員力量，積極幫助大東亞圈海運工作。」
>
> 今天「南海」出版了！
>
> 「南海」──所肩負的任務，自然是同樣的，分擔的，輔導的。
>
> 自皇軍進駐香港後……當局深知戰後之香港便成為大東亞圈之一環，大東亞之前哨站，那麼，為了溝通本港與南洋各埠及中國各和平區域之商業貿易與糧食互調，自然地動員與訓練海員技術人材和建造船舶，這是目前急不容緩之舉的。……
>
> 當局已決心救濟我們失業海員的生活，介紹我們的職業，貸款資助我們的生活，並且，在籌組中之參考教育資料館，另外，海員

養成所……一切設施都明顯的證明當局對我們海員，是何樣地的關懷和愛護呵！

這一期的內容包括〈論文〉、〈小說〉、〈詩歌〉、〈日語講座〉和〈會務報告〉，另刊載日本名勝富士山和東京銀座夜景的照片兩幅。

〈論文〉的部份有伍偉卿的〈關於救濟海員失業問題及其他〉，主要簡介香港海員的鬥爭史，和關於救濟海員的措施。救濟海員的措施是：1. 介紹職業；2. 貸款資助；3. 教育問題。教育問題在川的〈海員養成所開學典禮記〉有較詳細的介紹，根據海員養成所所長池田元的報告：

> 現在養成所的計劃，學員每月招考六十名（包括航海科，機關科各半），訓練期間暫定三個月，卒業者，每年可有七百二十名，是期學員中無經驗者三十名，其餘三十名有經驗者由海員公會選送入學，學習期內供給膳宿和制服，並每月津貼十丹，現在養成所的教職員，計開所長一名，教官二名，教育六名，通譯六名外，港務員長及交通部海務課職員等，兼任教授。

〈論文〉部份還有該所講師李汝祥的〈航海與國家〉。

〈小說〉有梁鏘的長篇連載〈亂世桃源〉和陳村的〈歸期〉；〈詩歌〉部份有白話詩三首，夢娜的〈海是我們的〉，白水的〈漁舟晚唱〉和李詠的〈鏡影〉。

後語

根據西方的概念，工會的作用，主要是保護會員的利益及促進會員的福利。從上面介紹的工會期刊來看，香港的工會主要的工作是辦好會員福利，尤其是在戰前，香港政府壓根兒沒有提供任何社會福利，那些社會福利工作只有靠華人社團負擔，而工會在這一方

面盡了很大的努力。

　　除了保護會員的利益和促進會員的福利外，香港的工會在很多方面都有很大的貢獻：工會對於科學的傳播，有很積極的推廣，試以《研機報》的內容來看，華機對機械科學的介紹，不遺餘力；其次，工會對國內的動態，都有緊密的聯繫和積極的反應，抗日戰爭開始後工會的期刊，最能反映香港工會支援國內救亡工作的情況；此外，工會的期刊亦提供大量有關社會、經濟和通俗文學等的資料。

[附]

廿六屆馬彩進支數目報告表

（進數列）

一進各會員借來開辦費銀　　　　九百三十五元

一進由本會撥借開辦費銀　　　　六十五元

一進由本會撥借代支印務各費銀　七十八元二毫

一進由元廿七至二月十九日總結沽票　該銀一萬七千一百肆十元
八千五百七十條

一進首彩黃炳先生樂助銀　　　　式百伍十元

一進二彩梁翼卿先生樂助銀　　　六十元

一進三彩陳泉先生樂助銀　　　　肆十元

一進三月八日收回票尾印花稅銀　一百二十二元二毫

八柱合共進銀一萬八千六百九十元零肆毫

（支數列）

一支花交庫務司印稅銀　　　　　壹千元

一支還本會撥借銀　　　　　　　一百肆十三元二毫

一支印務及茶會用銀　　　　　　七十八元二毫

一支還各會友借項銀　　　　　　九百三十五元

一支還各會借項五個月一分息銀　肆十六元柒毫五仙

一支各會友經手沽票二厘佣銀　　叁百肆十元八毫

一支首彩黃炳獎銀　　　　　　　九千三百三十五元零肆仙

一支式彩梁翼卿獎銀　　　　　　二千六百六十一元柒毫六仙

一支三彩梁泉獎銀　　　　　　　一千三百三十三元五毫八仙

一支出馬白先生獎銀　　　　　　肆百肆十肆元五毫二仙

一支出馬郭洪獎銀　　　　　　　肆百肆十肆元五毫二仙

一支入圍馬彩共獎銀　　　　　　五百九十二元柒毫

一支首彩郭悅袍金銀　　　　　　二十五元

一支二彩陸樂袍金銀　　　　　　一十五元

一支三彩陸樂袍金銀　　　　　　一十元

一支馬珠筒及珠盤珠箱等全副傢私　共銀一百六十七元三

一支文房用品銀　　　　　　　　四元七毫

一支士担印花銀　　　　　　　二元七毫五仙

一支什用等銀　　　　　　　　一十七元肆毫五仙

一支舟車費銀　　　　　　　　六元

一支福食共銀　　　　　　　　肆十七元六毫

一支各埠代沽票損失滙水　　　共銀八十一元六毫七仙

一支廣告費銀　　　　　　　　九十四元一毫

一支工金銀　　　　　　　　　一百一十三元肆毫

一支印務費銀　　　　　　　　二十肆元二毫

式拾伍柱　合共支出銀　壹萬七仟九百六十七元式毫肆仙　進支比對之外尚存

溢利現銀柒百式拾三元一毫六　溢利占銀三百七十三元一毫六仙

樂助占銀三百五十元

二共銀七百二十三元一毫六仙

外存攬珠傢私一副銀一百六十七元三毫

合共溢利銀八百九十元零肆毫六仙

此數經于三月卅一日核數員余瑞棠／高炳華核妥

餘欵撥入會務

早期的香港學校刊物

　　每個人在求學階段都有機會接觸到校刊，校刊就是學校當局或學生會所出版的刊物，包括建校特刊、學生報、同學錄和現時大多數學校每年出版一次的年刊。

　　校刊不單是關係一家學校的歷史，亦是當時教育情況的具體表現。如果要為某人寫傳記，在校刊或可找到其照片、習作、學業成績或康體活動的一鱗半爪，這些資料都可以反映一個人在他學生時代的一個階段。如果校刊的出版有相當長的歷史，更可作為印刷史的參考資料。這次介紹的早期不同類型學校所出版的校刊，第一種是刊期最長和現存最早的《黃龍報》，是由採取西式教育法的官立皇仁書院出版；第二種是由私塾形式的學校所出版的《子褒學校年報》；第三種是由教會辦理的英華書院所出版的《英華青年》；第四種是由私立衛之英文學校所出版的《藝潮》；和第五種由茶居業所辦的香港九龍茶居工業總會義學所出版的《文網》。《文網》講述義學情況不多，比較詳細的敘述，請參見本書〈戰前的香港鄉族刊物〉的一章中介紹《駐港東莞東義堂事略》一書。

《黃龍報》

　　皇仁書院的前身叫作中央書院，創立於 1862 年，首任校長為史超活博士。原址在今日的歌賦街和荷李活道之間，新校舍於 1889 年在鴨巴甸街落成，易名為維多利亞書院。到了 1894 年，才改為皇仁書院。而銅鑼灣高士威道的現址，是在戰後才開始啟用。

　　《黃龍報》（*The Yellow Dragon*）創刊於 1899 年 6 月，該刊封面繪有飛龍一條，並有「四海之內皆兄弟也」（*All within the four seas are brethren*）之句語。該刊每年大約出版 10 冊，暑假及春節均停刊 1 月，每冊售價 1 角。由 1931 年起至 1934 年止，每年出版三冊，仍售 1 角，但篇幅增加。1935 年起，便改為每年出版兩冊。日治時期停版了幾年，和平後繼續出版。1957 年後，便改為一年出版一冊。創刊號的銷量是 800 冊，以後經常保持 600 至 1,200 冊之間的銷量。至戰後 1961 年，銷量已上升至 1,500 冊。《黃龍報》不但在港內流通，亦有和英國、美國、澳洲及東南亞等地的學府作交換之用。

　　編者在創刊號說明《黃龍報》的出版，主要是負有教育的目的，但亦照顧該刊的趣味性。該刊並無政治立場或任何偏見，編輯採取開明及開放政策。編輯的成員是該校的員生及外界的知名人士，中西籍都包括在內。因為皇仁書院是一所英文書院，《黃龍報》便以英文為主，中文為副。

　　該刊內容包括校務報告、康體活動消息、教員的論著、學生的習作、猜謎和有獎問答遊戲。此外，亦設有讀者來函一欄，談及學校的措施和活動；或刊出畢業生的來函，大都是報告在外地留學或就業的情況。舊生會成立後，每期都有舊生會的活動報告。皇仁書院的畢業生很多在香港，甚至在國內都很有名望，如孫中山、王寵惠、何啟、何東、胡禮垣、劉鑄伯、利希慎等，該刊亦常有刊載他們的消息。因此研究香港早期的歷史，《黃龍報》是可以提供一些寶貴的資料。其他如畢業生在本世紀初回國繼續升學，或入中國政府

◉《黃龍報》（香港大學孔安道紀念
圖書館藏）

機構就業的資料，都可以反映到香港人對中國所作的貢獻。

《黃龍報》在這八十餘年來，保存了很多有價值的論著，較顯著
的有戰前 A. H. Crook 校長所寫的有關香港雀鳥及香港花卉的洋洋巨
製，和戰後柳存仁的劇作及論著。學生的遊記習作大量記敍現時已
湮沒或改名的建設，如 1926 年所刊的〈遊利園記〉和 1927 年的〈沙
田遊記〉，〈沙田遊記〉所記的普靈洞現已改名為般若精舍了。1923
年薛文芝的〈新界食盆記〉更生動地描述當時新界的風俗：

> ……見村人，提紅色木盆十餘，同登墓地，怪之，問焉，則
> 食盆之盆也，吾甚不解其意，抵墓地，祭已，庖人就墓側，結磚為
> 灶，炊飯煮菜，為狀極忙，灶側則列木盆，作盛菜用。
>
> 　所煮之菜，一、粉絲煮油荳腐，煮熟，納盆中；二、蘿蔔煮
> 魚，煮熟，亦納諸盛粉絲之盆，滿蓋粉絲上；三、沙葛炒魷魚，炒
> 熟，又納諸同一盆中，鋪蘿蔔煮魚上，其他白切雞，煎鹹魚，皆逐
> 層鋪入於同一之盆內，盆滿，庖人助手，乃分送席地而坐之人。

在 1940 年冬季號的《黃龍報》，發現有舊生黃佩佳的詩作。黃
佩佳，別署江山故人，對詩文有相當研究，又喜愛書法，專研新界
史地，著有《新界風土名勝大觀》一書，已故名報人吳灞陵對之推

⊙ 廿世紀初皇仁書院外貌（來源：Stokes, G., Queen's College 1862-1962. Hong Kong, the College, 1962.）

崇備至。現摘錄其詩作中的一首，可以見到當時一些「番書仔」，也有憂時憂國的情懷。

〈晚歸〉

　　登台無負百年思，一路晴陰鳥欲知，滿眼亂離終亂世，萬家憂樂總憂時。山河劫後空餘恨，盃酒人前祇自悲，澹月疎星天竟暮，茫茫家國我歸遲。

《黃龍報》的詩作甚多，1923 年皇仁書院將歷年的英文詩選輯出版了一本詩集，書題 Scales from the Dragon（意譯為「龍之麟片」）。

皇仁書院藏有一套較為完整的《黃龍報》，戰後出版的期數都很齊全，戰前的大約有 63 期缺藏，其中以 1912 至 1919 年缺藏的期數最多。香港大學孔安道紀念圖書館得到皇仁書院慷慨借出《黃龍報》，製成顯微膠捲，這對於香港史的研究工作，幫助不少。

《子褒學校年報》

在辛亥革命至抗戰期間，舊式的私塾在香港到處都有設立，私

●《子褒學校年報》（香港大學孔安
道紀念圖書館藏）

塾的課程大都是四書五經、《古文評註》、《東萊博議》等，着重識字強記，教育方法極為保守，能提倡較先進教學的，要算陳子褒創辦的子褒學校。

陳子褒，名榮袞，生於清同治元年（1862），光緒十九年（1893）鄉試中舉，而能淡薄功名，從事小學教育工作的研究。1898年赴東瀛，考察當地小學教育情況，隨後在澳門開辦書塾，1918年由澳門遷香港，分設男女校於港島堅道及般含道，學生於1921年時近300人。1922年陳氏在香港逝世。陳氏的教育方法除保持若干舊的傳統外，有着不少大膽創新的嘗試，並在培育學生之餘，引導教師以身作則，同時編撰課本，在香港教育史上佔有一個重要的地位。

筆者所經眼的《子褒學校年報》只得民國十年（1921）這一期，故此這期校刊刊期的變動，便無法查核了。這期共有188頁，內容分為教員姓名籍貫職事、學生姓名、雜記、雜著、高等文編、中等文編、初等文編、幼等文編及詞章等九大類。教員所教的課程計有字課、經史、國文、習字、詩詞、歷史、地理、物理、算學、英文、圖畫及唱歌。雜記一項就是校務報告和校友來函，這一期校刊

登錄了利銘澤留學英國的來信，對於留學生有以下的描述：

> ……今之留學於此者，多是不知稼穡艱難之輩，懶惰非常，往考大學試時，此科曰難，別科亦曰難，科科均以難字自騙，覺難矣，於是不考，若不考，則父母必有責難，於是入一不用考試之大學，譯之曰無大學，不論何人均可入者，於此掛號後，則寫信回家曰，我今已考入牛津大學矣，其在金橋者，則曰我今考入金橋大學矣，其家人則全不知其中之弊也……此輩掛號後，則遊蕩終日，蓋極奢華，待至三年期屆，則買一紙文憑回國，虛張聲勢……

雜著類大多是教師的論著，主要是陳子褒的一般論著，與教育有關的有〈改良外國地理教科書議案〉及〈聯愛會工讀義學緣起〉，其他教員的著作有崔伯樾的〈尚書經說〉及〈論方筆圓筆〉，陳泰初的〈畫理略說〉。其他各個文編都是學生的一般習作，全部用文言文寫成。詞章類作品包括舊體詩和詩錄。

陳子褒桃李滿門，很多香港社會聞人都是他的學生，例如冼玉清、容啟東、利銘澤、曾璧山等。曾璧山畢業後有段時期在子褒學校教學，後來又用陳子褒的書齋名辦了一所崇蘭學校。

《英華青年》

《英華青年》（*The Ying Wah Echo*）是英華書院內的學生雜誌。英華書院在香港歷史悠久，早在 1818 年由英國倫敦佈道會馬禮遜，創設於馬六甲。後於 1843 年由理雅各搬遷來港，開辦有年，生徒濟濟。直至 1856 年，香港政府創設皇仁書院，特聘理氏總其成，因而顧此失彼，以致成效彪炳之英華書院，遽爾停辦。停頓數十載，後由張祝齡等基督徒組織重辦英華書院，又得倫敦佈道會總部支持及資助，因此該書院得以在 1914 年 2 月 9 日正式復校，初時的校址在堅道，經過幾次在堅道搬遷，終於在 1918 年年尾，該

◉《英華青年》第 1 期（香
港大學孔安道紀念圖書
館藏）

◉《英華青年》英文部份
封面（香港大學孔安道紀
念圖書館藏）

校搬往般含道 82 號。

　　《英華青年》現存兩期：第 1 期是在 1919 年 7 月，另外的第 1 卷
第 1 期在 1924 年 7 月由學生組織的青年會出版，該會的建立，在於
同學間「交換枒〔析〕賞，觀摩砥礪」。

　　首先介紹的是該刊在 1919 年 7 月出版的第 1 期，主任是江永
年，總編輯周夏明。這一期全用文言，共 39 頁。

　　總編輯周夏明在〈發刊詞〉說明出版旨趣：

　　　　……蓋以會集群賢，文徵眾好，則校中之學藝成績，可得而
　　觀。世界之大勢，與乎本國本港，暨本校之紀聞，可得而覽。加以
　　發揚上帝之奧理名言，雜以小說諧著文苑等欄，亦頗具娛目聘〔騁〕
　　懷之雅趣。凡此種種，無非出自同學之珠璣文字所駢羅，竊本於以
　　文會友之旨，藉收敬業樂群之效云耳……

　　這一期前面的〈插畫〉部份的攝影圖片包括校長曉士、學監威
禮士、青年會全體職員、會長鄭萬鎔、雜誌主任江永年、總編輯周
夏明等；隨後有廣東督軍莫榮新、黃輝光、沈竹軒分別送上之〈祝

◉（左）青年會會長鄭萬鎔、（中）雜誌主任江永年、（右）總編輯周夏明（香港大學孔安道紀念圖書館藏）

◉ 英華書院舊校舍（香港大學孔安道紀念圖書館藏）

詞〉；張祝齡的〈本校紀事〉記述該校重建的歷史。

〈論說〉及〈研經〉兩欄各有周廷榴的〈原戰〉和何心如的〈摩西引以色列族出埃及記〉。

〈學生文藝〉欄包括由周廷榴和屈柏雨各寫〈春日遊公苑記〉、江永年和辛善全各寫〈遊宋王台記〉、屈柏雨的〈四維不張國乃滅亡論〉、周廷梓的〈燕太子丹使荊軻刺秦王論〉、鍾英才的〈雍姬論〉和徐少康的〈范蠡乘舟遊五湖論〉。

〈文苑〉一欄有周夏明、周廷光、梁修、周廷榴和沈叔堅等的詩賦，並有周夏明的〈彭春洲先生事略〉和〈祭春洲先生墓文〉。

其餘〈小說〉一欄有是龍的哀情小說〈自由果〉；〈雜鈔〉一欄有江永年的〈石崇〉、〈窮袴〉、〈以妓餌父〉和〈吳鴻〉，一笑的〈談叢〉；〈雜纂〉一欄有周廷梓的〈開水道灌田法〉和〈渡河妙法〉。

最後有〈紀聞〉一欄介紹各地學生青年會的近聞；〈校聞〉一欄報導英華書院校內的活動；而〈青年會〉一欄介紹會內德育部、智育部、體育部和交際部等的職員及各小組的工作。

在 1924 年 7 月出版的第 1 卷第 1 期，雖然名稱是季刊，但在英文目錄內提到，一年只會出版三期。這期每冊定價 4 仙。篇幅大為增加，中文部份有 92 頁，英文部份有 28 頁。中文總編輯為國文教員潘顧西，英文總編輯為腓力。

這一期前面包括該校員生和前任校長曉士的攝影圖片，〈勗勉辭〉有鄭曼倩的〈勗青年〉，〈頌辭〉有鄭蝶緣的〈頌季刊〉和潘顧西的〈發刊辭〉。〈發刊辭〉關於徵文的旨趣，大略與以前相若，但這次「無論白話文言」，都「蒐羅編輯」，與前期的全用文言，是有所不同。這期亦另有英文部份。

〈社論〉一欄有沈錫瑚的〈對於本誌的希望〉、鄧兆蘭的〈英華青年出版我的旨趣〉、張祝齡的〈完全之人格〉、潘顧西的〈奢侈與節儉〉、黎灼銘的〈我之崇儉觀〉、伍子昂的〈青年與運動〉和〈藝術與人生〉、蘇少顯的〈中國文化之進步〉和酈棉洲的〈告軍人〉。

這一欄最有意思是外來學生沈錫瑚的一文，他對這份刊物有五個希望：一、不要中途夭折；二、整理中國文化；三、注意中國情形，「對於社會的情形漠不關心，將來怎能應付一切呢？」；四、注重人格修養，「聞人們說香港的學生，多有『生不願封萬戶侯，但願一當洋行工』之慨！」；五、消滅外界譏評，「社會上時有譏誚本港的學生是『奴隸式』，『媚外式』……」。沈先生對於這後四個希望寄託於這小小的刊物上，未免是有些奢望，但這幾點放諸現今社會中，都是甚切時弊。

〈文苑〉一欄多是舊體詩詞，作者有廖潛磋、余照溥、鄭蝶緣、譚劍卿和許康阜等。

〈譯文〉一欄有謝新漢譯的希臘神話〈奇異的亞利安〉和〈斯巴達之強盛〉。〈傳記〉一欄有黃輝光的〈〔前任校長〕曉士先生傳略〉和張祝齡的〈何少流先生傳略〉。謝曼倩分別在〈常識〉一欄有〈青年常識〉和〈筆記〉一欄有〈游泳大王〉。

〈劇本〉一欄有謝新漢的警世新劇〈洋煙毒〉，這是四幕劇，劇本的特點是用廣東土白寫成。這是一個很大膽的嘗試，使演員更容易口語化生動地表達劇情。

〈小說〉一欄的七篇小說中，有兩篇用文言寫成：鄭仁波的〈女青年底懺悔〉和吳仕玉的滑稽短篇〈阿丙省姑記〉；其他的白話小說有沈錫瑚的〈悔〉和〈既往不咎〉、黎利尹的〈一個學徒〉、譚劍卿的〈偉影〉和鄧傑超的〈父親之賜〉。

〈小言〉一欄有譚劍卿的〈勉勵學生和教師〉、伍子昂的〈學生和教師〉和何伯騈的〈校聞〉；此外，關於該書院的有〈同學錄〉、〈本校舊生〉、〈學生夏令會通告〉、〈哀啟〉、〈英華書院小史〉、〈本校青年會職員〉和〈本校體育會藏書樓衛生局職員〉。〈餘音〉一欄有李睿明的〈哭黃花岡先烈文〉和〈約友端午節遊河啟〉。

◉《藝潮》（香港大學孔安道
紀念圖書館藏）

《藝潮》

　　《藝潮》是由衛之英文學校藝術研究團編輯部編輯。衛之英文學
校的校長譚衛之，約於民國前九年（1902）開始在省港辦教育，得
到各界認同，而學子就讀日多，由舊址荷李活道，擴充遷至堅道 75
號。該校並附設宿舍。

　　該校着重學生群策群力，互相規導之功，以確立一種高尚的校
風，養成博愛、好學的精神。為了完成這個目標，實行以下四種措
施：一、由每班選出若干學生領袖，來領導及代表全校學生，他們的
工作，除教員引導外，是自動的；二、閱書報室，設置中西書籍，報
紙雜誌，以便學生課餘時，得滿足求知慾及知曉近代潮流；三、組織
學生藝術研究團，出版《藝潮》，又打算組織三日刊，收共同討論之
功；四、籌辦乒乓、象棋、西棋、足球等有系統的遊藝組織。

　　藝術研究團的主席是譚衛之，編輯林功拔，撰述員周栽崧、張
詩正、何厚添和馬奮等。《藝潮》第 1 期在 1927 年 12 月出版，全期
共 46 頁，文章不論中、英文，都放在同一文體類別中，第 2 期在
1928 年 7 月出版，主幹仍是林功拔，但周栽崧等都已離校，升學的
升學，工作的工作，但他們仍是繼續地幫助。《藝潮》本是中英文合
刊，但接受外界的意見，將第 2 期分為兩部，現只存中文部份。全

編輯林功拔在第 1 期的〈序〉說明出版的原因：

> ……悲哀的時候，得到了意外的同情；痛苦的時候，得到了意外的喜悅；無聊的時候，得到了意外的安慰；……這都是藝術給我們的。所以提倡藝術的聲浪一天高了一天啦。

> 「藝術」這個名詞，在古時只供一般高雅之士消遣，與一般平民是沒有關係的；自「五四」運動以後，牠〔它〕的潮流，才向平民泛濫，這也是人們需要牠〔它〕的原故。

> 現在，藝術的潮流一步一步地湧到本校，所以本校纔有「藝術研究團」的組織，本團為實現人們的──尤其是青年學生的──快樂，活潑，安慰起見，而這《藝潮》，為着時勢所需，不得不出版了。

《藝潮》第 1 期的內容共分為〈論文〉、〈小說〉、〈散文〉和〈詩〉四大類，第 2 期的文章不以類別編排，現將這些文章拼入這四大類，一併介紹，英文文章從略。

〈論文〉的部份有 S. C. 的〈民性的藝術觀〉和〈素描畫之主要原理〉、栽崧的〈新文化與舊文化〉、和哥翻譯的〈英國文學史略〉、周心鑑的〈文藝與真摯底感情〉、張詩正的〈藝術與革命〉、拔的〈古怪──朱夫子降筆評閱〉和阮偉山的〈發表與研究〉。

〈小說〉的部份有亡羊的〈三訴曲〉、奮學的〈寄吾妹悼吾母〉、何厚添的〈冬夜〉、洪濤的〈感〉和周栽崧的〈符先生〉，用文言寫成的就只有朱學源的〈棄稔〉。

〈散文〉的部份有周心鑑的〈船〉、火君的〈阿尖的心術〉、唐湛之的〈離婚以後〉和何厚添的〈榮是空〉。

〈詩〉的部份有六一七二的〈明白了〉和〈DORA〉、詩正的〈摧殘花易空〉、黃德齊的〈秋柳〉和〈思鄉〉、奮學氏的〈晚音〉、馬昏鶴的〈晨鐘〉、奮學的〈孤磬之上〉、何厚添的〈純潔的花〉和〈遺帕〉、陳深的〈光明〉、周心鑑的〈我憤〉、周栽崧的〈冬風〉和〈她〉、

一松的〈海島上的孤獨者〉、馬奮學的〈花仙〉、阮偉山的〈我在學校的感想〉、拔的〈母聲〉。舊體詩有譚昇顯的〈鶴〉、〈某窗友送菊及蟹賦此謝之〉、〈弔黃花岡七十二烈士〉、〈採蓮曲〉和〈牡丹〉，沈淵源的〈窗月彈琴〉和〈曉煙〉，隱者和沈淵源各寫〈題黛玉葬花圖〉及李國耀的〈讀長恨歌書此〉。

第 2 期最後刊登德的〈特載：本校今後的新生命〉，介紹該校來年的工作方向。

《文網》

《文網》創刊號是在民國二十六年（1937）9 月 1 日，由香港九龍茶居工業總會義學出版，該義學的地址是第三街 152 號 3 樓。總編輯是凌樹勳，美術主任是劉崇起。凌樹勳的〈前奏〉說明了出版的目的：

> ……在民眾巨大驚人的團結力之下，本刊跟着時代的巨輪而產生，我們不願做亡國奴，我們不願給人家慘殺，我們只願奪回自由，奪回主權，聯合世界以平等待我之民族，共同奮鬥，編者不才，謹以一點熱誠和讀者相見。

◉ 茶居工業總會義學外貌（香港大學孔安道紀念圖書館藏）

　　所以本刊全部的正文 37 頁，佔了 26 頁是政治性的文章。除了〈前奏〉一文外，包括一鳴的〈今年的廬山傳習〉，朱復的〈蘆溝橋事件前後〉，何公夫譯的〈中日戰爭預測〉，馬一行的〈我們如何衝破日本的封鎖〉，胡適的〈太平洋的國際新形勢〉和凌樹勳的〈墨沙里尼初登場的手腕〉，這些文章大多是從《汗血週刊》、《周報》、《新史地》和《獨立評論》等雜誌轉載而來的。

　　文藝部份有保元的〈怎樣寫作〉，木棉的〈皮鞭下〉，火子的〈黃昏的路上〉，後附編者舊學生的來信，敘述自己苦困的情況。

　　至於有關該義學的情況，本刊報導的很少，只知道文揚、馬師曾、譚蘭卿、太平戲院、南洋兄弟煙草公司和安樂汽水公司在 1937 年夏天，曾義助演劇籌款創立義學。圖片方面有香港茶居工統一後之總會外貌，該義學的外貌及香港四大餅家（茶樓）之壯觀。此外，還登載吳鐵城、曾養甫等九人的題詞，以及劉樹聲（君任）的三幅美術作品。

香港報業

戰前的

刊期最長的大報：
《華字日報》、《循環日報》及其特刊

香港中文報業，經歷了 120 多年，在中國報業史上佔着一個很重要的地位。

中國最早用鉛字排印的第一家中文報紙，是清咸豐八年（1858）在香港出版的《中外新報》，可惜該報經過幾度易主後，所存的幾十年舊報紙，經已蕩然無存了。在海內外的公私藏書中，也很難找到一份完整的《中外新報》。除了《中外新報》外，其他的香港中文報紙，當以《華字日報》及《循環日報》這兩家為最早，而出版時間又長。現在介紹的就是這兩家報館所出版的週年紀念特刊。除了這兩本特刊外，其他報館有特刊出版的，在戰前有《大光報》、《國民日報》、《南華日報》、《星島日報》和《東方日報》等。

《華字日報七十一週年紀念刊》

《華字日報》於 1872 年 4 月 17 日由英文《德臣西報》（*The China Mail*）中文版《中外新聞七日錄》改組而成。創辦人是當年在《德臣

◉ 1873 年的《華字日報》（香港大學孔安道紀念圖書館藏）

《西報》擔任譯著的陳靄亭，他向教會購買中文活字，託《德臣西報》代印，發行則由《德臣西報》兼理。大律師何啟和伍廷芳都是陳氏的親戚，在人力和財力方面都幫了他不少忙。最初每日出紙僅一小張，內容以翻譯西報消息及轉載京報為主。後一度改為兩日刊。光緒初年，再復為日刊。該報直至太平洋戰事發生，香港淪陷才停刊。戰後初期，曾一度復刊，但僅曇花一現，又宣告停刊了。

《華字日報七十一週年紀念刊》（以下簡稱《華字刊》）在民國二十三年（1934）出版，每冊定價港銀 2 元。全書無總頁數，各篇文章頁數獨立。《華字刊》大約可分為三個部份：第一部份包括《華字日報》的歷史和圖片；第二部份是論文；第三部份是詩鐘及各界題詞。

第一部份有該報總理陳止瀾所撰的〈本報刱造以來〉，簡述《華字日報》創辦及發展經過，並附陳靄亭、伍廷芳、何啟和陳斗垣的半身照片。跟着刊載的是該報同治十二年五月初十日（1873 年 6 月 4 日）的全份 4 頁的影版，這份日報是目前我們能夠看得到最舊的一份中文報紙。其他照片包括該報全體職員、董事、老職員、總理陳止瀾、各部主任、印刷機器及前總編輯潘惠儔的照片和事略。《華字

◉《華字日報》創辦人陳靄亭（香港大學孔安道紀念圖書館藏）

◉《華字日報七十一週年紀念刊》右印小字「册刊於前清同治三年」（香港大學孔安道紀念圖書館藏）

刊》內論文的編撰者亦大多有個人的照片。

　　論文部份共收十三篇：其中四篇是有關整個中國和南洋華僑問題，一篇是香港報業，其他八篇是有關廣東各方面問題，對於研究近代廣東史來說，這本《華字刊》是有很大的參考價值。研究廣東的論文有盧諤生的〈七十年來廣東之軍事訓育及其衛國者〉和〈七十年來廣東之學者〉、胡伯孝的〈七十年來廣東中上教育之回顧〉、黃勁公的〈七十年來廣東水利之展望〉、陳灝風的〈七十年來廣東交通事業之歷程〉、鄧植儀的〈三十年來廣東之農業〉、周萊階的〈七十年來廣東之畫人〉和譚汝儉的〈四十七年來廣東報業史概略〉。其他四篇有關中國的論文是盧諤生的〈七十年來中國疆域之變遷〉、鄔慶時的〈七十年來中國之國際貿易〉、張閔生的〈七十年中國大事表〉和劉士木的〈七十年來南洋華僑其困厄莫甚於現在〉。有關香港的只有麥思源的〈七十年來之香港報業〉，麥文亦見轉載於《大華》1967年第 26-27 期內。

　　第三部份是徵求詩鐘，由江孔殷太史評閱，共刊詩鐘三百卷，末附各界題詞、頌詞、贈詩及贈品附誌。

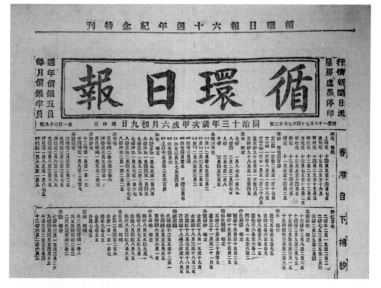

◉ 上圖：《循環日報》（香港大學孔安道紀念圖書館藏）

◉ 左圖：《循環日報六十週年紀念特刊》（香港大學孔安道紀念圖書館藏）

《循環日報六十週年紀念特刊》

　　《循環日報》創刊較《華字日報》稍遲，該報於 1874 年 2 月 4 日由王韜創辦。王氏原助英傳教士翻譯《聖經》，後來英華書院解散了，他便和朋友集資承受此批印刷設備，籌辦「中華印務局」，創辦《循環日報》，館址在歌賦街。該報每日有〈論說〉一篇，由王韜執筆，評議時事，立論精闢獨到，可以說是開中文報紙有社論的先河。直到第二次世界大戰，香港被日軍攻佔後，該報才停辦。戰後該報在 1959 年 10 月復刊，但不旋踵又輟業了。

⊙《循環日報》創辦人王韜
（香港大學孔安道紀念圖書
館藏）

⊙《循環日報》歌賦街館址
（香港大學孔安道紀念圖書
館藏）

　　《循環日報六十週年紀念特刊》（以下簡稱《循環刊》）全書共
140 頁，封面由葉恭綽題署，民國二十一年（1932）出版，是大本子
書，書身高 38 公分。

　　《循環刊》的內容分配，與《華字刊》大致相同：第一部份介紹
該報的歷史及概況，第二部份是論文，第三部份是詩鐘。

　　第一部份有關《循環日報》的介紹，可說是圖文並茂，圖片
計有該報創辦人王韜、歌賦街之館址、董事、高級館員、全體職員
及印刷部。1874 年 7 月 22 日所出版的《循環日報》全份縮影亦有
登載。文章方面計有該報略歷、歷屆主要職員事略及歷任督印人年
表。由海內外送贈的題詞、祝詞及讚文等，主要在第 14-39 頁內刊
登，琳瑯滿目，其他亦散見於本書各頁，由此可見該報與社會各階
層之關係。

　　論文部份分為徵文及特約兩類，據編纂後記：「本報此次徵文
……原定題目為（一）六十年來之中國，（二）六十年來之香港，
（三）六十年來之國際大勢，（四）改用土峹〔紙〕印報之對策，（五）
中國製峹與印刷沿革攷，（六）如何發展香港商業及改良社會，（七）

讀者與循環日報之關係等七項。」但徵文結果，第三、四及六題的來稿，多與徵文題旨未盡符合，故這三題的論文未收入在這本《循環刊》內。

徵文入選，計有廖蘋的〈六十年來之中國〉，全文共 4 頁，痛陳同治十二年（1873）以來中國的國恥，並提及政治、建設及民眾運動。〈六十年來之香港〉共選登兩篇：一為麥思源所撰；另一為洪孝充所撰。麥文全篇共 23 頁，首兩章是緒言及香港歷史之發軔，論文主要部份是第三章的六十年來之回顧，內分行政、商業、教育、交通及報業等數大類，按年記述，其中尤以論及香港報業，至為詳盡。洪文全篇則只有 4 頁，分為大事記、公眾建設、私家建設、商務及社會五大類，再將 60 年分為 10 年一期，而按以五大類分期記述香港史實。麥文記事翔實，篇幅相當，對香港歷史研究有很大幫助。而洪文比較偏於社會史方面，保存了很多掌故式的事蹟，現摘錄〈利園〉條如後：

> 燈籠洲圩（今名街市）附近有小阜焉，狀類鵝頭，舊名鵝頭岡。緣地脈發自飛鵝嶺，伏為鵝頸涌，起而結局於此，得故此名。迨渣甸公司批承燈籠洲地，平鵝髻以營避暑樓台，改名渣甸山，而鵝頭岡之名稱，湮沒無聞。後由利希慎備價買受闢為利園，山下各地，建設屋宇，成為數街，曰「波斯富街」、「利園街」、「利園新街」是也。吁，偌大飛鵝，任人臠割，翼毛零落，首領不保，其鵝尾峰（今之水師醫院處）遺迹雖可尋，原名已湮沒，能名垂不朽者，其惟鵝頸涌乎。

徵文部份其他兩篇文章有張曼陀的〈中國製紙與印刷沿革考〉和孔秀英的〈讀者與循環日報之關係〉。

特約撰述的有陳向元的〈以數目字論世界各國在香港貿易之地位及其金融組織〉和黃無能的〈同治十三年與民國廿一年本港物價之比較〉的兩篇文章。陳文除論述香港對外貿易外，所介紹的香

⊙《循環日報》全體職員照（香港大學孔安道紀念圖書館藏）

港金融組織：計有銀號、銀行、票據交易所、申電貿易場及股份經紀會。至於輪船、貨倉及保險三業，都與貿易有直接關係，陳文亦有涉及，後附表 31 種。陳文共佔 44 頁，是這本特刊登載最長的一篇。黃文的一篇是比較同治十三年（1874）和民國二十一年（1932）這兩年香港物價的變化，漲幅率依物品而有異，如舊銅片漲度未及二十分之一，而白糖則激增二十倍有多。本文亦有解釋物品價格上漲的原因。比較價格的物品共列 17 類，股票價格亦有作一比較。

最後是詩鐘的部份，由梁燕蓀太史評閱，共錄 201 卷。《循環刊》有「香港風光」圖片共 36 幅，但因圖片過小及印刷模糊，無甚可觀。

後語

研究香港社會史，中文報紙是一種非常重要的史料，可惜早期的中文報紙尚存的不多。香港大學圖書館所藏的一套《華字日報》，

年份由 1895 年起存至 1940 年，中間有缺藏，尤其是 1896、1898 至 1899、1914、1917、1926 至 1935、1938 這幾年最甚，年前美國的 Center for Chinese Research Materials（中文研究資料中心）將這套《華字日報》攝製成縮影膠捲，現在很多圖書館都有庋藏這份《華字日報》了。至於《循環日報》，香港中央圖書館藏有 1874 至 1886 年的微縮資料，但其中有些日子是缺藏的。

第一份粵語報紙：
《有所謂報》

鄭貫公首創粵語報紙

革命報人鄭貫公於晚清時，在宣傳革命事業上，貢獻甚大。他的生平及其對國民革命的貢獻，在拙著《香港戰前報業》內〈鄭貫公：英年早逝的革命報人〉一文中已有詳盡的介紹，在此不贅。他在香港創立的《世界公益報》、《廣東日報》和《有所謂報》三種革命報刊中，以《有所謂報》辦得最好，而這份報紙又前得李志剛博士介紹，黃永敏先生的慷慨答允，借給香港大學孔安道紀念圖書館影印，雖然期數不全，但亦是這三份報刊現存比較齊全的一份。該報分為「莊」、「諧」兩個部份：「莊」、「諧」兩個部份都齊全的有光緒三十一年（1905）7月4至16、18至31日；只得「莊」部的有光緒三十二年（1906）2月24至28日、3月1至8、10至24日。

《有所謂報》開辦之日，出紙一張，二日增紙至張半，零沽每份2仙，每月價銀3毫。翌年（1906）元旦起，擴展至出紙兩大張，每月收費4毫。

⊙《有所謂報》（香港大學孔安道紀念圖書館藏）

　　《有所謂報》除總編輯兼發行人鄭貫公外，參加編輯和撰稿的有黃世仲、陳樹人（陳猛進）、胡子晉、盧星父、王斧、盧偉臣、王軍演、駱漢存、李孟哲等人，經費也多由這些人共同負擔。該報內容宣傳也比前兩種報刊更為激進，在〈發刊詞〉一開始就表示要「以言語塞異族獨夫之膽，以批評而褫奪一般民賊之魄，芟政界之荊榛，培民權之萌蘗」，「抒救時之策，鳴驚世之鐘」。鄭貫公在〈新鼓吹〉一欄寫了一齣班本〈主筆登臺〉，可以知道他辦這個報刊的目的：

　　（老生喉中板唱）重重專制、三千載。黯黯愁雲　撥不開。同胞夢夢、殊難解。甘罹羈絆　實奇哉。任你是、說破喉朧〔嚨〕、難領會　究竟是、奴根隸〔性〕、自衰頹。中原回首、增悲慨　天荊地棘、頗堪哀。一聲呼起、吾同類。萬里前程、靡有涯。持着了筆兒，濡着了墨兒　挺身報界　眼見得、世人皆醉獨醒何忍渺渺、予懷　（掃板）在舞台、倡言論、自由、為大　（慢板）嘆同胞、如馬牛、艱苦、難捱。我漢人、原本是、軒轅、嫡派　卻何因、被踐踏、賤過、塵埃。這都是、那滿清、把吾、虐待　竊我土、奴我民、復把外患、招來　（中板）列、強國、持他帝國主義頻來、撤賴。清政府、外交不善為屬、之階。割疆土、賠資財儼若把中原、

拍賣　想至此、不由我珠淚、盈腮。眼睜睜、大局日危豈可全不、掛碍。無奈何、借着筆槍墨砲討彼、狼豺。大丈夫　辦一家區區報館出于、無奈。一心心、欲開民智是以體備　莊諧。今日裡、持着了四千毛瑟立于、不敗　管叫他、異族政府把我怎樣、安排　自古道、思想自由言論自由出版自由雖神聖亦難、侵害　叫狗官、睜開眼看一看我的報館、招牌。說話間、我不覺破涕為歡五中　愉快好一比、無冠皇帝點將、登台　這一張、有所謂可能驅魔、逐怪。醫人心、提士氣好過等上、藥材。說話完、我叫幾聲報館　萬歲（收板）望同胞、把報紙、細閱、多回。（1905 年 7 月 18 日）

　　《有所謂報》是朔（初一）望（十五）停刊的，朔望是照陰曆計算，中間缺報的日子就是該報停刊的日子。除正張外，該報亦有「隨報派送最警世最益人之圖一張，不取分文」，在所見的，並沒有包括這一部份在內。

《有所謂報》的編排之「諧部」

　　保存報紙是私家藏書最感頭痛的問題，因為報紙的版面大而紙質差，黃永敏先生能保存這部份《有所謂報》，相信與版面的設計有很大的關係。原來這份報紙的中心預留空位作為版心，印上了報刊名、日期、頁數和印行者，整月彙存，可以摺疊裝訂成冊，而覆在內頁多是廣告，故此對報紙的正文無損，而版面的面積可以減半，對於保存方面起了很大的作用。

　　《有所謂報》編排的方式與其他各報不同，先「諧」而後「莊」，「諧部」計分為〈題詞〉、〈落花影〉、〈滑稽魂〉、〈金玉屑〉、〈官紳鏡〉、〈新鼓吹〉、〈他山石〉、〈格化談〉、〈社會聲〉、〈小說林〉等欄。「諧部」佔五分之二的篇幅，體裁多樣化，從粵語方言區人民熟悉的粵謳、南音、數白欖、木魚、班本等民間說唱文學，到詩詞、

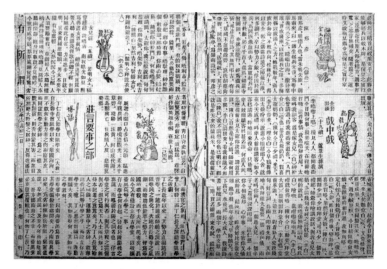

◉《有所謂報》諧部（香港大學孔安道紀念圖書館藏）

小說、散文，無不兼收並蓄。那些用粵語方言寫成的作品，通俗易懂，朗朗上口，在下層社會中，不脛而走，很受歡迎。

〈題詞〉是「諧部」的開篇警句，1905 年 7 月份就只得 5 天有這一欄刊登，它的內容大抵和同日的〈落花影〉一欄有關，如〈落花影〉刊載貫公的〈討叩頭蟲檄〉，〈題詞〉就有以下的警句：

> 一味想頂紅　一味貪臭銅　總之累到各人窮　抵趕咯　叩頭蟲
> （1905 年 7 月 7 日）

〈落花影〉這一欄每天都有刊載，執筆署名的有貫公、新芙、醒夫、若明女士、袂起、哲郎等。這欄的雜文內容多是批評時政，針砭社會時弊，不用堂皇冠冕的文章說教，而用嘻笑文章來嘲諷，如憲武的〈羊城鳥獸記〉、貫公的〈官妓兩社會異同考〉和〈擬賀清帝光緒萬壽表〉等。新芙的〈賀保皇會華益公司新張文〉對於保皇黨在香港的活動有以下的刊載：

> 保皇會既失勢力于廣東學界後。。適其搵丁贅本之華益公司。

定于月之十三日開張。新芙子持籌少暇。謬勤筆政口勞。。乃為文而賀之曰。。夫欲行其志者。雖百折而不撓。。有利於己者。。置公論於不顧。第求富貴。何恤人言。吾于君黨見之焉。溯自戌戌黨人流血。黨首聖人。自稱奉密詔西行。置身事外。。遂易保國會為保皇會。具大宏願。。挾大機謀。至亞丁亞庚輩。。如蠅臭逐。雖屬一時蒙蔽。。然能使靡然從風。是其手段誠有大過人者。其可賀者一也。

　　然此第見其結黨之機深。。猶未兄以覘其籌款之術巧。及使登名口籍。。先繳兼金。。許廁門牆。必豐贄禮。漢陽一事。。不過于黨人少蒙影響。。而開銷至數十萬金。。聖人香港一行。。亦開銷數萬金。。餘若卹孤集款。不聞受其卹者何人。。運動有費。。亦不聞其運動何效。。彼門弟子水坑口大沙頭風月之需。。何莫非遠客風塵之血汗。詎雖恣情揮霍。。而青蚨不翼而來。。誠有如所謂聖人推誠接物。。自有聞風趨附。非汝輩所能希冀萬一者。其可賀者又一也。。

　　且夫偽君子盛名之下，誰有時或足以欺人。迨偽跡一影。奸宄畢露。雖不避之若浼。乃君黨經棍騙圖真據宣佈後。魑魅已無所藏其形。。乃僅于粵省解散總學會。聖徒亦僅不敢更履羊城。而在香港之招搖如故。。今且遍致黨函。。攘他人抵制美貨之策。。以為己功。。更告以公司開辦之時日。。相彼遠人。。所認股本。。必有源源而至者。。於此以見既善招徠。復工標榜。。能不為之心折耶。。今日者氣求聲應。。欲以隻手總攬天下商權。。如何以設銀行。。如何以興製造。。其言不懟。娓娓動聽。豈乏愚夫入穀。而不能因以為利哉

　　保皇會乎。華益公司乎。康黨保皇會之華益公司乎。。吾賀君狼狽之相依。。狐鼠之穴固也。。所賀之言。未盡萬一　限於簡篇　僅以此告。(1905 年 7 月 16 日)

〈滑稽魂〉每天都有刊登，執筆者署名的有亞父、亞斧、猛、仍舊、貫公、季、新芙等，這一欄以寓言、笑話、故事的體裁來冷

嘲時政和社會問題，亞父的〈立獻〉就是以笑話來諷刺清室的喪權辱國：

> 某志士、一日登壇演說、言及刻聞清政府、議將中國立憲 其憲法或于日本、或于英國、取而參行、然清廷立憲之說 屢宣屢爽 彼異族君臨、日施壓力之不遑、安肯一旦放棄其專制政體、假吾國民以干政之權、此不過怵于革命風潮、恐吾同胞有暴動之舉、故作此囈語、以籠絡吾漢人也、聽演說之某甲 故不讀書不識書者，雖側耳傾聽、不甚分曉、歸謂村中某學院曰、先生不好了、自從光緒作皇以來、獻台灣與日本、獻膠州與德國、獻東三省與俄羅斯、獻廣州灣與法蘭西、今又聞將中國立獻于日本、或英國、如此吾等無地容身、長為人奴矣、學究嘆曰 我早知之矣、聖人道、國家將亡、必有妖孽、試觀今日皇太后垂簾、李蓮英專權 與唐之武則天、漢之十常侍何異 正所謂牝雞司晨、官閹弄政、此大不祥也，焉得不立獻他人 學究言罷，不勝咨嗟、甲亦眉縐。(1905 年 7 月12 日)

〈金玉屑〉一欄旨在介紹漢族英雄，激發起民族感情，以此為觸媒，把讀者吸引到革命方面去，其中編述了明末抗清人物的傳記，如陳邦彥、黃淳耀、霍達芳和高為礦等人，亦有介紹宋末的民族英雄，又介紹了變節的叛臣，如馬士英和阮大鋮的慘淡收場。這一欄執筆的署名有貫公、信公、疾惡和狂簡等。

〈官紳鏡〉大約是兩三日刊登一次，執筆者是《有所謂報》的調查員，內容揭露晚清政治的腐敗和官吏的無能和貪污，文章有〈府經歷真歪矣〉、〈新太史贖妓食貓麵〉和〈穿馬褂而監隊〉等，署名為人鑑所撰寫的〈製造洋傭之教習〉是譏諷不學無術的小學英文教師：

> 五品頂戴 前水師學堂學生 附生徐某、人格平常、以某紳情

面、荐充南海六鄉小學堂英文教習、嘗見其上堂、對學生講説習英文之希望講義一條有云　英文者為近今世界上最通行之飯碗根苗、惟程度不必太高、高則反不合於時、吾當以中以下之語言文字教汝輩、他日少為通順　往香港傭工、上則做買辦、中則作經紀孖毡、下則為細蒀、每月數十員工金　當走不去也、云云，噫　學堂豈為製造洋傭而設哉　若徐某者　可名之為學堂門外漢、否則稱之為洋傭教習可耳（1905 年 7 月 6 日）

〈新鼓吹〉以班本的說唱文學體裁來諷刺清室官吏和時事，這一欄每天都有刊登，執筆的有署名猛進、蘆葦生、貫公、仍舊等。這些班本有長有短、蘆葦生的〈戲中戲〉就長至 30 天才刊完，其他的班本一天或數天就刊完一齣。鄭貫公的〈俠女奇男〉就是藉男女主角的曲詞來表現他以暗殺的方法來對付滿清的主張：

　　……（旦中板唱）恨滿洲、那韃種立志、不善。奪我國、行壓制二百、餘年。我漢民、為他牛馬何等、卑賤　眼睜睜、四百兆主人翁屈膝、奴前。到于今、我同胞還不、思變。又恐怕、被列強瓜分豆剖就受苦、無邊。你來看、最近警聞是日俄、之戰。這戰務、與我國大有、牽連、趁時機、我漢人必須要把功、來建。謀光復、倡革命理所、宜然。獨可憐、我同胞開通、不遍。結團體、合群力心志、不堅。儂今日、祇有個暗殺、政見。且學那、虛無黨個人行事雖死、不嫌、公孫君、你看這政策好不、利便。願與子、犧牲身命矢誓、行先（小武唱）黃小姐、出此言果是識時、之彥。恨同胞、一個個大睡、長眠。自古道、購自由必須要把血、來濺。今日、舍生救國是我輩、仔肩。勸小姐、從今後要將炸藥、學練。誅獨夫、焚民賊奪返、天權（白）黃小姐、暗殺主義，鄙人久有此志、惟惜同志不多、恐無後繼、今何幸與小姐同心合德、不若兩人對天矢誓、分頭運動、務要達此目的為好、（旦白）這個自然，願與君當天發誓可（全跪）……（1905 年 7 月 27 日）

〈社會聲〉是以粵謳、解心和龍舟歌這些說唱文學體裁來詠唱、諷刺時事，以便更能深入民心。這一欄的執筆者署名有仍舊、鐵椎、猛、蘆葦生等，現轉錄署名猛所撰的粵謳〈想箝制報館〉，這是詠唱廣東候補道周學淵，因廣州報紙揭露他的父親兩江總督周馥的劣蹟，想在國內的報紙橫加壓力：

> 想箝制報館、你膽大得咁交關。若果不是喪心病呀、邊處有咁橫蠻、大抵報紙一門、係人所忌憚。維持公論、又試訐發邪奸。直筆正書、何怕顯官　最恨有的把官場巴結唎、一任人彈。若係天職稍知、就唔肯將佢亂讚。佢既為民公敵、一定把罪狀來頒。舍得個個都好似噤口寒蟬、就可以唔把報辦。你既係畏人清議、便咪咁冥頑。天下不鮮嘅事情、就唔好去故犯　唉、防住撞板、要聽人勸諫。睇下三千毛瑟呀、莫當為閒。（1905 年 7 月 16 日）

〈小說林〉刊載的小說有亞父的艷情小說〈佳人淚〉，和亞斧的政治小說〈天涯恨〉。〈佳人淚〉記述一宗三角戀愛，一女死，其他一男一女既失戀，於是捨身與民賊爆炸而死。故事由失戀而參加暗殺事，轉變得很突然，情節牽強。

〈風雅叢〉的古體詩內容多帶有革命思想，並不是無病呻吟之作，平子的〈和鐵血少年登太平山有感兼用原韻〉就是表現這種情懷：

> 奇愁無限獨憑欄。。一髮中原局已殘。茂密滿栽新草木。淒涼空憶故河山。群雄盡作併吞勢。大地空餘黑白爭。。寄語同胞休歎息。於今猶有漢田橫。（1905 年 7 月 10 日）

〈格化談〉介紹西方科學的發明，如〈以紙製鍋〉、〈探海返光鏡之新發明〉及〈除霧善法之新發明〉等文，是不定期的專欄。

〈他山石〉介紹西方的風俗習慣、社會情況和時政等，包括有〈鹽醃小孩之惡俗尚存〉、〈看看泰西女學之發達〉和〈壯哉亡國人之

圖光復〉等文。

《有所謂報》又很提倡民間文學，1905 年 7 月 23 至 24 日刊登了鍾朝袞徵集童謠所得的〈童謠榜〉，現在摘錄取得首名由智育齋主所作的童謠和鍾氏的批語：

> 細佬哥。。有乜事。。要讀書。學識字。入學堂。要立志。莫懶惰　莫兒戲。練體操。。至得意　學計數。至有味　天文歌。地理誌。淺歷史　須緊記。講修身。明禮義。學幾年。容乜易。學成功。做志士。知救國。。爭啖氣　切不可。學諂媚。做奴隸。。最不是。做英雄。。係我地。細佬哥。莫放棄。。細佬哥。要預備。

> （批）其文最淺　其義最精。其句最短。其理最長　且能於小童當就學之階級。次第說出。並勗以知救國、去奴根之金言　拳拳苦衷。誘迪童子。誠不負徵集者之用意矣。

《有所謂報》的編排之「莊部」

《有所謂報》的第二個部份是〈莊言要事之部〉。1905 年 7 月份包括〈博議〉、〈短評〉、〈訪稿〉、〈要聞〉、〈電音〉、〈戰況〉和〈調查〉等欄。1906 年 2 月份將〈要聞〉和〈戰況〉擴大而分為〈粵事〉、〈港誌〉、〈交涉〉、〈國聞〉、〈外界〉和〈專件〉等欄；〈電音〉改為〈譯電〉，此外，又增設〈來函〉一欄。

政論是報刊宣傳自己的政治觀點，《有所謂報》將〈博議〉和〈短評〉這兩個有關政論專欄放在莊部最前面的位置。〈博議〉和〈短評〉都是論及時政的文章，但〈短評〉的文章只涉及國內的時政，而〈博議〉的文章更兼及一般性的理論如〈原群〉、〈說怒〉、〈無政治思想者非國人也〉等文；或論述外國的時政，如〈俄京著書聳動殺戮猶太人感言〉和〈論法人擬抵制黃禍〉等文。〈博議〉和〈短評〉兩欄

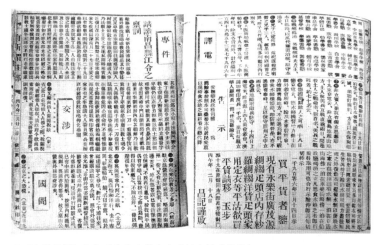

⊙《有所謂報》莊部（香港大學孔安道紀念圖書館藏）

對於拒美約、粵漢鐵路事件、清室朝政、廣東吏治和保皇黨等都有
很激烈的評論。有關香港的只有一則由美國青年所撰的〈香港商界
再迎黎國廉感言〉，這兩欄的主要執筆者署名的有貫公、醒夫、楚
狂、信公、駿男等。方漢奇在他的《中國近代報刊史》稱讚《有所
謂報》的評論工作做得很好：「既有發揮鋪寫鞭辟入裏的鴻篇鉅構，
也有尖銳潑辣短小精悍的匕首投槍。」（下冊，第334頁）

〈訪稿〉每日登載三五則，內容有關國內政治、社會、教育等
時事，地域範圍以廣東為限，有關廣州的時事報導最多，其次是南
海、香山、順德等地，沒有香港地區的報導。這一欄內容不只單作
報導，亦有帶敘帶論：

●●宏育學生因飯食起風潮〔羊城〕番禺學堂、以宏育為一邑
腐敗之冠、其管理飯食之張鏡藜、對於學生飯食、每用不潔之物、
其飯多用飯焦合煮、某日之飯幾與胡麻相等、學生大起風潮、尋張
理論、張告於陳亞絹、亞絹乃出其奴隸性質、向學生謝罪、風潮始
暫息云、如此辦學、以圖私益、蓋不改為絹記酒宴之名稱其實乎。
（1906 年 3 月 23 日）

〈訪稿〉亦有用先敘後按，在新聞後面用「記者曰」或「記者按」等字樣開頭，另起一段，字數有多有少。這種按語，即事而議，借題發揮，雖然短小，卻以小見大，及時地發表意見，可以表明該報對某些事件的立場和觀點，有時從按語補充一些資料，可以使讀者更加了解事件的真相，如〈南海學堂之風潮〉一文，記者按語便發揮了這個作用：

> ●▲南海學堂之風潮〔羊城〕昨南海高等小學校，以乙班寄宿諸生、多告假者、因將乙班課堂之電燈除去、並令乙班寄宿之人、合在丙班課室自修以節靡費、乃乙班學生、不甘此舉、遂與校長衝突云。
>
> 記者按。。南海學堂。。若欲節靡費。。應先向教員薪水下手。。自稱只習毛筆。。習畫帖兩日之林某。。每星期到兩點鐘。。竟支三十兩。。乃放飯流歠。。而問無齒缺耶。。(1906 年 3 月 8 日)

〈要聞〉報導國內和國外時事新聞，有關香港的新聞報導不多，尤其是 1905 年 7 月份內，不是每天都有刊登，1906 年 3 月份有了〈港誌〉的專欄後便多了一些。《有所謂報》比較注重社會運動的新聞報導。有關「拒美約」運動在勞動階層的表現：

> 抵制美約、凡我華人、應表同情、現又□確有東莞人劉某、向在外充當咕喱頭目者、深明大義、特在香港、出全力運動、聯合各等咕喱、不與美商挑運貨物、港地咕喱、以東莞人居多數、一倡百從、咸具同情、將定期實行、以達劉之目的、聞劉又將返省、向咕喱行運動不扛美貨云。(1905 年 7 月 14 日)

有關粵漢鐵路事件，《有所謂報》亦作出較詳細的報導。光緒三十二年（1906），粵督岑春煊擬將粵漢鐵路收歸官辦，消息傳出，首先被該鐵路的股東黎國廉等反對。當時岑春煊為消除商人反對計，將黎拘捕入獄，黎出獄後，香港各界都有舉行歡迎黎國廉的大

⊙《有所謂報》的各種版頭設計（香港大學孔安道紀念圖書館藏）

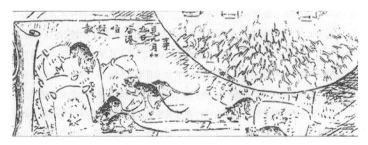

⊙ 刊載於《時事畫報》第 3 期的漫畫，該日的《有所謂報》缺，臆測該圖示意老鼠偷米吃也不吃圖右的美國米，連禽獸亦不忘抵制美貨（香港大學孔安道紀念圖書館藏）

會，有關報界的歡迎會，《華字日報》就只得 200 字的報導，而《有
所謂報》用了近 3,000 字，分三日詳細報導該項活動。

〈電音〉刊載國外新聞的電訊稿，亦包括中國租界內或外人在華
活動的報導，電訊稿主要譯南清電、德臣電、勞打電、士篾電和孖
刺電。

〈戰況〉的一欄不定期登載有關日俄戰爭的報導，稿件來源主要
譯日本官電和南清電。

〈調查〉只在 1905 年 7 月 12 日和 25 日登載，這兩篇調查題為
〈香山城學界之調查校長教員之弊〉和〈中國留學各國人數一覽略
表〉，這一欄似偏重於教育方面。

〈來函〉讀者來信的一欄揭露了《有所謂報》和《中國日報》除
在「拒美約」事件外，在粵漢鐵路問題上也有很分歧的意見。

至於《有所謂報》所刊登的啟事和廣告，亦有很大的歷史研究
價值，在抵制美貨的活動展開後，《有所謂報》是當時拒絕刊登美貨
廣告的第一家南方報紙：

本報抵制美約非常要告

　　本社凡于有益同胞之事、無不竭力提倡、于有損同胞之事、無
不疾聲警告、美人續行禁制華工之例、于吾同胞關係甚大、本社亦
國民之一份子、奚肯放棄天職、特於是日起、至改約之日至、凡代
刊廣告、有關於美貨者、概不接刊、以示自行抵制之意、蓋報紙廣
告、實為介紹銷貨而設、本社珍重公德、熱愛同胞、故不不於利權
上、有所犧牲也、特此普告、本社同人鄭貫公等披露（1905 年 7 月
22 日）

自從妓寨從水坑口遷往石塘咀後，水坑口的酒樓為要維持生
意，在該報刊登了以下的廣告：

酒樓行公慶堂特設馬車專載妓女常川來往石塘咀及水坑口廣告

　　啟者本行以娼寮遷後來賓招待宴深滋不便故特與忠驊馬房立約偏備馬車七輛每天自下午六點鐘起至晚間兩點鐘止常駐石塘咀及水坑口兩處專載奴女往來赴局之用惟是經費浩大不得不向來賓約略收回以資彌補當此無可奈何之天有情難遣之日惱彼喬遷而不甘萍逐者想失此太平山之好價值也　計開　菜一度每桌收回經費八毫菜兩度每桌取回經費銀一元二毫　五位客以下每桌收回經費銀五毫。

　　丙午年　二月十二日

　　探花樓　冠英樓

　　敘馨樓　新和昌

　　公慶堂　同啟

　　宴瓊林　聚南樓

　　杏花樓　萬芳樓

　　（1906 年 3 月 17 日）

第一家香港晚報：
《香江晚報》

　　香港第一家中文日報是在 1858 年創刊的《中外新報》，但晚報要遲至二十世紀初才有出版。據稱，香港最早出版的晚報是 1916 年由仇景創刊的《小說晚報》，從名稱來看，這份《小說晚報》不是報導新聞的，嚴格說來，這不算是最早的晚報，最早的應算是由黃燕清主辦的《香江晚報》。

資深的社會活動家

　　黃燕清（1891-1974），名熊彪，字俊英，別署言情。原籍廣東高要人，是香港開埠富人黃瑞生的文孫、黃錦培的兒子。曾就讀於官立英漢文學堂，升學皇仁，繼而轉學廣東高等師範學校。16 歲時加入同盟會香港支部，從事革命工作，並創辦《新少年報》，之後歷任《國民新報》、《香港星期報》、《現象報》、《四邑商報》、《南強報》、《香港晨報》、《香江晚報》、《大光報》、《華僑日報》、《南中報》等報總編輯和編輯等職位。

◉《香江晚報》（香港大學孔安道紀念圖書館藏）

黃燕清於編輯之餘，用「言情」的筆名為粵港兩地報紙撰寫小說，由於文筆如行雲流水，人物描寫細膩，很受讀者歡迎。曾出單行本的有《蠶絲劫》、《鴛盟夢》、《孽報》、《胭脂虎》、《老婆奴》、《大傻笑史》、《大傻外史》及《新西遊記》等數種。

黃燕清除了是一位資深的報人，在教育事業上亦是一個很活躍的人物，曾先後辦理香海女校、中華女學、江門女子中小學、中華中學，又獨創光華中小學及光中女中小學，戰前曾任香港華僑教育會常務理事多年。

黃燕清對於社會服務，亦不遺餘力，歷任中華總商會常務董事，以及兼職會訊編輯委員會主任委員、要明會寧四邑工商會主席、鐘聲慈善社總務主任、中區街坊福利促進會會長、商業通濟公會理事長、黃氏宗親會名譽會長、高要同鄉會司理及孔聖堂孔聖會董事等職。亦曾兩任保良局總理，歷屆總理聯誼會平民義校校董。此外，又曾任廣東省政協委員。

《香江晚報》於 1921 年冬創刊，創辦人除黃燕清外，合夥人還有以辦報藥局起家的梁國英和建造業鉅子鍾某等。黃燕清自任督印人兼總編輯，謝章玉為副編輯。社址初設於荷李活道萃文書坊樓上，後來該報力圖發展，屢易東主，由荷李活道遷往干諾道西，後因距

◉《香江晚報》始創人之一梁國英（來源：《建國念二年海員對外奮鬥紀念號》，香港：1923）

◉《香江晚報》主辦人黃燕清（香港大學孔安道紀念圖書館藏）

◉《香江晚報》主要作者之一羅灃銘（香港大學孔安道紀念圖書館藏）

離中環繁盛地區太遠，遷回卑利街，編輯部和印刷部則仍在西營盤的醫院道。該報開始時僅附印務公司印刷，這時已能自備機器，出紙由一張半擴展至兩張，以後業務發展，得羅灃銘、吳灞陵、鄭天健、黃冷觀、何筱仙、李秋萍、森伯、孝頤、頤伯和亦通等人助力不少。後來又租賃善慶街 9 號 3 樓為編輯部，荷李活道 93 號則全為營業印刷兩部。

至 1927 年，該報為求擴充發展，由黃紹垣、黃紹頤、袁瓊波、鄭秀川、程藻輝、黃禮儔、胡理明、黃燕清、鄭天健、黎紀南等發起人招股，在擴充招股簡章的〈緣起〉有以下的說明：

> 本報為香港始創之晚刊，迄今已歷七年，一紙風行，無遠弗屆，近且改用五號鉛字，添拍即日京滬快電，加延省港各地訪員，增聘名家撰著，宗旨既能純正，材料復趨豐富、消息更覺靈通，此誠前途發展之好現象也，但盡美應求盡善，小就不如大成，爰特力謀擴充，再招股本，如承垂注，請閱簡章。

1928 年督印人已轉為葉泰，新人接辦後，該報漸有黨派色彩，終於在 1929 年停刊。

⊙ 1927 年《香江晚報》擴充招股簡章（香港大學孔安道紀念圖書館藏）

《香江晚報》的內容編排

　　《香江晚報》除了是香港第一家晚報外，陳唯深在該報所創始的體育新聞報導，是本港報刊注重體育新聞的開始。當年該報數次刊載〈校服運動專號〉，對於以後本港學童穿着校服的提倡及促成，起了一個很大的作用。

　　香港大學孔安道紀念圖書館現存《香江晚報》的「諧部」合訂本一冊，是由許舒博士慷慨捐贈。書內第一頁署名吳元堦的似為原來藏書人，印章有「城堡」和「元堦」兩款字樣，書名署《香江晚報諧說部》，書內其他地方間中有「渤郡城堡」的蓋印。該「諧部」所收由 1922 年 4 月 28 日起至 1923 年 2 月 11 日止，除星期六不出紙外，共得 234 日「諧部」，其中以頭兩個月缺得較多。該報「諧部」的版面亦似《有所謂報》，在版中預留空位，印有「香江晚報諧部」字樣和日期。現存的「諧部」每天佔 1 葉，約 3,000 字。1922 年 12 月 10 日是該報的一週年紀念，「諧部」增加篇幅為 2 葉。

　　當時在省港澳這一地區來說，報紙的內容，大體上可為分「莊部」和「諧部」（或稱「正張」和「附張」，「附張」亦即今天的副刊）。「莊部」就是新聞報導和評論，「諧部」一般的都包括舊文學和俗文學的作品。舊文學就是把所謂「中國古典文學」的傳統形式來寫作

的文學作品，大概是筆記、隨筆、詩、詞、聯話等這一類，都是在「詩古文辭」、「詩詞歌賦」的範圍裏頭。俗文學是以前一般知識分子所輕視的，這些作品大多是通俗和趣味性濃厚，以迎合普羅讀者的口味，作品包括小說、諧文、打油詩和帶有濃厚地方色彩的民間說唱文學，如班本、南音、龍舟、板眼、粵謳和童謠等。

《香江晚報》的「諧部」大抵都包括以上所提及的舊文學和俗文學的作品，而且該部特闢讀者通訊欄，讀者來信很踴躍。讀者之中，以學生為多，課餘以《香江晚報》為課外讀物，讀後發揮意見或仿某類文體而創作投稿，因此學生投稿特多。

該報「諧部」所用的欄目名稱比較蕪雜，筆者就把各欄歸納為雜文、諧著、筆記、韻文、說唱文學等類來介紹。

雜文及「當年的輕薄少年」

雜文這一類的欄目有〈談叢〉、〈雜著〉、〈雜俎〉、〈雜文〉、〈雜錄〉、〈受匡室瑣記〉、〈文藝〉、〈文壇〉、〈賸墨〉和〈名著〉等，其中〈雜文〉和〈文藝〉這兩欄又雜有「賦」這種文學體裁的作品在內。這些專欄都不是定期登載在〈諧部〉，比較固定的就只有〈賸墨〉這一欄。〈雜文〉這一類都是一些小文章，多數是抒發個人的感受或對社會事物的意見，文章如〈傷春賦〉、〈感時文〉、〈束乳之害〉等都是這一類；有些文章記載當時本港的社會狀況，如大黃在〈賸墨〉一欄就有兩則記述當時衛生設施和輕薄少年的形象：

> 現在夏日炎炎。。正宜在天台納涼。。不料本港之廁所。。每設於屋頂。。一時薰風吹來。。木樨香隨風飄蕩。。上達九皋。。其有不掩鼻屏息者乎。。住屋之客。。盍改良之。。
>
> 現今之輕薄少年。。觀其服飾。。每令人鄙褻者。。如反其領。。摺其袖。。手執長紙扇。足穿精武鞋。衣裳短闊而麗都。。行步迅

速而軒昂。。周身容臭。。滿肚茅塞。。究成何種架子。。怪極怪極。

（1922 年 7 月 9 日）

自從胡適〈文學改良芻議〉這一篇文章在 1917 年的《新青年》上發表以後，隨即陳獨秀也發表〈文學改革論〉，就一連串的展開新文學運動，到了 1919 年五四運動發生，文學改革更被推進一步，國內出現很多白話報紙，香港當時文風仍然相當保守，《香江晚報》的「諧部」多用文言文，但亦有刊載多篇用白話文寫成的文章，現摘錄林子和的〈愛情的研究〉一文開頭的兩段，可以看到當時白話文的寫法：

> 情如水。。風來就動。。風去就平。。雖是一上一落。。但是總有秩序。。終久在一條水平線上。。水質清。。情質潔。。自始至終。。不變原質。。我人在社會上。。種種組織。。都是依靠着愛情底介紹。。
>
> 我誠懇忠告我一班新的青年。。快堅定自己底志向。。放出真確的眼光來。。須要知道愛情貴有原則。。並不是可以兒戲試用的。。有愛情。。就有貞操。。貞操是愛情中惟一的信守。。不守貞操。。就是沒有發生感情。。沒有培植愛根的表示。。（1922 年 6 月 25 日）

其他雜文比較突出的有廬江志士的〈悼伍博士文〉和林紓的〈止園記〉。

諧著、筆記及韻文

諧著的一類包括〈點將諧文〉、〈諧著〉、〈諧電〉、〈諧藪〉、〈諧林〉、〈諧談〉、〈戲墨〉和〈古典時諧錄〉等欄，這都是一些遊戲文章。〈點將諧文〉多數編排在〈諧部〉的首要部份，執筆的有署名劍魂、澧銘、大黃、言情、覺萬、紹鎏和滌慶等，這些文章主要是諷刺國內新近發生的政治事件，如紹鎏的〈擬吳佩孚罵張作霖文〉、覺

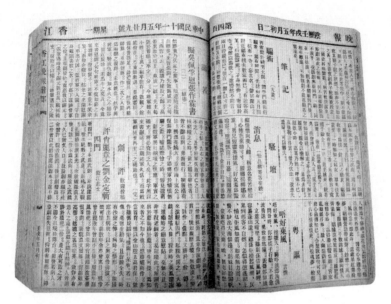

⊙《香江晚報》「諧部」(香港大學孔安道紀念圖書館藏)

⊙《香江晚報》「莊部」,注意第三欄有殘缺,因這冊「莊部」是「諧部」的內頁,剪報人只想存「諧部」,未能照顧「莊部」的完整(香港大學孔安道紀念圖書館藏)

萬的〈吳王夫差致吳佩孚電〉等，這種點將的體裁早就在上海的《新聞報》開始，有一時期，該報副刊上連篇累牘地登載點將小說、由一人開始，篇末嵌着某某的名字，由某某賡續下去，〈點將諧文〉便是跟這個方法延續下去，篇末嵌着下一個作者的名字，但稍有不同的是，文章內容是獨立成篇的。

其他〈諧著〉、〈諧電〉和〈諧藪〉都是根據本港和國內的新聞為文，撰寫這些文章有署名荻蘆深處、廬江志士、紹鎏、周亞、劍魂等。〈諧林〉、〈諧談〉、〈笑話〉和澧銘的〈古典時諧錄〉是刊登笑話的專欄，〈戲墨〉多是滑稽問答。

筆記的一類有〈筆記〉、〈隨筆〉和〈閑語〉等，所記大多奇人奇事，軼事掌故，執筆的有署名大黃、滌塵和李仲侯等，其他為個人而開的專欄計有紹鎏的〈榴園野語拾零錄〉，梁次芬的〈暮蘭室隨筆〉、竹林舊侶的〈逸廬隨筆〉和澧銘的〈四維齋隨筆〉等，其中〈四維齋隨筆〉多載有關暹羅的奇風異俗，〈閑語〉大多是文史雜談。

有關韻文的著作包括〈騷壇〉、〈諧詩話〉、〈詞話〉和〈滑稽韻語〉等。〈騷壇〉每次登載二三則七律或五律，內容多是傷時感懷的作品，其中的詩篇亦可以看到當時香港文人對國內政治的反映，現摘錄劍楠的〈粵省政變紀事〉：

> 漠漠珠江望眼迷。九關秋閉阻雷車。飛符有詔搜行客。待櫛無人諫大家。連騎防軍歸宿衛。吏民無術挽充華。夢中鸚鵡能言語。愁說芳臺再摘瓜。（1922 年 7 月 21 日）

〈騷壇〉常刊載學生的作品，有〈宏文女校詩課〉，學生的作品較出名的有鏡湖學校七級生吳肇鐘的〈新築茅亭記〉一首。

〈詞話〉是講解律詩的佳句，〈諧詩話〉是由滌塵、澧銘、痴子和受匡這四人共同創作的打油詩，以廣府話詞語入詩，〈滑稽韻語〉是集前人的詩句串成一首七律，由林子和集評，五木山樵集句，現摘錄一首嘲諷滿口洋文的留學生的〈歐美留學生〉：

浪成口語向初筵。。(李穀浙東事府西歸酬別張廣文皮先輩秀叟
才) 握手相看一悵然。。(陸放翁山行贈野帝二首之一) 說與旁人渾
不解。。(劉季孫題屏) 西風愁起綠波間。。(李景山花子)〔批略去〕
(1922 年 7 月 22 日)

《香江晚報》不遺餘力地推動文學創作：在七律方面，1922 年
11 月有刊載蓮社徵詩一事；1922 年 9 月，羅澧銘發起點將小說社，
在「廣結文字交為主旨」；同年 12 月，癡影又發起點將百花小說社，
對於婦女文學創作，大力提倡。

其他還有〈聯話〉和〈謎話〉的專欄，〈聯話〉初由潘伯康擔任
撰述，後來另闢〈幻厂聯話〉，〈謎話〉就有〈心嚮往齋謎話〉一欄。

說唱文學

至於說唱文學的作品，在《香江晚報》佔有很大的比重，這
些作品用粵語方言寫作，通俗易懂，很受讀者歡迎。欄目包括〈粵
謳〉、〈龍舟〉、〈南音〉、〈班本〉和〈板眼〉等，黃燕清是這一部份
的主要撰稿人。〈粵謳〉的內容有很多都是無聊之作，但亦有藉〈粵
謳〉來諷刺廣東政局，如〈人命係賤〉譏刺做官的草菅人命，〈唔怕
死〉希望北伐成功。〈粵謳〉、〈龍舟〉和〈南音〉都是短小的，〈班
本〉就比較長篇，如言情的〈三字獄〉就要分 37 天才刊完，〈班本〉
分為時事新劇、現事慘劇、現事活劇、艷劇和憤劇等，其中內容很
多都和廣州有關，如〈炮中緣〉以廣州政變為背景，〈三字獄〉反映
當時廣州的偵探貪贓枉法。〈板眼〉又有所謂時諧板眼，大抵和〈班
本〉相近。

除了說唱文學的創作外，對於廣東地方的「大戲」的評述有〈劇
評〉、〈戲劇研究談〉、〈梨園消息〉和〈新菊部〉等欄，其中〈劇評〉
一欄是經常有刊載的。這些評述有評戲班整個的演出，如〈祝華年

與寰球樂之比較〉、〈寰球樂班之銳意求新〉、〈祝華年之我評〉和〈周康年以聲角著〉；有評述個別「大戲」的演出，如〈評國豐年之智取桂林〉、〈評新劇名士風流〉和〈夜困曹府〉；有講述全劇大綱的，如〈有情人終成眷屬鰊鰊鰈鰈〉；個別伶人演出的評述有肖麗章、白駒榮、千里駒、靚少華、新蛇仔秋、張文俠、子喉七、靚少鳳、新金山貞、曾三多、李雪芳、靚東全、少白菜、廖無可等。在〈戲劇研究談〉的一欄更闢有〈伶人拾遺〉，這裏比較長篇評述伶人，如〈靚雪秋之可憐史〉就要分 7 天才刊完。

此外，盧江志士亦有〈歌伶拾遺〉一欄品題歌伶，情天外史為這一欄寫序時，說明了這一欄的主旨：

> ……以生花之筆。。繪歌妓之聲。。旁及身世軼聞。。行藏容色。。靡不畢具。。……

所品題的歌伶有瓊仙、華娘及雪卿等。後來由痴子執筆的〈瓊仙小史〉就長篇至 34 天才刊完，痴子在這篇提供了很多香港歌壇的寶貴史料，現在僅摘錄有關歌伶興起的情況：

> 三年前。。港中茶樓。。夜茶每盅分六。。從未見有歌姬影子。。自猛齋仙館開幕後。。為歌姬度曲之先聲。。其始也。。則延瞽姬。。福蘭、二妹、麗芳、諸輩。。其時遂有瞽姬跟班之稱。。猛齋司理木君。。對於該店營業上。。大事發展。。極力鼓吹。。因知近世人之心理。。類皆好色。。嫌瞽姬之不足以廣招徠。。於是改唱青年艷麗之歌姬。。一時瓊仙、飲恨、華娘、慧卿。。各擅所長。。鼎足而立。。由是追鶏友為之樹黨派。。有瓊黨、華黨之分。。瓊黨健將。。終日在報紙。。表揚瓊仙之貌美。。年少聲嬌。。華黨則組織華鬘詩社。。為華娘徵詩。。徵序。。報紙之上之筆戰。。茶樓上舌戰。。於是乎生。。

（1922 年 9 月 1 日）

香港罷工史料

這一冊《香江晚報諧說部》的原藏書人本意只是剪存「諧部」的，但這冊的內頁都是新聞報導，提供很多研究這個時期的歷史資料。新聞大都是有關香港和國內的，國內的新聞比較着重廣東一省，香港新聞除了一般政治措施和社會新聞外，對於制水、婢女和租屋的新聞報導較多。有關工運情況報導得更為詳細，當時香港的總罷工剛結束，很多各行各業的工人都要求減時加薪，工人組織報社、銀行和經濟維持會。同時，工會的數目大為增加，連苦力、傭婦和夜香婦都擬設立他們行業的工會，其他有關童工、罷工失業人數都有報導，對於省港大罷工前香港工運情況的研究，是很有幫助的。

《香江晚報》的「莊部」，多用文言文寫成，但在轉述人物的說話時，往往利用廣東話來表達：

> ▲▲豈真張冠李戴耶　太平山街有某傭婦、年方花信、貌頗可人、昨日下午三點鐘、正取道卑利街往中環街市買辦江膳餸菜、在卑利街忽遇一素未相識之男子、一見傭婦、即撲前將其手執緊曰、（我都唔知搵左你幾耐咯、原來今日方撞着你、你識野嘅、即刻跟我返鄉、否則你難免坐監）傭婦大為驚愕、罵曰、（死佬、你發狂咩、你眼盲認錯人、乜誰識你呀、我識你係老鼠）、男子遂不肯將傭婦釋放、旁人圍觀如堵……（1923 年 5 月 19 日）

後語

在研究俗文學史上，尤其是在廣東方言文學方面，這一冊《香江晚報諧說部》提供了豐富的材料。雖然這些「諧部」的作品往往被譏為鴛鴦蝴蝶派的文學，以華麗的文言寫卿卿我我的愛情故事，

駢四儷六，堆砌如七寶樓台，但從這個「諧部」的作品來看，倒並不完全是糟粕，有些是暴露社會的黑暗、軍閥的橫暴、婚姻的不自由等，也都是當時真實社會的反映。此外，這一冊書的殘缺「莊部」，對於研究香港 1920 年代的歷史，亦是有很大幫助的。

第四輯

新舊交替的

香港文藝

（清末至七七事變）

　　研究文藝活動的歷史，最常用的資料大概是期刊、報紙和專著，其中以期刊這一類的資料較為突出。因為文藝期刊的銷售對象，只限於愛好文藝的讀者，銷售量有限，從廣告取得的收益又不多，這些搞文藝期刊的人，出錢出力，推動文藝的誠意較大。反過來看，報紙的銷售對象是普羅大眾，文藝副刊不過是這些報紙的附屬品；而專著多數只是收集一個作家的作品。期刊可以反映一群作家在某一時期的文風，所以，文藝期刊在研究文學來看，是有它特殊的地位的。

　　這裏介紹的香港早期文藝期刊，時限截至 1937 年「蘆溝橋事變」為止。蘆溝橋事變後，大量內地文化人來到香港，促成了這個地區文藝活動十分蓬勃的局面，而文風又跟前期截然不同，所以從 1937 年 7 月以後一直到日本佔領香港前的一段時期，可以作為另一個單元研究。

　　現存這些香港早期文藝期刊，絕大部份都藏在香港大學孔安道紀念圖書館，其他如《新小說叢》第 2 期則藏在香港中文大學圖書館。孔安道紀念圖書館所藏的多屬吳灞陵的舊藏，其他捐贈、增購或影印包括：曹思健捐贈《伴侶》的第 1-5 期；盧瑋鑾教授（小思）捐贈《伴侶》第 6-9 期，及借予影印的《島上》第 2 期和近年贈予筆者該刊的第 1-2 期的彩色影本；陳無言借予影印的《激流》第 1 期和《紅豆》第 1 卷第 1 期，而吳懷德借予影印的《激流》第 2 期；與美國史丹福大學胡佛研究所圖書館交換的《文學研究社社刊》第 5 號的顯微膠捲；及孔安道紀念圖書館增購的《雙聲》第 1-2、4 期共三冊。全部所介紹的文藝期刊有 28 種，共 115 期，詳細期刊名稱、所

藏期數及出版年，參見下表（以出版年先後為序）。此時期的文藝期刊可分為兩個部份：舊派文藝期刊和新文藝期刊，每個部份的期刊再以出版先後介紹。

	期刊名稱	出版年份	期數
1	粵東小説林	丙午（1906）.9-11	第 3，7-8 期
	中外小説林	丁未（1907）.6-12	第 5-6，9，11-12，15，17-18 期
	繪圖中外小説林	戊申（1908）.1-4?	第 2 年第 1-8，11 期
2	新小説叢	1908.1-5	第 2-3 期
3	妙諦小説	1911-1922 之間	第 4 期
4	雙聲	1921.10-1923.5	第 1-4 集
5	文學研究錄	1922.1-3,5,7	第 4-8 期
6	文學研究社社刊	1923.3,5	第 5，7 期
7	小説星期刊	1924.9-1925	1924 年第 1 期，1925 年第 1-9 期
8	字紙籮	1928.7.14-1932.5.1	第 3-6，第 2 卷第 1 號至第 3 卷第 1 號
9	墨花	1928.7.17-1929.4.15	半月刊第 1 期，旬刊第 1，10，12（殘本），15 期
10	伴侶雜誌	1928.8.15-1929.1.15	第 1-9 期
11	小説旬報	1929	第 1 期
12	鐵馬	1929.9.15	第 1 卷第 1 期
13	激流	1931.6.27-1931.8.5	第 1-2 期
14	白貓現代文集	1931.10	第 1 集
15	人造一月	1931.10.5	第 1 期
16	島上	1930.4.1-1931.10.10	第 1-2 期
17	人間漫刊	1931.11.10	創刊號
18	新命	1932.1.10	第 1 期
19	繽紛集	1932.6.16	第 1 期
20	晨光	1932.8.30	第 1 期
21	咖啡座	1932.9.10	第 1 卷第 1 期
22	春雷半月刊	1933.5	創刊號（殘本）
23	小齒輪	1933.10.15	第 1 卷第 1 期
24	紅豆	1933.12.15-1936.8.15	創刊號至第 4 卷第 6 期
25	今日詩歌	1934.9	始創號
26	時代風景	1935.1.1	第 1 卷第 1 期
27	文藝漫話	1935.7	第 1 卷第 1 期（殘本）
28	南風	1937.3	第 1 期

舊派文藝期刊
（10種）

　　下述舊派文藝期刊，大多屬於宣揚趣味主義的鴛鴦蝴蝶派，作品以小說為主，內容則分為社會、娼門、哀情、言情、家庭、武俠、神怪、軍事、偵探、滑稽、歷史等種種類別。而《小說世界》和《中外小說林》就特別以小說的理論、小說創作和各種粵語方言的文體去宣揚革命思想。早期多用文言文，五四以後漸趨用白話文。現存的香港舊派文藝期刊包括《粵東小說林》、《中外小說林》、《繪圖中外小說林》、《新小說叢》、《妙諦小說》、《雙聲》、《文學研究錄》、《文學研究社社刊》、《小說星期刊》、《墨花》、《小說旬報》和《人造一月》12種，共66期。

　　根據阿英（錢杏邨）在《晚清文藝報刊述略》一書所載，清末在香港出版的文藝期刊就只得《小說世界》和《新小說叢》兩種。《小說世界》不是阿英親眼見到，而是由汕頭梁心如寫信，告訴他這個期刊第4期的資料：這一期是在光緒丁未（1907）2月印行，根據廣告，知道是旬刊，逢五出版，照推算，它的創刊期當是這一年的1月了。現轉抄第4期的目錄，以作了解：

【社說】續論中國小說之源流體例及其在文學史上之位置（瑛珀）

【小說】春蝶夢（第四回，冶公）教習現形記（第四回，覺公）失女奇案（第四回，啟明）復仇鎗（第二回，復魂女士）愛河潮（第二回，原名「偵探毒」，未註譯者）神州血（第五回，亡國遺民）美人首（第五回，抱香譯）秘密踪跡（短篇，焦桐主人）

【戲曲】圖南傳奇（第五齣，鶴唳）救國女兒（班本，第四齣，虬俠）

【傳記】大小說批評家金聖歎先生傳（廖燕）

此外，還有散文「十八娘傳」（墨戲）及詩、詩話、聯話等。

　　其中《復仇鎗》述徐錫麟、秋瑾事，《神州血》述明末史可法、阮大鋮事，《圖南傳奇》述志士黃虬龍流亡南洋一帶，欲圖中原事，《救國女兒》譜法國愛國女兒惹安事，「全冊『多為反帝、反清作品』，說所載詩詞，『並非吟風弄月，無病呻吟，而多為鼓吹民族獨立者意識者。』」

《粵東小說林》‧《中外小說林》‧《繪圖中外小說林》

　　如果以《粵東小說林》、《中外小說林》和《繪圖中外小說林》是一脈相承的話，當時《粵東小說林》有分局設在香港，而主編黃世仲已於1905年在香港開展革命活動和辦報工作，1906年8月在廣州創刊的《粵東小說林》可以視為香港文藝期刊。就退一步來看，該刊在1907年遷往香港出版，易名為《中外小說林》，第5期在6月21日出版，早於以下要介紹的《新小說叢》。故此，可以說《中外小說林》是現存的最早期刊，而對阿英的說法亦有所補充。

　　《中外小說林》的前身是《粵東小說林》，1906年8月29日在廣州創刊，每期約80頁，3萬餘字。每月出3冊，價銀每月4毫，零售每冊毫半。總發行省城十八甫森寶閣，分局香港荷李活道92號。

⊙《粵東小說林》、《中外小說林》及《繪圖中外小說林》（香港大學孔安道紀念圖書館藏）

1907 年遷往香港出版，易名為《中外小說林》，1908 年 1 月由公理堂接辦，刊名前面加「繪圖」兩字，易名為《繪圖中外小說林》。總代理處設中環德輔道中 161 號公益報，國內除廣州外，江門、中山、佛山、大良、澳門等地，甚至國外小呂宋、新加坡和舊金山都有發行或代理處。該社除了出版《小說林》外，亦另有單行本《古今人物一覽圖》一冊。

該刊各期零星散佚各處，2000 年經香港藝術發展局撥款贊助，由夏菲爾國際出版有限公司彙集找到的期數，出版了兩巨冊。期數包括《粵東小說林》第 3、7、8 期；《中外小說林》第 5、6、9、11、12、15、17、18 期；以及《繪圖中外小說林》第 2 年第 1-8、11 期；共 20 期。

黃世仲（1872-1912）字小配，筆名世次郎、禺山世次郎等。1905 年在孫中山監誓下加入同盟會，負責香港分部的交際與庶務。旅港 8 年寫成《洪秀全演義》、《廿載繁華夢》等 20 多部長篇小說，還創辦或主編《有所謂報》、《少年報》、《中外小說林》等 10 多種報刊，撰寫大量政論、詩詞、劇本，暴露官場黑暗腐敗，批駁康有為保皇主張，鼓吹革命推翻滿清，反對外國侵佔路礦權益、迫害華

工。黃世仲不僅是反清革命的鼓吹者，而且身體力行，親自參加幾次重大的起義。廣東軍政府成立後歷任要職，1912 年被代督陳炯明所殺。

黃伯耀（1861-1939）筆名耀公、耀恭等。1901 年在新加坡加入興中會外圍組織的中和堂，曾任《圖南日報》，後回港參與《世界公益報》、《廣東日報》的編輯工作，又和其弟世仲合辦《少年報》、《中外小說林》，還獨自創辦《社會公報》。其後離開報界，歷任聖保羅書院、梅芳中學教職。1939 年於原籍病故。他在世時所出版的單行本甚少，僅見的一種是由《世界公益報》出版的《武漢風雲 ── 一名中華民國》。

據方志強《小說家黃世仲大傳》所引，在《中外小說林》1907年第 1 期刊載該刊的旨趣，這不僅是《中外小說林》的旨趣，並且可以說是該刊前身《粵東小說林》和後續《繪圖中外小說林》的旨趣：

> 處二十世紀時代，文野過渡，其足以喚醒國魂，開通文智誠莫小說若。本社同志，深知其理，爰擬各展所長，分門擔任，組織此《小說林》，冀得登報界之舞臺，稍盡啟迪國民之義務。詞旨以覺迷自任，諧論諷時，務令普通社會，均能領略歡迎，為文明之先導。此《小說林》開宗明義之趣旨也。有志之士，盍手一編。

《中外小說林》在 1907 年遷來香港，又從《粵東》易名為《中外》，臆測有背靠祖國，面向海外的意向。黃伯耀在〈白話〉一欄的〈敬告外埠華僑〉一文就有此種表示：

> ……我與諸君大家都喺廣東嚟◎自然係親密的◎即相酌道理◎亦較之易的嘅◎大家同係國民一份子◎但求心照喺喇嗎◎若講到外埠華僑◎唔通就唔係我地國民一份子咩◎喂◎兄弟◎朋友◎而家世界艱難◎我地中國內地◎搵食咁難◎合四萬萬咁多人◎點能容得腳◎故今日外洋各埠◎就好似我同胞殖民地一樣囉◎唔講咁遠喇◎

單就我地至親愛的廣東人嚟講◎亦多至二千九百幾萬人口◎如果冇外埠地方搵食◎亦唔知點算好咯◎故對於外埠華僑◎自不能外視得嘅◎況且外埠的風氣◎開化特早◎就係華僑開通◎亦都較內地倍易架◎諸君若話唔信◎你睇呢幾年間◎凡關於內地公益的事◎個的華僑◎皆能捐集鉅欵◎幫扶內地的人去辦事◎這樣就係愛國心合群心◎想着共我地祖國爭番點氣嘅囉◎呢的事幹◎你地各位朋友◎亦都人人知得架◎講起翻嚟◎家吓中國的大局◎想求挽救嘅法子◎你語〔話〕唔喺內外同胞結合處着手◎從何處着手呢◎故此今日呢篇白話◎係勸戒外埠華僑各盡義務嘅◎惟望華僑聽吓我講就好咯◎……

《小說林》的內容，大體可分為五個部份：〈外書〉、〈長篇小說〉、〈短篇小說〉、〈翻譯小說〉和〈粵方言各種通俗文體〉：

〈外書〉是該刊放在每期最前面的專論小說的論文，由黃世仲和黃伯耀輪流執筆。內容主要論述小說的功用，在於開通民智，救治中國的時弊；肯定古典小說的反封建意義，以有利宣傳革命；探討小說創作方法，主張既要繼承古典小說的傳統，也要仿效西方的長處。

〈長篇小說〉的主力是黃世仲的〈黃粱夢〉、〈宦海潮〉和〈南北夫人傳奇〉、鉅鹿六郎的〈冰炭緣〉、荔浣新的〈婦孺鐘〉和警庵的〈恩仇報〉。

〈短篇小說〉包括斧的〈匣裏霜〉，放光的〈回生術〉和〈強騙〉，佩鏗的〈狡騙〉，亦然的〈昏庸鏡〉，業的〈孽〉，懺痴的〈美人局〉、〈情天石〉和〈孽緣公案〉，耀的〈好姻緣〉和〈猛回頭〉，伯耀的〈煙海回瀾〉、〈雙美緣〉、〈俠女奇男〉、〈宦海惡濤〉和〈惡因果〉，覈的〈大覺悟〉、〈新年說〉、〈無名之富翁〉和〈沈醉生〉，耀公的〈長恨天〉和〈兗仇報〉，鑿的〈孽因孽果〉、〈快夢〉和〈花月痕〉，亂劈的〈現形記〉，敕的〈煙偵探〉，細的〈朱顯傳〉，伯的〈片帆影〉，不具著者的〈懲忿鏡〉、〈花牡丹〉、〈小復仇〉、〈煙生〉、〈黃善人

●《繪圖中外小說林》所
刊載的「喙畫」（政治漫
畫）（來源：《繪圖中外小說
林》，1908 年第 11 期）

太歲〉和〈飛俠〉。

　　〈翻譯長篇小說〉包括有瑪利士雀廬的〈美人計〉，計伯的〈竝
蒂蓮〉，（英）雅紀祈連的〈梨花影〉，（英）楷褒扶備的〈難中緣〉、
（英）斐加士雄的〈毒刀案〉，（美）連著貽的〈狡女謀〉，（英）希
路的〈匣裏亡屍記〉，以及未署有原著者的〈加道會〉和〈狡騙〉。
譯者群包括有樹珊、張公勇、亞洲大璞氏、公勇太郎、水共六郎、
厲劍四郎、亞猛、勇夫、俊叔等人。以上的譯者大多是口譯外國小
說，再請其他文人加以文字上的潤飾，這些潤飾者包括拾言、亞
斧、公裕、老裕、老奕、愚公等。

　　〈粵方言各種通俗文體〉的部份包括〈白話〉、〈班本〉、〈粵謳〉、
〈南音〉、〈雜俎〉、〈談風〉、〈諧文〉、〈木魚〉、〈龍舟歌〉等專欄，
以大眾日常通用的粵方言，及不同種類的通俗文體來表達作者的思
想和感情，便於與讀者溝通，進而可以向中下階層宣傳革命思想。

　　該刊於 1908 年第 17 期易名為《繪圖中外小說林》後，以後每
期黃世仲的〈黃粱夢〉和〈宦海潮〉都加有插圖，另於篇首增刊時
諧漫畫和名人勝蹟等圖像，封面亦有配以香港的照片，如香港上海
銀行外景、香港皇家公園內景、香港大花園門口等，可惜照片太細
小，且景象效果質素甚差。

雖然該刊內容有關香港的不多，但對於國內官吏順道來港的情況和港人在美國受到的對待，在黃世仲的〈宦海潮〉第 18 回亦有以下的敘述：

> ……話說〔御史〕蔣任盆……展輪赴港，及到香港，自然又有一番應酬，先拜會過香港各官，旋即回寓。適因那時美人倡禁華工，凡除了真正大商外，一切操工的人，都不准登岸，有時硬指商家為工人，又設立稅關，凡登岸的，縱然合例，亦諸多盤問，稍有對答不清，即發原船載返。又設一名驗眼醫生，縱無違例，又問話對答清楚，動不動見眼色稍紅，就謂他已有眼疾，也不准登岸。其有時要到裁判署審訊者，又不准旁人觀看，他審訊時，無論問官通事，只操他國言語，幾哩咕魯問幾句，就稱他不合例，要發回中國。更設立木屋，像黑暗地獄，一般凡有發回未有輪船開行，或係待訊的未到審期，把來囚在木屋裏，更有不幸的，因船上有人或死或病，到埠時，凡各搭客及行李，倒要用硫磺薰過，種種苛例，不一而足。因此那時香港華商有許多做金山生理〔意〕的，都以如此苛例，實於商家不便，也聯同來見蔣任盆，求他到美國後，替華人爭回權利，請美國撤回苛例這等意思，蔣任盆明知此事最難辦到的，但不好卻商人之請，即權且應允了。各華商去後，又到港督前來拜會，連日紛紛周旋，真是應接不暇，次日即拜會港督辭行。是時廣東官吏適派兵船海東雄號，到來護送。計是日送行的，港督瑪士，親自來送，并派兵總相護，其餘華商，也另僱小輪送行……

《新小說叢》

阿英所提的第二種香港文藝期刊《新小說叢》，是由新小說叢社編輯及發行，該社「以和平為旨趣，開通為機關」，由區鳳墀、李維

◉《新小說叢》（香港大學孔安道紀念圖書館藏）

槙、尹文楷、林紫虬、黃恩煦等人所組織，林紫虬主編。根據阿英所記有關該刊的出版：

> 光緒三十三年（1907）12 月始刊，月一冊，所得只首三期。
> 刱刊號並有林文驄祝詞、黃恩煦敘，和 LSL 英文敘。三文內容，不
> 外闡明「小說之作，體兼雅俗，義統正變，意存規戒，筆有褒貶，
> 所以變國俗、開民智，莫善於此。」蓋有激於晚清內政之腐，外交
> 之失而有言也。

阿英所記的「月一冊」與該刊的刊期不甚相符，按筆者所見的第 2 期，是戊申年（1908）元月出版，第 3 期是同年 5 月出版，第 2 和第 3 期的出版相距有 4 個月的時間。香港的圖書館缺藏創刊號，但林文驄的祝詞已轉載在阿英的《晚清文學叢鈔・小說戲曲研究卷》一書內，洋洋二千餘言。

筆者所經眼的《新小說叢》，有第 2 和第 3 期。香港中文大學圖書館藏有這兩期，香港大學孔安道紀念圖書館就只藏有第 3 期，這一期原屬吳灞陵舊藏。每期頁數約 180 頁，每冊定價 3 角半。

根據這種期刊的第 2 及第 3 期的內容看，刊載的小說多從歐西的作品迻譯而成。翻譯的長篇連載有（英）彌士畢著、王星如譯、

李英圃潤的怪異小說〈奇緣〉;(英)屈敦著、郭若衡和李子鳴合譯的艷情偵探小說〈奇藍珠〉;(法)朱保高比著、李心靈和林紫虹合譯的俠情小說〈八孃秘錄〉;樞垣述意、稽叟(區鳳墀)演詞的英國婦孺小說〈亡羊歸牧〉;(英)亞利美都女士著、夏子謙和黃玉垣合譯的驚奇小說〈血刀緣〉;(法)賈寶老著、晴嵐山人譯的偵探小說〈情天孽障〉和文楷譯的家庭小說〈破堡怪〉。除〈奇緣〉外,其他都未刊完。

翻譯的短篇小說有:樹珊譯、青井潤的軍情小說〈女奸細〉;星如譯的〈噩夢〉、奇情小說〈波蘭公主〉和〈竊書〉;文楷譯的科學小說〈盜屍〉和〈補情天〉,以及樹珊譯的〈一羽媒〉。

其他翻譯的作品有樹珊的〈廣聞略譯〉,在第 3 期刊載 40 則,專記各地風土人情,或異聞鄙事。

至於創作小說,就只得星洲寓公邱菽園的歷史小說〈兩歲星〉,這篇連載記述乾隆帝與安南王阮惠事,第 3 期在篇末附寶硯齋主短評。

此外,〈雜著〉一欄有稽叟的〈答隨駐德國潘儀甫參使辦理教案書〉和〈論教案書〉;〈諧文〉一欄有黼乾的〈擬徵兵條陳〉;〈叢錄〉一欄除〈廣聞略譯〉外,另有紅豆詞人的〈詞苑〉和〈新詩聯句〉。其中星如輯的〈歐美小說家傳略〉敘述美國歐文和英國福爾摩斯偵探案作者韓能代;邱菽園的〈新小說品〉和〈客雲廬小說話〉評述古今小說的劄記,後來阿英將這兩期文章加上輯自〈菽園贅談〉、〈五百洞天揮麈〉和〈揮麈拾遺〉的小說評述,合而成〈客雲廬小說話〉五卷,刊載於《晚清文學叢鈔‧小說戲曲研究卷》。

阿英對《新小說叢》的價值有以下的評論:

> 此誌之可珍,在於說明當時香港已有文藝刊物,其足見當時文藝界之傾向,成就則殊難言也。

◉《妙諦小說》（香港大學孔安道紀
念圖書館藏）

《妙諦小說》

　　《妙諦小說》月刊第 4 期，零售價 1 角 5 仙，總代理廣州《人聲報》，香港代理是《共和報》。刊內無出版地址及日期，但全部廣告客戶都是在香港，而且投稿地址是交《共和報》轉，所以該刊亦包括在戰前香港文藝期刊的範圍內。香港的《共和報》是在 1911 至 1922 年間出版，該刊出版最遲應在 1922 年。

　　《妙諦小說》這一期共 120 頁，內容分為〈長篇小說〉、〈短篇小說〉、〈國技叢談〉、〈筆記〉和〈劇聲〉等數大類。〈歡迎投稿〉啟事表示第 4 期因擴充內容，增闢〈劇聲〉和〈花事〉兩大類：〈劇聲〉內容包括劇評、班本、傳奇、女伶歷史、伶人秘史等；〈花事〉則包括花評、妓女歷史和妓界見聞。但現存第 4 期未見有〈花事〉這一類刊載。

　　〈長篇小說〉包括健柏的哀情小說〈儂命薄〉、蘆溪漁的紀實小說〈孤女淚〉、定夷的節烈小說〈吳烈婦傳概〉、滑稽小說〈呆兒遊滬記〉。除了〈吳烈婦傳概〉講述有關婦人守節的故事外，其他的都是說勾欄、述娼們的小說，其中〈孤女淚〉講述辛亥革命以後，國內紛亂，一女子從廣州來港當娼的經過。

　　〈短篇小說〉一類包括漁者的醒世小說〈陳璞〉、幻僧的〈吳子

丹〉和〈筠菁〉，偵探小說有佩的〈易子慘報〉和〈黑店謀殺案〉。

〈國技叢談〉一類講述武林人物，有〈譚宗烈〉、〈唐士良〉、〈嚴阿虎〉、〈谷慧姑〉、〈金佩蘭〉和〈方翁〉等篇。

〈筆記〉一類包括〈庸醫〉、〈醴泉〉、〈賭運〉和〈陳壽〉等數則。

〈劇聲〉一類有劇董狐的女伶秘史〈關影憐〉，附該女伶全身照片一幀，澧銘的伶人秘史〈何五姑〉、漢一的〈蛇仔秋〉和〈評花仔言〉、君召的〈評架子任〉、偉雄的〈評鬼馬三〉和忠值的〈評黃小鳳〉。

其他〈補白〉有鶴鳴的〈臭蟲驅除法〉；〈新修養〉集中外格言三則。

至於該刊所列的香港代售處，可以知道當時書局的集中地在威靈頓街和文武廟附近，計有聚珍書樓、益林書莊、從新書局、錦福書局、商務書局、時務書局、時文閣書局、文英書局、五桂堂書局、瑞芳書局、奇芳書局和全新書局等。該刊在美國、澳洲、夏威夷等亦有代售處。

《雙聲》

《雙聲》第 1 集在 1921 年 10 月出版，原定一年出版 6 期，即每兩個月出版 1 次，但第 2 集在 1922 年 1 月才出版，相隔了三個月。第 3 集在同年 5 月出版，和第 2 集出版時間相隔了四個月。第 4 集更在 1923 年 5 月才出版，和第 3 集出版時間相距更達一年的時間。

《雙聲》的發行和印刷都是由大光報社辦理，《大光報》在這時期的出版事業上作了很大的貢獻。該報是孫中山於 1911 年倡導，由區鳳墀、尹文楷、張祝齡、王國璇、馬永燦、麥梅生等贊襄，是中國有史以來第一張基督教的機關報。1911 年 4 月 12 日首次集議，從事組織，招股投資，並以 3 萬元為目標，除了本港信徒認股外，又於 7 月 17 日，由麥梅生親入內地，廣招股份。該報在 1913 年 2 月 8 日創刊，社址設在中環善慶街 3-5 號，歷任主筆的有梁集生、洪孝

◉《雙聲》（香港大學孔安道紀念圖書館藏）

充、廖卓菴、張文開等人，至 1918 年，黃冷觀為主編，得黃燕清、吳瀰陵和李秋萍等幫助編輯事務。後來，各人因該報擴大宣傳基督教教義，於 1929 年 11 月在報上登啟事辭職。嗣後該報改組多次，1940 年宣告停刊。1953 年 4 月，又有《大光報》出版，名稱雖同，但已是面目全非了。

　　除了出版《大光報》外，該報社在 1929 年還出版了《民聲報》晚刊，小報《大快活》；期刊有《滿月》和《雙聲》等；單行本有黃冷觀的《香港兩大慘案》、黃天石的《紅心集》、黃湛盧的《畫樓燈影錄》；翻譯小說有何德榮和黃大可譯的《萱風蓮淚》、胡南冥和馬冀北譯的《篤那蓮傳》，以及閒雲譯的《康姆林奇案》，以上所舉只是《大光報》出版的一部份，可見當時該報在出版界的活躍。

　　《雙聲》的編輯工作是分由黃冷觀和黃天石兩人擔任。

　　黃冷觀（1887-1938）諱顯成，字君達，別字仲弢，號冷觀，亦號崑崙。中山長洲人，是廣東大儒岷香的兒子，黃岷香晚年掌教廣雅書院。黃冷觀 17 歲時，補博士弟子員，18 歲就讀師範。清末光緒宣統年間，黃氏以鼓吹革命為己任，與李憐庵和鄭岸父等創立《香山旬報》和《香山週刊》，激勵民族思想。民國建立，黨中文人多有晉身仕途，但黃氏淡泊名利，未有置身其中，僅領虛銜，後來袁世凱企圖恢復帝制，黃氏當時主持《香山旬報》，發揮讜論，聲罪致

◉ 黃天石（香港大學孔安道　　　　◉《雙聲》編輯之一黃冷觀
紀念圖書館藏）　　　　　　　　（香港大學孔安道紀念圖書
館藏）

討，為粵督龍濟光所忌，下令封禁，該報乃改為《岐江日報》。但攻
擊帝制，比前更烈，卒遭監禁，在獄兩年，僅免不死。後來，袁世
凱下台，黃氏獲釋來港，初任職黨報，不久回粵主持《民華報》，但
又重返香港，主持《大光報》。他的著作經常刊載在《華字日報》、
《循環日報》、《中華民報》、《中和日報》和《超然報》等報。撰述
小說，不下三百：其中寫遊俠的佔十分之四，著名的有〈大俠青芙
蓉〉、〈滄溟俠影〉、〈里巷偉人傳〉等；言情的佔十分之二，有〈青
萍芟恨記〉、〈桃花山莊〉、〈鴛鴦槍〉、〈情坎記〉、〈幽蘭懷馨記〉、
〈今婦人傳〉等，哀感頑艷，情文兼至；此外，就是社會小說和閭里
軼聞，如〈劍庵稗賸〉、〈檮杌新史〉、〈畸人獨行傳〉、〈人禽之判〉
等。「九一八」以後，黃氏文風大變，壯懷激烈，同仇愛國，有〈野
火〉、〈狼烟鵑淚〉、〈黃海之血〉、〈白狼河北〉、〈紅樓紫塞記〉等。
黃氏所寫小說，多用文言，但亦有撰寫新體白話小說，計有〈太平
山之秋〉、〈牧人與犬〉等數十種。

黃氏除小說外，對於政治、經濟、哲學、社會學及國際問題，
都有研究，在《循環日報》、《華字日報》和《超然報》等報所撰的

社論，特具卓識，曾著有《近代思潮批判》一書，共十餘萬言。

黃氏又積極提倡教育，主理《香山旬報》時，曾兼任中山煙洲小學校校長，又設工藝傳習所。1926 年春天，在香港創辦中華中學，當時適值省港大罷工，港人很多都離開香港，學生人數不及 30 名，經過慘淡經營，未及三年，學生已超過 100 的數目，到黃氏 1938 年逝世的一年，學生已有 400 名了。

黃天石（1898-1983）筆名傑克，原籍安徽，其祖及父，宦遊江西及廣東，落籍廣東，年 18，即在報館撰稿，當時廣州報業流行駢四儷六文體，黃氏曾代徐枕亞在廣州的報紙撰寫小說。後來黃氏由廣州到香港，在《大光報》任職，亦有為《華字日報》和《循環日報》撰稿。1921 年，唐繼堯以雲南政變，經香港到廣州與孫中山合作。1922 年，中山先生倡議北伐桂林，唐氏亦到柳州，率龍雲、胡若愚、張汝驥、李選廷等四軍回滇，黃氏先任唐氏顧問，後以唐氏倡聯省自治，因任周鍾嶽為聯省自治籌備處處長，黃氏副之。後請求唐氏保送到日本留學，不料 1927 年雲南又政變，唐氏病逝，黃氏又回香港。不久，應邀至吉隆坡及怡保辦報，因為事業不如意，重回香港，與關楚璞等創辦中國新聞學社。抗戰時，黃氏曾在桂林停留，戰後回港轉寫小說，1950 年前後那時期，他的小說風行一時，其中著名的有《名女人別傳》、《紅衣女》、《桃花雲》、《改造太太》、《合歡草》、《一片飛花》等，其中《改造太太》一書亦曾出版日文譯本。黃天石以傑克的筆名寫作小說著名，其實他的詩、詞、散文和政論，亦有相當造詣。

此外，他對於國際筆會香港中國筆會的創立和推動，都盡了他的心力，筆會在 1956 年成立，黃氏連任多屆會長，直至 1966 年，長凡 10 年。亦曾辦過《文學世界》，出版至四十多期才停刊，其中幾期中國傳統文學專號，如唐詩、宋詞、元曲和戲劇，曾在香港我國古典文學研究方面放一異彩。他在這幾十年間，對於策進香港文藝和提掖文藝青年，都有很大的貢獻。1965 年以後，黃氏退隱於新界

元朗。1982 年年底,因不慎跌傷,傷勢惡化,於 1983 年 2 月逝世。

《雙聲》零售每期 5 毫,但若是訂閱《大光報》全年日報一份的讀者,購買《雙聲》便可以半價優待。每期的《雙聲》大約有 180 頁,封面是石印的七彩仕女圖,由署名「公欲」的繪畫。

每期《雙聲》都有圖片刊載:個人照片包括女書畫家馮文鳳、蕭嫻、李德馨、李順馨、羅韞華、唐汝儀和唐少儀,女飛行家朱慕菲,和朱卓文的兒子朱騰雲,另外附載有馮文鳳、李順馨、李德馨和張祝齡女公子的作品;合照有〈廣東軍人慰勞會全體攝影〉(包括宋慶齡在內)、〈孫中山先生在香港大學演講攝影〉和〈香港女子書畫學校員生在名園攝影〉等;時事風景照片包括古循州風景五幀,〈西湖蘇公妾王氏朝雲墓〉、〈廣州市第一公園開幕〉和〈珠江一葉(陳總司令援桂班師乘此抵岸)〉。此外,有何森君贈的馬榮和何桂英的合照,何煥嬋個人照片,美國詩家谷風景照,以及題名為〈微笑〉和〈沈思〉的兩張仕女圖。

內文方面以小說創作為主,除了吳雙熱的〈戀大女婿趣史〉是兩期完的長篇小說外,其餘都是短篇小說,包括周瘦鵑的〈緣〉,黃崑崙的〈毛羽〉和〈門第〉,黃天石的〈碎蕊〉、〈誰之妻〉和〈燕子歸時〉,徐枕亞的〈懺悔〉、〈百媚娘〉和〈車笠遺風〉,許指嚴的〈大寶法王〉,徐天嘯的〈錯了念頭〉、〈廢物利用〉和〈誤〉,陳雁聲的〈一段愛情的迴憶〉、〈忍辱圖存〉和〈燕歸來〉,許厪父的〈貞節之累〉、〈孝女復仇記〉和〈玉合〉,俞天憤的〈水底冤魂〉、〈黃金慘果〉和〈燈下〉,陳小鳴的〈環境壓迫底下一個女子〉和〈醉後〉,吳綺緣的〈情聖〉,湛盧的〈溫馨之新年〉,惜珠生的〈一個孩童的新年〉,俞華山的〈章曼青〉和〈玉雙遺恨記〉,徐卓呆的〈無限迴旋機〉,李涵秋的〈路不拾遺〉,吳雙熱的〈情急了〉,黃栩然的〈微雲〉,嚴芙孫的〈紅屋〉,王理堂的〈小老婆〉和〈自由談〉,天夢生的〈樂歲聲〉,寂寞黃二的〈雙死〉,鄭天健的〈誤汝是秋波〉,嗜辣的〈絕處逢生〉,何亞蓀(雅選)的〈浪子鏡〉,以及西浪的〈兵

威壓迫下的華僑〉。

上面所列出的作者，有上海紅小說家如徐枕亞、周瘦鵑、徐天嘯、吳雙熱和許厪父等，可以知道《雙聲》和他們有很密切的關係。《雙聲》的小說內容亦大多是鴛鴦蝴蝶派的作風，敘述男女私情、婚姻的不自由、男女平權、娼門韻事、軍閥禍民，其中徐卓呆的〈無限迴旋機〉意念頗新，敘述發明一種機器，不用煤、風力或水力都可以永遠產生動力。至於小說內容有關香港的有〈誰之妻〉、〈溫馨之新年〉、〈玉雙遺恨記〉、〈雙死〉、〈誤汝是秋波〉和〈絕處逢生〉。從這些小說亦可見當時香港的社會風俗。

至於翻譯作品，（法）莫伯三的作品有袁震瀛譯述的〈雞既鳴矣〉和李華公（按：原書內文著者登為李華若）的〈夢盡時〉，（英）斐洛斯的作品有許厪父譯的〈傑克復仇記〉，劇本則有易卜生著、袁震瀛譯的〈戀愛喜劇〉。

〈補白〉一欄有徐枕亞的〈枕霞閣隨筆〉，黃天石的〈惜珠室吟草〉、〈惜珠室詞鈔〉、〈惜珠室偶拾〉和涵秋的〈沁香閣筆記〉，黃栩然的〈憶葵庵雜記〉和〈天夢樓隨筆〉，及鄭天健的〈勁草室吟草〉，亦有溫健剛、黃崑畬和夢珠女士等人的詩作。此外，間中亦有介紹女美術家和笑話等。

《文學研究錄》

《文學研究錄》是由羅五洲編輯。羅五洲，南海西樵人，在郵局任職，有志提倡文學。在該刊第 8 期內的一篇序文中，有提及他勉力提倡文學的目的：

> ……五洲無似。自前年以來。斤斤以提倡文學為事。不知者或以五洲見白話橫行。毀文者風靡。特痛文學之將亡。而欲以此振之也。實則五洲之所痛者。豈此也哉。蓋實痛文亡而千古聖賢英哲

所以修齊治平之道將與之俱亡也。彼世之毀文者。豈真有恨于文而必欲毀之。特欲毀其道。不得不毀其文也。諸君子試環目觀之今日之世。尚有道存乎。自晚清以來。三綱淪而大法斁。五倫滅而八德亡。蓋久不知道為何物矣。惟彼時雖不知所謂道。而賴此文猶知尊重。猶有少數之保存者。此道終不能盡絕于人心。今則必欲此道盡絕于人心。遂不得不將所寓之文。一掃而括絕。久之。文既絕于人之目。道自絕于人之心。而彼輩乃得大暢其離經判〔叛〕道之邪說矣。甚矣。其計之毒也。故五洲于此。竊不禁有因文衛道之意焉。此則區區提倡文學之本旨也。

羅五洲於是在 1921 年春天，創立中國文學研究社，函授經學、史學、國史概要、西洋史概要、子學、文學、文法、作文法、小學、駢文、詩學、詞學、尺牘、新聞學、小說、作小說法、修身等科，得朱祖謀（朱古薇）、王聘三及王秉恩審定該社講義，又請得天虛我生、王鈍根、王蘊章、左學昌、李涵秋、伍權公、宋文蔚、何恭第、周瘦鵑、姚鵷雛、胡寄塵、胡樸庵、孫益安、徐子莊、徐枕亞、許指嚴、程瞻廬、鄧硾援、嚴獨鶴、譚荔垣及羅功武等為該社撰寫及改卷。學員除省港兩地外，亦遍佈國內省外及東南亞各地。

中國文學研究社最初計劃出版《文華月刊》，該刊的出版，「含

有教授性質」，又附載講義，以作學員學習之用，但因出版有困難，打算刊載在該刊的講義一類，則另印單行本，而其他各種著作，都移入在《文學研究錄》內出版。

《文學研究錄》最初的 3 期，都是散張出版。從第 4 期起，改為單本出版。單本易於保存，所以前 3 期的部份著作，亦有重刊在第 5 期以後的各期內。現存的第 4-8 期，都是在 1922 年出版，分別在 1、2、3、閏 5 及 7 月出版。現存第 4-8 期，每期頁數約 70 至 110 頁。

《文學研究錄》是專為學員出版，不另收費，其他非社員每期收 2 角，全年 12 期收 2 元。又每期印有贈書券，儲有該券 12 張不同號碼的，即獲贈該社出版小說一冊。

《文學研究錄》前面的部份刊載序、題詞和祝辭：寫序的有王秉恩、黃炎培、程息廬、王聘三、羅五洲、華民政務司羅士和漢文視學官嘉華利；題詞的有蔡卓勳和朱祖謀；撰寫祝辭的有曾文英、方淑賢、譚愁生和《汾江粹報》全人等。

該刊原是為學員而出版的，故此刊內部份欄目都是和該社學員有關，如〈本社通告〉、〈社員課藝〉、〈社簡代郵〉和〈本社消息〉等，但從第 5 期起，因該刊材料太多，以致頁數過厚，故將〈社簡代郵〉和〈本社消息〉兩欄另行抽印，只派給該社社員。其他如〈本社通告〉一欄報告該社社務，〈社員課藝〉刊登社員習作，這些習作包括序、題辭、論文、賦、詩和詞等文體。學員如瑞芳女士、張經錦、蔡少銘、張刷五、余永業、林鶴齡、鍾達恭、李少嶽、陳博文等都有課藝刊載，改卷的導師有徐子莊、左學昌、羅功武、胡懷琛、胡寄塵和羅五洲等。

該刊介紹文化思潮的有〈輿論一斑〉和〈本社社論〉兩欄，文章包括章行嚴的〈新思潮與調和〉和宋文蔚的〈中國之文化〉，其中章行嚴一文對白話文和文言文有如下看法：

　　……今所謂新之最顯著者。莫若新文學。夷考其實。不過欲

以白話為一切文而已。夫白話非新也。小說戲曲之為白話尚矣。明心見性之作。有宋人語錄在。杜工部之有吏夜捉人。捲我屋上三重茅。又向人家啄大屋等句。非白話詩耶。今不過欲以白話之範圍。擴而充之。使無往而不宜耳。究竟應否擴而充之。使無往而非白話。尚為學術上研究之一問題。不可一概而論。夫近來通俗之文言。與新文學家所標榜之白話。特一間耳。未必通俗文言難作。而白話易作。前者難解。後者易解也。曾見某白話文雜誌說明白話文之價值。有曰「文學之對於人生。與食物同。食物的良否。視消化的難易。與滋養料的多少而定。文言的文。與白話的文。滋養的多少。皆非一定。文言的文。滋養有多的。亦有少的。白話的文亦然。」文中共用十的字。試去此十字而讀之。文理曉暢。決不難解。作者亦決不至因無「的」字奔赴腕底。構思特艱。而含有的字者。謂之白話文。為有價值。無的字者為文言。無甚價值。然則以本文而論。白話與文言文之分。新文學與舊文學之分。亦多用的字與否之分耳。僅如是也而謂之新。謂之新文學。難乎間執言舊學者之口矣。

〈文藝指南〉一欄刊載中國文學和書畫的論著，包括林琴南的〈論文〉、蔣箸超的〈論書〉、吳歷的〈畫話〉、吳東園的〈駢文學〉和拜經樓選輯的〈詩法津梁〉。

〈藝苑叢談〉一欄刊載有關中西文學論著，有周瘦鵑的〈小說雜談〉和〈藝文談屑〉，蔣箸超的〈蔽廬隨筆〉，道安居士的〈然脂新話〉，天虛我生的〈紅樓夢竹枝詞〉和羅功武的〈蟄廬讀書日記〉。

〈稗官野史〉一欄刊載小說作品，這一欄的篇幅逐期擴充，由第4期的8頁擴至第8期的56頁。作品包括薛季后的紀念小說〈文學研究錄〉和寫景小說〈雨乍晴〉，許瘦蝶的哀情小說〈華鬘劫〉，林琴南的清代軼聞〈異僧還貞記〉和〈李春雯遺事〉，周瘦鵑的短篇小說〈X光〉，朱是龍的貞烈小說〈苦肉計〉，李涵秋的奇情小說〈海天艷侶〉，李東埜的哀情小說〈畫中人〉，丁義明的教育小說〈讀書

樂〉，王鈍根的短篇小說〈予之鬼友〉和胡懷琛的哲理小說〈黃金〉。此外，亦有翻譯西方小說作品，有周瘦鵑譯《大陸報》的〈戰士慘史〉，（法）賈寶路著、晴嵐山人譯的驚奇小說〈毒人計〉，以及晴嵐山人譯、獨立山人編的偵探小說〈美人髮〉。

〈名著藝林〉一欄分為兩個部份：〈名著〉這個部份刊載都是一般文史論著，包括章太炎的〈文學論略〉，陳衍的〈書沈甥墨藻詩卷耑〉，馬伯通的〈讀九歌書後〉，羅功武的〈蒼梧伍紉秋先生遺詩集序〉和〈贈羅五洲序〉，蔣箸超的〈湖上騎驢圖跋〉和〈唐文粹書後〉，蔣昂孫的〈新年與友人書〉和〈謝蓀階師惠摺扇汴紗啟〉，林琴南的〈六朝文論略〉，陳石遺的〈文莫室詩續集敘〉，張季直的〈紀夢詩序〉，呂碧城的〈答鐵禪〉，黃摩西的〈蠻語撦殘自序〉，唐文治的〈清代外交大爭記序〉，許指嚴的〈謝清史館館長徵聘啟〉和胡懷琛的〈與朱味城論文書〉；〈藝林〉這一部份刊載詩詞的作品，作者包括徐枕亞、林琴南、羅功武、鈍錐、周拜花、鶼影樓主、張季直、胡懷琛、許瘦蝶、蔣箸超、吳芝瑛、蔣昂孫、高吹萬、左學昌、陳石遺、姚鵷雛、王蓴農、胡樸庵、潘蘭史、吳東園、何海鳴、樊樊山、天虛我生、春影詞人、朱祖謀、馮夢華、王蘊章和陳蝶仙等。此外，第 6 期起有刊載劉伯端的〈心影詞〉。

雜文的一類刊載〈作金石聲〉和〈落花飛絮〉這兩欄，〈作金石聲〉由吳靈園撰寫，而〈落花飛絮〉包括張友鸞的〈梅簃雜話〉和吳靈園的〈隨感錄〉。

此外，另有楊隸棠編的〈古今名人論文書牘〉和李定夷的〈謀生法〉。

《文學研究社社刊》

中國文學研究社在 1922 年底，又出版了《文學研究社社刊》，

該刊部份欄目和《文學研究錄》的部份欄目相同，因此，相信該刊是繼《文學研究錄》而出版。

該刊現存第 5 號及第 7 號兩期，分別在癸亥年（1923）3 月和 5 月出版，由《大光報》印刷所印刷，零售 1 角。

名小說家兼該社撰述李涵秋剛於這個時候逝世，故在第 7 號有〈特別記載〉一欄紀念他，包括李涵秋遺墨兩函，嚴獨鶴的〈弔李涵秋先生〉、〈涵秋先生死耗徵實〉，范煙橋的〈嗚呼李涵秋先生〉，煦生的〈弔李涵秋〉，該社的〈祭李涵秋先生文〉，胡寄塵、王西神、汪漢溪和羅五洲等的輓聯，及李鏡安的〈先兄涵秋事略〉。

〈文藝指南〉一欄刊載易實甫的〈論詞〉；楊棣棠的〈古今名人論文書牘〉選載魏晉南北朝名家的書札；〈答問彙編〉是國學常識問答。

羅五洲纂的〈學員課藝〉，文體包括論文、序、書札、詩、詞及小說等類，有容惠鎣、馬懋唐、何福鑾、李明汎、李林泉、羅沛霖、馬英、呂君粹、黃積謙、潘偉民、李柱影、張守祿、李少岳、黃槐卿、黃榮建、林家旼和溫景淇等學員的習作，這些課藝有眉批和總評，並給予分數。

〈來鴻去雁〉一欄是各地師生的來信刊載，〈本社消息〉是社務報告。此外，〈補白〉有江山淵的〈省諐齋文話〉、周瘦鵑的〈藝文談屑〉、蔣箸超的〈蔽廬隨筆〉和靜清的〈課餘談屑〉。

《小說星期刊》

《小說星期刊》（*The Novel Weekly*）第 1 期在 1924 年 9 月 27 日出版。第 16 期在 1925 年 1 月 10 日出版後，期數的計算從第 2 年第 1 期起再繼續。現存最後的一期是第 2 年第 9 期，全部期數共 25 期，屬吳灞陵舊藏，吳氏將這 25 期分為 3 冊精裝，釘裝時不留封面及封底。最初 16 期的出版日期可在〈西文研究所〉的一欄找到，但第 2

◉《文學研究社社刊》（香港
大學孔安道紀念圖書館藏）

◉《小說星期刊》（香港大學孔
安道紀念圖書館藏）

年起，〈西文研究所〉的一欄取消，而這一年各期的內文又未提到出版日期，所以該刊最後一期的出版日期，便不能確定了。

《小說星期刊》每冊定價 3 毫，讀者直接向世界編譯廣告公司訂閱的費用每年 6 元，每月 6 毫。凡積到不同期數的贈書券 20 張的，就獲贈書《中西剳記》一冊，30 張的就獲贈《胭脂紅淚》一書。該刊每期出版 5,000 餘冊。

《小說星期刊》是香港世界編譯廣告公司出版，總編輯是黃守一，他兼任該社的督印人和司理。黃氏本在致和行任職，但從第 7 期起，因為整頓和發展公司起見，特辭去致和行職務，專責處理公司業務。至 1925 年年初，該公司大加刷新，擬定增加門類，添聘撰述，擴張篇幅，改良印刷和優待廣告等措施，又籌備成立一間印務工場來印刷該刊，避免出版有脫期。黃氏在該行的第 2 年第 6 期，報告該刊的印務場，行將落成，但該刊出版第 2 年第 9 期後，似乎便沒有繼續出版。

該刊的主任是羅澧銘，原籍廣東東莞，筆名蘿月、憶釵生和三羅後人等。14 歲時，跟何恭第學習舊文學，繼升學聖士提反中學。

◉ 黃守一、羅澧銘（香港大學孔安道紀念圖書館藏）

羅氏的父親希望他入香港大學讀醫科，但他性近文科，學醫或習文對羅氏本人或家庭都有衝突，故此，最後在 1923 年入商界，但仍不忘寫作。1922 年，羅氏 19 歲時，已出版一部以駢四儷六寫成的小說《胭脂紅淚》，風行一時，羅氏其他的作品，經常在省港的報紙和期刊上刊登。他對於戲曲很有研究，曾以禮記的筆名出版了一本《顧曲談》。又以塘西舊侶的筆名，在《星島晚報》發表了〈塘西花月痕〉的專欄，首尾共 1,200 餘續，詳盡地敘述石塘咀的娼門往事，是研究香港娼妓史的一手資料，其後出版了單行本，全書共 4 冊。

《小說星期刊》的校訂者是何筱仙，何氏襄助黃守一的編輯工作。此外，俞競明在該刊後期似有加入編輯工作。撰述員分為名譽和特聘兩種：名譽撰述員有何恭第、潘蕙籌、羅五洲、勞緯孟、謝章玉、何雅選、羅功武、黃天石、宋幹周、黃崑崙、鄭天健和黃燕清等；特聘撰述員包括王商一、吳瀟陵、招寶鏗、衛深愚、何筱仙、陳少林、周滌塵、陳硯池、梁竹君、孫受匡、吳伯籌、黎民濟、黃長庚、葉幻如、梁次芬、余曼郎、區擷紅和周嘯虬等。

有關《小說星期刊》刊行的旨趣，在黃守一的《我對於本刊之願望》一文有提及：

> ……夫報紙之為用。。將以淪民智。。陶民情。。而納斯民於軌物。。故登載事實。。如史官之記錄。。勝求確能臧否人物。。如老吏之斷獄。。務求持平以衡良歹。。即小說閒談。。雖屬詼諧。。無關宏

旨。。然鑒物寓意。。猶存風雅之懷。。方於閱者有所裨補。。然必學識兼備。。而又志行純潔者。。始能為也。。守一非學識兼備與志行純潔之人也。。但殷鑒前途。。因與羅澧銘君等。。有世界編譯廣告公司之創設。。小說星期刊之出版。。文字則撰自名人。。紀聞則撮登重要。。廣告術之研究有素。。出版界之空前特色。。範圍雖視他報有廣狹之殊。。幸無黨派氣味。。又非私人機關。。與馳騖勢利者。。不啻相隔天壤。。求其可以淪民智。。陶民情。。納斯民於軌物。。廣招徠於商場已也。。將來一紙風行。。固願有裨當世。。豈猶守一個人之樂云乎哉。。（第 1 期）

《小說星期刊》雖然以「小說」二字為刊名，但該刊內容十分廣泛，大約同當時報紙的「諧部」相近。除圖片外，該刊的內容分為〈論壇〉、〈說薈〉、〈翰墨筵〉、〈彤管集〉、〈劇趣〉、〈叢談〉、〈諧林〉、〈閱者俱樂部〉、〈世界大事記〉、〈通訊〉和〈西文研究所〉等欄。

圖片包括名伶薛覺先、陳非儂、朱普泉和胡小寶的個人照片，以及黃種美、白玉堂和肖麗章合演之快活將軍的合照。其他有陶淑女學校員生的團體照，該刊職員的個人照片和該刊兩位撰述員吳灞陵與何筱仙的合照。此外，亦有國外和國內的名勝古蹟的照片，當時廣州西關大火時的照片亦有兩張，但大部份照片的效果欠佳。

〈論壇〉一欄放在每期最前面的位置，1924 年所刊登的文章除了羅澧銘的〈新舊文學之研究和批評〉一文外，其他各篇都和文學無

◉ 刊內附有名伶薛
覺先及陳非儂照片
（香港大學孔安道紀
念圖書館藏）

關的。但從第 2 年第 1 期開始，每一期都有文章和文學有關，包括
何笙原著、何惠貽錄刊的〈四六駢文之概要〉，許夢留的〈新詩的
地位〉，以及灞陵的〈談偵探小說〉和〈小說雜談〉。從上面其中的
論著，可以大概知道當時香港的著者對新舊文學的看法。何惠貽在
〈四六駢文之概要〉一文擁護舊學，非難新文學的破壞國粹：

> ……乃世之學者。。罔加研究。。徒學時髦。。好高務〔騖〕
> 遠。。競倡新學。。再謂我國文字。。沓雜瑣屑。。食古不變。。由是作
> 出種種無價值、無智識、怪誕陸離、不可思議之新文學、新名詞。。
> 務欲與歐西並美。。推倒舊文詞。。駸駸乎。。駕乎歐西之上。。於是
> 一般根底淺薄之學者。。莫不鼓而和之。。指其旨、正所謂無非喜新
> 厭故。。畏難退避。。實無偉大議論。。立說著書資格。。且遜西哲名
> 士。。又惡可以億萬里計耶。。且如新文學家之所謂「不用典。。文廢
> 駢。。詩廢律。。不慕仿古人。。不避俗字俗語」諸主義。。信秉此而
> 行。。則我國數千年來之文章國粹。。不三十年。。湮沒殆盡矣。。悲
> 夫。。（第 2 年第 1 期）

羅澧銘是比較傾於折衷派，在〈新舊文學之研究和批評〉一文
的論點：

……竊以為文字求顯淺。。貴乎使平民易於了了。。太新固不可。。太舊亦不宜。。則不若如上文云云。。實行所謂白話中之文言。。文言中之白話。。不新不舊。。不歆不偏。。折衷辦法。。庶其可乎。。（第6期）

但對於標點符號的使用，羅氏是極力反對：

……蓋新式圈點。。非由本國原有之符號而來。。乃取材於外國者。。吾知發明此事者。。其意有二。。令閱者易明句讀。。此其一。。近世人世。。靡不了了英文。。則此種符號。。不難實行。。此其二。。綜是以觀。。設有人不諳西文者。。又若之何。。文字求普遍社會耳。。當今之世。。似乎居大半數處於城市之人。。無不稍解西文。。其奈在窮鄉僻壤者何。。使用新式標點之白話文盛行。。則令彼不識西文之學者。。費一番手續。。以研究此種符號。。雖不致令人人趨向西文。。然非文字之正軌。。則何不廢除而不用耶。。（第6期）

提倡新文學方面，許夢留在〈新詩的地位〉一文對於舊詩和新詩的看法：

……我并不是否認舊詩的價值，而且很羨慕舊詩中有這麼多傑作，但不能因這緣故，就否定新詩的產生，……這完全是時代潮流所支配，每一時代中自然各有牠的需要，詩歌自然也要適應這環境而新生相異的狀態，況且舊詩中因束縛的阻礙，變成呆板的，虛偽的，狹窄的作品，沒有詩的真意義，任牠怎樣工整美麗，怎樣雕琢修辭，也不過是些死偽藝術罷！

……新詩既是一種新的組織，自然是另有牠的形式內容了，新詩是打破一定的字句，打破平仄，不見對偶，不要押韻的，用現代的言語——國語來表現的，有韻無韻不成問題的，一種自由詩體，假如我們想用那體現的感情，奇妙的想像，豐富的材料，自然的節奏，具體的描寫，來表現人生的真、善、美，新詩也許是能當

〈論壇〉一欄內其他的論著都是有關經濟、政治、社會和教育各方面的，主要著者有黃守一、宋幹周、羅澧銘、吳灞陵、黃澄、陳孔步、俞競明、陸成杙、陳關暢、沈家驤和陳仲回等。有關香港的論著有平屏的〈為香港戲院進一言〉，灞陵的〈香港汽車業之將來〉、〈改良教授學徒習慣的我見〉和〈對今日之編劇者貢一言〉。

〈說薈〉的一欄是刊載小說，亦是該刊最主要的部份，每期約佔 40 頁，內容以艷情小說為主，其他有偵探小說、俠義小說和倫理小說等。第一年各期以香港著者的作品為主，第二年起加入上海紅小說家許厪父和徐枕亞的作品，而黃守一在每篇作品之前都加上簡短的按語。連載小說大多用文言寫成，有何筱仙的〈啼脂錄〉和〈啼脂錄二集〉，黃守一的〈大紅寶石〉，吳灞陵的〈奪標記〉和〈雙聲記〉，衛深愚的〈花叢粉蜨〉，孫受匡的〈恨不相逢未嫁時〉，憶的〈女學生之秘密〉，黃漾東的〈雙俠鋤盍記〉，楊執中的〈血潮〉，招寶鏗的〈弱柳扶鴛記〉和〈十萬金鈴〉，何惠貽的〈尼姑大秘密〉和〈釵光劍氣〉，許厪父的〈沙場情侶〉，徐枕亞的〈愛情之傀儡〉，清宮遺物的〈金錢困〉，譚劍虹的〈夜月簫聲〉和宋寶泉的〈花會毒〉。用白話文寫的連載小說，只有在第二年刊登由吳灞陵寫的〈學海燃犀錄〉和許夢留的〈一天消息〉。另有用白話文寫的雜錦偵探小說〈怪殺案〉，分由署名競明、澧銘、守一、蘿月、寶鏗等人分期輪流執筆。

短篇小說每期約有五至八篇，以用文言文寫的為多，白話文的約佔三分之一。主要著者有王商一、何恭第、滌塵、棄疑、灞陵、黃澄、李俠影、竹筠、黃曡因、天愁、陶樂然、鄧嘯庵、招寶鏗和梁貫孫等。

以香港作為背景的小說不多，在第二年各期更絕無僅有，這幾篇包括羅澧銘的〈戀愛之波〉，孫受匡的〈恨不相逢未嫁時〉，條鹿

的〈希望中〉，灞陵的〈雙聲記〉，黃長庚的〈一封冒名的信〉，劫塵室主的〈烽火緣〉，周嘯虬的〈隔牆人語〉和竹筠的〈虎邱巧遇〉。

至於譯著就只得一篇由美克麗霍華德著、瘦鵑譯的〈詩人艷話〉，這篇小說是講述英詩人白朗吟夫婦的情史。

〈翰墨筵〉一欄包括其他舊文學的各類體裁，這一欄初分為〈序文〉、〈筆記〉、〈書札〉、〈詩選〉、〈頌贊〉和〈詞選〉等類，後來把〈序文〉、〈筆記〉、〈書札〉和〈頌贊〉等拼為〈雜文〉一類。從第 6 期起，〈翰墨筵〉就只分為〈詩選〉、〈詞選〉和〈雜文〉三大類：每期的〈詩選〉大約刊載六七位詩人的詩，其中〈看月樓漫稿〉是刊載吳灞陵詩作的專欄。〈詩選〉的一般內容都是詠懷，其中亦有酬唱或紀遊的作品，主要的詩人有陳硯池、盧棟臣、黃疊因、周嘯虬、區子晴、李載琴、李俠影和嚴獻謨等；〈詞選〉不是經常有刊載，主要詞人有林式堯、浪秋、天愁、許少儒和陳慶森等；〈雜文〉一類包括賦、序、啟、題辭、題記、書札和遊記等，是研究舊派文人交往的上好資料，主要著者有梁愷生、區子晴、吳其敏、伯籌、羅澧銘、鄭蝶緣和陳慶森等。

〈彤管集〉一欄專載婦女作品，包括很多女學生的作品，其中以陶淑女學校的學生的作品較多，這些作品多是短文。這一欄分為〈評論〉、〈說林〉、〈藝苑〉、〈鳳製餘編〉和〈然脂小錄〉五大類：〈評論〉從第 14 期起改了名稱為〈文壇〉，每期大約刊登兩篇短文，內容以倫理道德為主，又以有關女子問題的文章為多；〈說林〉刊載短篇小說，第二年開始全部以白話文撰寫；〈藝苑〉刊載舊詩，其中有章太炎夫人湯影觀的紀遊詩四首；〈鳳製餘編〉刊載書札、遊記及雜文；〈然脂小錄〉刊載筆記、詩話和笑話等。

〈劇趣〉一欄刊載有關戲曲的資料和論著：其中〈梨園遊戲集〉是羅澧銘負責的專欄，原分上中下三編，上編是遊戲文章，中編是梨園新曲本，下編是伶人軼事，但這個專欄刊登至第 2 年第 3 期，下編未曾出現；〈歌臺月旦評〉評論當時粵劇的一般情況，文章有〈昔

日與今日之戲劇〉、〈評劇諸君無太板滯〉、〈狎伶者之原因〉、〈論今日之唱工〉和〈小武角近日漸歸沉寂〉，亦有個別名伶演出的評述，包括馬師曾、薛覺先、千里駒、馮敬文、陳非儂、靚少華和靚少鳳等，著者有少林、招寶鏗、異笑、局外人、竹林隱士、羅澧銘、林影和何筱仙，而吳灞陵另有〈看月樓伶話〉專欄；其他如〈曲本〉是刊載各名伶的秘本，〈班本〉、〈龍舟〉和〈粵謳〉是曲藝的創作，主要作曲人有寄禪的裔、灞陵、无那、林式堯、曇因、黃守一、黃澄和慳緣等。

〈叢談〉一欄刊載劄記、雜文、掌故和格言等，間中又有刊登笑話，著者有灰心、招寶鏗、錫禧、若夢女士、活民、痴子、匯川、瀚雲和伯籌等。專欄計有羅澧銘的〈四維齋叢話〉和〈書窗瑣碎錄〉、吳灞陵的〈續看月樓雜拾〉和〈故園漫錄〉、滌塵的〈探雲軒啁啾錄〉、筱仙的〈拈花微笑庵筆乘〉和黃曇因的〈劫塵書室雜綴〉。

〈諧林〉一欄分為〈諧文〉、〈笑話〉和〈諧電〉，〈笑話〉的專欄有羅蘿月的〈嘔噱餘談〉、吳灞陵的〈笑海新潮〉和黃守一的〈解頤碎片〉，〈諧電〉亦有三羅後人、灞陵、黃漾東、招寶鏗和瀑流的專欄。

〈閱者俱樂部〉一欄刊載消閒性的文稿，主要有澧銘輯的〈櫻花館課藝〉和〈艷情雜纂〉，韋魄強的〈催眠術〉，吳灞陵的〈舞文弄墨室謎存〉和〈抱真室雜著〉，其中〈抱真室雜著〉多刊有關香港的文章，計有〈賽馬潮〉、〈紀參觀陶淑女學校〉、〈籌辦福建義學緣起〉和〈發明（皇后髻）獻議〉等文。

〈閱者俱樂部〉第 16 期，有灞陵的〈著作家之別號〉一文，對於辨認該刊作者的作品，有很大的幫助。

〈世界大事記〉一欄初分為〈國內要聞〉、〈國外要聞〉和〈教育界消息〉，從第 3 期起又分為〈粵省要聞〉、〈港聞紀要〉、〈江浙戰事彙誌〉和〈奉直戰爭彙誌〉，其後又加入〈外國譯電〉和〈中外要聞〉。第 7 期以後，〈世界大事記〉這一欄取消了。這一欄比較着重

國內新聞，1924年10月，廣州發生商團事件，當時該刊對這次事件有很詳細的報導，香港各邑商會亦擬往廣州調查，商討賑濟辦法。

〈通訊〉一欄刊載該刊通告和答讀者來信，僅刊至第5期。

〈西文研究所〉（*The Western Literature*）講述英文文法、書札、成語和介紹西方名著，主要撰述是 Wm. P.C. Ng 和 Hutchinson Law（羅澧銘）兩人。

〈補白〉部份刊載格言、雜文、小小說、笑話和掌故等，從第11期起，〈補白〉亦有新詩的刊載，最初的著者是 L.Y.，後來加入了陳關暢、余夢蝶和明等。

許厪父和徐枕亞兩人曾就該刊的第1-3期，在第12期內的〈對於小說星期刊的批評〉一文，對於該刊有以下七種批評：一、小說雜誌應否刊載論說；二、編制問題；三、小說之種類；四、不宜多載言情文字；五、形式問題；六、錯字宜校正；七、選刊新聞問題。

《墨花》

《墨花》半月刊第1期在1928年6月出版。發起人是葉蘭泉，總編輯是張伯雨，督印人兼營業部主任是郭超文，社址在文咸東街17號。每期定價港銀1角。《墨花》是以圖畫為主，諤生的〈書耑〉有提及圖畫選擇的標準：

> 我思古人。實獲我心。同人有墨花畫報之作。豈惟是山林花鳥。以怡悅心魂已乎。蓋將本古人重視畫圖之意。旁魄萬彙。獨察群倫。蔚為巨觀。拓胸而益智也。列邦棻布。都會相望。八方風雨。變幻殊狀。尺幅所羅。洞觀真相。故錄時事畫為先焉。一寸山河。一寸黃金。企弓斯語。溉夫古今。欹枕臥遊。奚啻登臨。錄風景畫其次焉。紂有昏德。醉擁妲己。繪入屏風。諷諫微怡。以人為鑑。當前即是。錄諷諭畫又其次焉。公私畫史。著於有唐。玉臺踵

作。爛然成行。文采尚存。古色古香。錄古人畫又其次焉。畫師無數。代有專精。玉經磨礱。益發光瑩。安知前賢。不畏後生。錄今人畫又其次焉。若夫梨園子弟。北里妖娼。則南國優俳。猶傳腐史。東山妓女。即是蒼生。許以附庸。無傷大雅。因亦兼錄。庶引幽光云爾。

這一期共 24 頁，圖畫計有黃柳霜的照片兩幀、張作霖被刺殺的照片六幀、繩橋照片兩幀、馮小青之墓、明萬曆冊封日本國王誥文、明王穀祥真蹟、黎二樵真蹟、王翬真蹟、陳子壯真蹟和張伯雨山水兩幅。這期印刷劣，畫像模糊，一無是處。

文字部份包括微雲的〈黃柳霜之表情〉，勁草的〈新文化與豬八戒〉和〈以畫存身（畫談）〉，諤生的〈記小青墓〉，倦游的〈燈謎式之菜名〉，李尚銘的〈讀天寶遺事有感擬楊太真作〉，太沖的小說〈芝石圖〉，以及一段陳子莊略傳和憐翠生的小說〈殘春〉等。

《墨花》半月刊出版了第 1 期後，因感覺不甚理想，停刊了幾個月，在同年 9 月，再度出版，督印和編輯改由李秋萍擔任，期數重新由第 1 期起計算，改為旬報。葉志雨在〈今後之墨花〉有說及該刊刊行的旨趣：

> 「墨花」之設，亦莫不以此為旨，啟發知力，散佈感情，引人之身心於無形中前進，以達人類榮樂之境，上自天宇，下自地球，所有能益智生情起志者，無不盡力介紹，盡力傳播。
>
> 然而前屆「墨花」創刊，出版忽促，因闕精彩；所懸之鵠，尚多未赴，不佞以「墨花」正含苞未放，多加灌溉，則馨香馥郁，固自不難，爰本上述之旨，自本期起改組，繼續出版，並擴充篇幅，改為旬刊，聘李君秋萍，主持編務，特約當代有名作家，擔任撰述，今後之「墨花」文字，舉凡畫圖，一以啟智怡情，富有新趣者為主，外此則訂本有美術之工，風格有創造之體，不佞固願捨資努力，苟承讀者予以相助及指示，亦所盼之未得也。

◉《墨花》發起人葉蘭泉（來源：Burgogne, E.J., Far eastern commercial and industrial activity - 1924. London, Commercial Encyclopedia Co., 1924. 楊國雄藏）

　　《墨花》自從改組之後，撰述員又全部更換，這些著者大多是報界中人，包括黃崑崙、鄭天健、黃言情、黃浩然、吳灞陵、何筱仙、關楚璞、駱文熙、陳春生、憶釵生、莫冰子和悼薇生等，後來又加入黃天石、龍實秀、潘孔言和陳華秋。

　　《墨花》旬報第 1 期共 28 頁，圖片有葉蘭泉、馮弗能（馮玉祥之女）和鶯燕校書的個人小照和瑞泰港澳輪被焚照片三幀，其他還有諷刺漫畫多幅，其中有實秀的作品。

　　文字方面，有關該刊的文章有三篇：葉志雨的〈今後之墨花〉、〈葉蘭泉先生之略歷〉和李秋萍的〈編輯室燈下〉。其他如論文有吳灞陵的〈游泳與婦女〉；小說有浩然生的〈復國之春〉、黃言情的〈舟中人〉和何筱仙的〈抱劍室筆記 —— 楊蕊孃〉，其中只有〈舟中人〉一篇的內容與香港有關；隨筆掌故有陳春聲的〈近宋臺齋隨筆 —— 北平溯源〉、黃浩然的〈懺綺樓浪墨 —— 戀途中不幸之陸放翁〉和莫冰子的〈入滇記〉；雜文有駱文熙的〈由吃說起由魚生說落〉和〈生招牌拆去了〉；憶釵生的〈埋班以後〉述及當時粵劇的情況；補白有陳春聲寫各地奇事四則，及石偵的記塘西妓女兩則。

　　《墨花》旬報有出增刊專號，現存的有第 10 期的《情死討論號》和第 15 期的《初戀號》。

⦿《墨花》的《情
死討論號》及《初
戀號》（香港大學孔
安道紀念圖書館藏）

第 10 期的《情死討論號》是 1928 年 12 月出版，共 42 頁，該
期封面由羅笑紅繪畫，刊內插圖由祖負責。作品計有秋萍的〈花前〉
（即編後語）、楚飛的〈麥巧顏的死及其批判〉、蠻人的〈情死在文
學及電影上的位置〉、鄉下先生的〈妙顏墜樓與情死〉、葉志雨的〈談
幾個情死之妓女〉、情場說法尊者的〈情死之有無與價值〉、L. F. W. 的
〈三封遺書 —— 及其來歷〉、黃崑崙的〈畫簾雙燕〉、琳茜的〈從日
本有島武郎情死說起〉、黃言情的〈情死函中之半頁〉、動搖的〈歧
途漫話〉、陳華秋的〈殉情與理性之判斷〉、長歌的〈談自己找死去〉
和黃浩然的〈情死為無上之快愉〉。

第 15 期的《初戀號》是 1929 年 4 月 15 日出版，共 40 頁，封面
和插圖幾乎全部由署名 L.O. 的羅笑紅負責，插圖和文章都比以往的
較為清新。作品計有秋萍的〈花前〉、長歌的〈至上的戀愛與我的初
戀〉、陳華秋的〈為甚麼不快點表示〉、吳雄基的〈初戀的回憶〉、
李暮笳的〈夏夜底夢〉、葉飛絮的〈我們底願望〉、吻冰的〈苦杯的
匍匐〉、簪環的〈初戀的晚上〉、謝星河的〈在燈光通明的時候〉和
浮萍的〈離愁〉。

上面所介紹的 4 期《墨花》，都是吳灞陵舊藏，另有第 12 期殘
本，出版日期是 1929 年 2 月 25 日，只得封面、封底和目錄，根據目
錄，文章計有秋萍的〈花前〉、龍實秀的〈新定命論〉、黃崑崙的〈博

士之舞衣〉、莫冰子的〈突來的危創（一）〉、黃言情的〈是父是子〉、
研香舊侶的〈歌姬拉雜談（七續）〉、陳華秋的〈嫁前（下）〉、黃
浩然的〈剪不斷綿綿恨〉和鳳妮的〈零落的花瓣〉。

　　香港中文大學圖書館藏有《墨花選集》一書，排選文章者抽取
自《墨花》雜誌各期文章彙集成書，封面有「墨花雜誌民國 17 年」
字樣。

《小說旬報》

　　《小說旬報》是香江小說旬報社在 1929 年創刊，督印人是黃幹
年，編輯人是梁騷雅。

　　現存《小說旬報》的第 1 期，每冊定價 1 毫，全書共 82 頁。編
者在〈發刊詞〉說明該刊出版的目的：

> ……是則小說者。感人深而收效廣。其於社會教育。。實具
> 有莫大之潛勢者也。。敝同人等有見及此。。思于社會教育。。有所
> 效力。。不忖棉〔綿〕薄。。爰有斯報之組織。。其文其事。。亦莊亦
> 諧。。等主文之詭諫。。作莊生之寓言。。或而資人群之借鑑。寫社會
> 之誕奇。視之有形。盡妖魔而寫照。言者無罪。。寓懲勸于笑談。

既證今而證古。復繪影而繪聲。因果分明。漫曰妄言妄聽。。貞淫褒
貶。。是在見智見仁。

從該刊的刊名來看，《小說旬報》原應注重小說著作，但在篇幅
不多的創刊號內，就包括 22 種欄目，舊文學和俗文學的各種體裁，
都可以在這個刊物找得着，內容是相當蕪雜。

〈小說〉一欄的連載有大公的〈雌雄婆〉、晦公的〈淫伶孽果〉、
石公的〈屠戶冤獄〉、轉陶的〈情之騐〉、曇的〈野雉家雞〉、醰的
〈巾幗將軍〉；短篇的有亞述的〈男娼〉、乙的〈狎伶鑑〉和冬的〈園
遊會〉。

有關說唱文學的資料，〈粵謳〉一欄有一笑的〈天氣熱〉和旅客
的〈城頭月〉；〈南音〉一欄有工的〈自由女投繯爭婚〉；〈歌詞〉一
欄有記之的〈歌詞叢談〉；〈班本〉一欄有大公的〈自由女遊東園〉
和群的〈老妓從良〉。

〈詩界〉一欄包括騷雅的〈餞春曲〉、笑民的〈官僚行〉、偉公
的〈女子可憐詞八首〉、覺的〈時裝女子三絕〉和小劫的連載〈雜憶
詩五十首（集句）〉。

諧文類的〈諧語〉一欄包括大公的〈佈告的妙解〉、可擎的〈現
世之富貴相〉、乙的〈老學究索節儀〉和愚的〈同是說謊〉；〈解頤錄〉
一欄包括亞記的〈妙對〉和棟公的〈自圓其說〉；〈諧文〉一欄有古
佬的〈自由結婚八股文〉和介的〈自由女賦〉。

筆記雜文類包括很多欄目：〈雜文〉一欄包括笑之的〈老妓從良
賦〉、禮文的〈討錢檄〉和〈二女共夫之宣言〉；〈怪聞〉一欄有〈駭
人聽聞之人形魚〉；〈談叢〉一欄有壹樹的〈嬲婚記〉和記之的〈六
國飯店〉；〈雜談〉一欄有〈留美中國女學生〉；〈見聞隨錄〉包括癡
紅的〈裝豬之害〉和雅記的〈騙術宜防〉；〈社會寫真〉包括記者的〈廣
州市私娼內幕之調查〉、〈以乳母作妾〉、酒徒的〈申江艷遇〉、亞記
的〈女學生遊戲式結婚〉和無知的〈我的結婚怪狀〉；〈今文選〉包

⊙《人造一月》(香港大學孔安道紀念圖書館藏)

括〈國府公祭孫總理文〉和〈總理安葬哀詞〉兩篇文章;〈隨筆〉則有〈報應雜記〉、笑之的〈阿拉伯人之美女條件〉、汪名的〈一個女學生〉和翠心的〈談話的研究〉;〈拉雜談〉有〈不要怪〉和〈我願〉;〈文藝〉有雅的〈新劇界〉和〈深柳堂詩話〉及亞蘇的〈相街談〉;〈雜俎〉有嫻郎的〈幻術〉、遊客的〈桂林之景物〉、泰初的〈登徒被懲記〉和冰心的〈徐世昌之女弟子〉;〈瀛談〉有〈日本浴室〉、伯的〈加屬華僑婦女之種類〉和夏的〈巴黎之淫靡〉;〈小考據〉則有〈破瓜考〉和〈呷醋考〉。

最後便是〈編輯餘談〉。

該刊文章多用文言文寫成,內容多是消閒性的,述及娼門瑣事和各地異聞,極少文章可以和文學扯得上關係。

《人造一月》

《人造一月》現存第1期,在1931年10月5日出版,黃花節督印,人造社編輯,每五星期出版一次,每冊定價港仙5枚。

全冊共32頁,這個期刊特別的是不用數目字,而用28宿來編定頁碼。有關《人造一月》刊行的目的,刊內作為刊頭語的〈冠──生仔姑娘而醉酒佬〉一文的提供:

任誰都是這樣說罷，生仔的，何嘗想生仔，醉酒的，何嘗想醉酒哩？然而，醉酒的醉了只管去醉，生仔的生了只管去生，這為甚麼來。倘若你問箇緣故，當然沒有緣故，請你就不必問了罷。是沒意識的事啊！

沒意識的事，雕刻着有意識的留痕，生生不已，源源而來，看啊！多麼的有意識者，把時間的部開着，寫上空間的掠影浮光，換一句說，就是記載人間的片段了。

我們醉生着，於是很沒意識地，把這零碎的片段貢獻給我們的讀者。

《人造一月》圖文並重。圖畫的部份刊載 14 幅作品：漫畫包括如立的〈坐轎〉和〈也算酒樓戲鳳〉、何小年的〈時髦風氣也到帝王家〉、麗夫的〈今之柳下惠〉、鍾公犸的〈不朽之功〉和麥芽的〈哼哈二將〉；圖案畫有郎曼的〈水花〉；攝影有陳荊鴻的〈世態〉；水彩畫有潘思同的〈古樓〉；鉛筆畫有文超的〈蘋花〉；圖畫有海空的〈蟠根錯節圖〉；其他美術作品有郎曼的〈羈絆〉、黃花節的〈人類的源泉〉，而何小年的〈富貴代華年〉的一幅還附上新詩一首。

文字方面，有落花的〈色界如來〉、星河的〈贖罪的羔羊〉、花枝的〈失戀吟〉、庚不殊的〈惜惜盦隨筆〉、嘯霞的〈瑛子〉、淋鈴的〈阿翠〉、雲霄的〈五嫂在〔死？〕後紅〉，其中只有星河和淋鈴的兩篇作品用白話文寫成。該刊最後的一篇文章是花節寫的編後語〈殿〉。

〈補白〉部份有一段提及當時省港的出版情況，可資參考：

香港和廣州前仆後繼很多書本的刊物，可是辦刊物總是虧本多於賺錢，所以不能不靠着資本家的廣告費，以資彌補，故有古人出書看瀑布，今人出書接廣告，之句。

新文藝期刊（18 種）

現存「七七事變」前的香港新文藝期刊包括《字紙簏》、《伴侶雜誌》、《鐵馬》、《激流》、《白貓現代文集》、《島上》、《人間漫刊》、《新命》、《繽紛集》、《晨光》、《咖啡座》、《春雷半月刊》、《小齒輪》、《紅豆》、《今日詩歌》、《時代風景》、《文藝漫話》和《南風》共 18 種，50 期。

《字紙簏》

《字紙簏》（*Le Pele-Mele*）由汎社出版。最初，該刊和廣州及香港兩地，都有很密切的關係，後來重心逐漸移往香港。根據 1928 年 7 月的第 3 號刊內的通訊處和總發行處，就列出香港大道中中環街市對面生泰辦館內張適可和廣州西堤仁濟街 3 號羅羅工廠的兩處地址，而有關《字紙簏》的事情，都是由張適可辦理。1928 年 12 月的第 5 號，通訊處和總發行處就只得香港一地的地址。1929 年 1 月的第 6 號，因張適可須往江門辦理私人的商務，《字紙簏》的事情轉

由香港文咸東街昌盛和參茸莊的朱仲希負責。同年，整個冰社都從廣州搬來香港，該刊的第 2 卷第 2 號有說及他們搬來香港的原因和經過：

> 困在一個地方，不到外邊去看看大世面的人，無論他念了多少書，寫了多少字，做出來的東西總免不掉許多滯氣。這是我們從小孩時就聽私塾先生們說慣了的話；到現在，成了大孩子，也許會自省了，於是從字紙籮出版以來的滯運中悟起了從前私塾先生們的話。對了，一班冰友，什麼地方也不出去逛逛，整年整月的住在家裏同老婆睡覺，睡了覺便蓬頭垢面的在那寫文章，寫畫。如果這樣也能夠創作出好東西來，那人家的汗漫遊中所寫的文章或畫還有地位嗎!? 又有些人說，什麼娛樂也要占〔沾〕惹，無論正當不正當，才能心懷開朗，感情流露，創作出來的自然是優美的東西。這在我們身上可不靈驗了；在廣州，有幾個冰友努力地天天過江到戒煙藥室去，而結果他們祇寫出幾篇什麼大煙文學的時代性之類的文章來，不單是不見得優美，而且極下流！又有一個冰友去逛窰子，結果也祇寫了一幅「我亦尋春去」，看他的氣派，大概還要算是美術作品呢！現象是如此其可悲，勢不能不設法補救，於是在廣州河南某戒煙藥室開會，一致議決要換空氣，整個冰社要出洋，想來外國地方之最近莫如香港，於是跑到這裏來。……

1929 年 8 月的第 2 卷第 2 號，督印人轉為謝騎圓，總發行處和承印者都是在香港士丹頓街 17 號的十八年印務局。現存最後的 1932 年 5 月的第 3 卷第 1 號的通訊處和發行都是改為機利文街 26 號，由民信印務局印刷，該號內文題該刊為〈食睡社的刊物第一種〉。從這期編輯後語的〈字紙籮底〉，可以知道冰社被迫停刊了《字紙籮》三年，而且冰社的社名亦改為「食睡社」了：

> 我們的頑戲被世情勒令停止了三年！到如今，回頭一看，不是

⊙《字紙籠》(香港大學孔安道紀念圖書館藏)

「百媚生」,卻是「百感集」了!⋯⋯

我們覺得水和火都不是易玩的東西了,那或許是世情的教訓所給我們的觀念罷!今後,我們除了寫劃一點東西,就祇有讓吃和睡佔了我們的毫無寶貴之可能的光陰了!至於疴呢?這是包括在「食」裏頭。並非自討便宜,以臀為嘴;有食必有疴,正不必兩事同提!像人們單提出「結婚」兩字,而連帶於結婚的種種,都給他人領會到了!就是我們的睡,也斷乎不單單是睡着而已。如果都提出來,這社名不應是一篇長文了嗎!?而且也不大雅觀呢!

沈社除了出版《字紙籠》外,亦有出版任獨人編的《中日問題》,預告出版的有漫畫集《在廣州》;食睡社亦有《山野集》的出版預告,是山川忘之和野原上草的散文和排行詩的專集。

《字紙籠》是該刊封面的刊名,內頁刊名是《字紙籠周刊》,第2卷第2號改為《字紙籠雜誌》,刊期不定。現存該刊的期數計有第3-6號、第2卷第1-2號和第3卷第1號,共7期。出版日期分別是1928年7、9、12月,1929年2月;2卷1號無註明出版日期,據推測可能是1929年5月,2卷2號是1929年8月出版,而3卷1號更遲至1932年5月才出版。每期定價大洋5分,由第2卷第1號起改

為每期定價 1 角。頁數由第 3 號的 16 頁擴展至 2 卷 2 號的 100 頁，但 3 卷 1 號就只得 52 頁。該刊除了在港澳及國內各地，在東南亞一帶亦有代理及發售處。

據李育中說，《字紙簏》的風格是繼承「五頭電燈派」。原來當時廣州《國民新聞》這一份日報的副刊〈國民世界〉，主編是范鍔，延攬很多青年作家擔任撰述，這些所謂「五頭電燈派」的作家所撰的文字，以短小精悍和幽默諷刺見稱。而「五頭電燈派」之得名，實因當時廣州市馬路，新由工務局在十字路口增建電燈柱亭，派出交通警員指揮車輛和行人通過，其意義為揭發廣州之黑暗面而導之於光明。

《字紙簏》是比較重視閒情逸趣的作品。第 5 號的《字紙簏底》並說明了該刊儘量收納無名作家的作品：

> 最初我們就說過，字紙簏要擱在馬路上，誰有字紙，都可以向裏送。我們把無名的作家看得比那些革命文藝家和所謂什麼新古典主義者強得多了。……

《字紙簏》是圖畫和文字並重，圖畫每期都有 20 幅以上，其中包括攝影、圖案、素描、石刻、塑像和中西繪畫等，較著名的美術家或作品較多刊載的作者有王融冰、秀風、然美、李奕潮、川田、久柳、苗子、章乃中、葛特夫、司徒槐、雋參、日帥、谷芳、秋井、丁衍庸、愁乎民、衛史苣、草草、鄺軍榮、陳之佛、孤塚、倪貽德、司徒奇、梅雨天、李比萊、山牛、梁晃、李德尊（春川、李凡夫）、潘峭風和李明等。第 5 號和第 6 號的漫畫頁都是彩色印刷，第 5 號開始，漫畫的刊載亦是比較增多：從第 5 號起至第 2 卷第 2 號有刊載廣州漫畫社編的連載漫畫〈阿老大的職業問題〉；第 2 卷第 1 號有廣州漫畫社編的〈漫畫堆〉，提倡兒童畫的有〈小朋友的天才〉的一欄，侶倫的七歲小弟弟觀陽也有作品刊載。

現存的《字紙簏》由第 3 號起，每期都有〈卷首語〉和編輯後

話的〈字紙籠底〉，主要內容分為〈希馬拉巔〉、〈街頭巷尾〉和〈不三不四〉三大欄目。第 2 卷不再分欄，但第 3 卷第 1 號又再分為以前的三大欄目。另外在第 5 號、第 6 號和第 3 卷第 1 號的三大欄目之前，有久柳的散文〈智慧之果〉和詩〈逝〉，長風的散文〈別〉，並配以彩色插畫。《字紙籠》內的作品有很多篇都是和廣州一帶有關，以香港作為背境或題材的較少。

〈希馬拉巔〉一欄所收的文體大概可分為小說、散文、詩和劇作四大類：小說包括笠笠的〈袖冷的嫁後〉、〈撕去、貼上、紅紙條〉、〈兩位年青的官兒〉、〈吳主任的莊嚴〉和〈花酒十三姑〉，秋井的〈三十塊錢叫你回去〉和〈小鳥既別〉，木釵的〈黃老二的廢日記〉和〈宮主的破鏡今夜歸來〉；散文有白鳥的〈我曾經佩起戎裝〉和〈陷坑〉，野原上草的〈碑前〉、〈鬼變〉、〈未有題〉和〈焚香〉，久柳的〈指甲〉、〈窗前的初秋〉和〈小青之夜〉，絲蚨的〈恨恨〉和〈在惠城〉，野原系子的〈太陽的再來〉，長風的〈疑夢〉和絲奴的〈馬上英雄無舌頭〉；詩作有鶴魂的〈慰梅〉，萊哈的〈沒題〉，古玄茵的〈別前〉和野原系子的〈人間末〉；劇作有騎圓的〈打官〉和〈憑據在她褲子裏〉。

〈街頭巷尾〉一欄所收的是雜文，大抵以辛辣的文筆，譏刺當時社會和政治，計有野原的〈我想不出一個奇謀〉，葛特夫的〈藝術家!?〉、〈介紹一封介紹信〉、〈孔聖誕並雙十節中的佛山一遊〉、〈從「抱虛」做到「立志」〉和〈我到底是有錢有量的人〉，長風的〈龍井夫人〉和〈兩條引起三點〉，釵觚的〈亂蔴〉，秋井的〈文藝的兩派寫法〉、〈髮乳亂中華〉、〈舊事重提的魯迅被趕走〉和〈詩！〉，個個的〈中國青年夢洩人〉、〈大煙文學的時代性〉和〈寄嚴夢〉，煙友的〈睡不着〉，久柳的〈幼稚和老辣〉，萊哈的〈偷看乳房與打死人〉、〈抽鴉片與路上吐痰〉、〈五百元獎金 —— 給伴侶雜誌的雁遊先生〉、〈好一件新發現的世界大奇事 —— 歸功張畫眉先生〉和〈X那逼我做魯迅的人〉，李比萊的〈怕史預序〉，人的〈謎信〉，拍蚊

◉《字紙籠》插圖，苗子繪　　　　◉《字紙籠》插圖，關平繪
（香港大學孔安道紀念圖書　　　　（香港大學孔安道紀念圖書
館藏）　　　　　　　　　　　　　館藏）

子的〈睡不着〉，太乙的〈且將醜態贏餐飯〉、〈有大觀焉〉、〈我祇
願出快活恭不希望疴奇怪屎〉，石門的〈和尚私娼論〉，反了上人的
〈屁學大綱之序〉，白鳥些殺的〈老青問題〉，絲蚨的〈陳之佛先生
去了，潘峭風姑娘出來！〉，以及拍蚊子、腹荇、老葛、蠻蠻和白鳥
以一題共寫的〈睡不着〉。

　　〈不三不四〉一欄是舊派文藝的作風，全部作品都是用文言文寫
成，內容有散文、小說、筆記和舊詩等。雖然有讀者表示不滿這一
欄，但是編在第 4 號的〈字紙籠底〉的答覆是：

　　　　第三號的字紙籠出版後，接到香港一個閱者的來信，教我們
　　忍痛將不三不四一欄棄掉，好叫字紙籠成個純粹的嬰兒。這好意
　　當然是我們所萬分感謝的。除了感謝之外，我們還得要在這裏答覆
　　幾句：
　　　　本來字紙籠就不是一本怎樣了不得的刊物，既沒有「力挽狂瀾」
　　的志氣，也不是什麼社會公益的東西。氷友的脾氣，除了氷再沒有
　　別的。並且，字紙籠就是字紙籠罷了，並不是「新潮」，也不是「舊
　　粹」，尤其不是什麼「光」，或什麼「鐘」。如果用人來比喻，他也

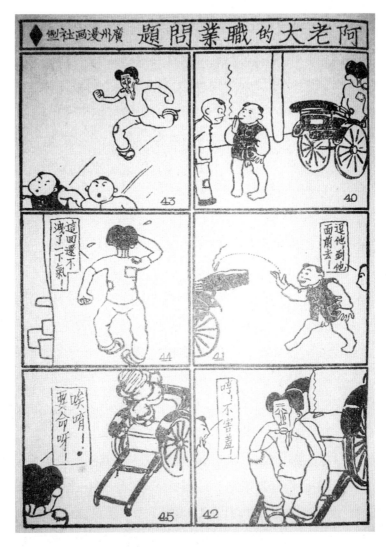

⊙《字紙籠》內連載的漫畫（香港大學孔安道紀念圖書館藏）

〈不三不四〉這一欄的連載有羽公的筆記〈澳門〉，記述有關狂歡節，沙示水罉、白朗古和盧狗，以及太乙的連載小說〈檻外橫春錄〉。此外，短篇的小說和筆記有野原上草的〈梅兄不復歸〉，玉羮的〈師弟調情記〉，長風的〈恨不人歸落雁時〉、〈惜珠記〉和〈黑獄貞花記〉，騎圓的〈乳塚〉、〈也許心靈伴落花〉、〈真傳錄〉和〈朱門野草〉，葛特夫的〈青青墳上草青青〉，萊哈的〈嶺海文家列講〉，上面所列最後的一篇是論述豹翁、黃崑崙、落花和李啟芬（健兒、黑旋風〉等人；詩詞計有反了上人的〈鳳岡樓竹枝詞〉、天痕的〈舖頭三樓詩稿〉和佛朝香的〈蝶戀花〉。

《字紙籮》的第 2 卷第 1 號和第 2 號都是不分欄目的，除了詩作有些是舊詩外，其他的作品全是用白話文寫成的。小說有秋井的〈廁所門前之變〉，笠笠的〈超然的知足〉和〈十多個希望〉，太野的〈車站上〉，腹行〔荇？〕的〈捉影〉和〈問題〉，久柳的〈關盼盼〉和〈文姬在深夜的曠野〉；散文有野原上草的〈不必怕的地獄〉和〈鳥歌〉，系子的〈面前和背後〉，葛特夫的〈南國南來豈為錢?!〉，秋井的〈三個「當禁」六個「可以」〉和〈說今人之病〉，木釵的〈妻之別〉，白鳥的〈戀鬼〉和〈悲歡夢〉，長風的〈興辭而返〉和〈與大中華報記者「禮尚往來」〉，石門的〈改良大觀〉和〈演說弄糟了我的大志〉，玄茵的〈偉大的夢交〉，太乙的〈大時代裏的大學問和大文章〉，絲奴的〈血海的岸邊〉，個個的〈兩個永遠失敗者〉，萊哈的〈一半找飯吃，一半無理由〉和〈說今人之死〉，迷仙的〈呻吟〉，零風的〈糊思亂紀〉，田中穗的〈自殺者的小宣言〉，侶倫的〈小手的創作〉和拍蚊子的〈睡不着〉；詩作有單丁的〈美人屁〉和〈屁德頌〉，長風的〈茫茫〉和〈水邊〉，太野的〈敲碗吟〉、〈獄中〉和〈廿八年吟〉，玄茵的〈千辛萬苦你也不能丟〉；劇作有騎圓的〈放兒〉和〈講佛理〉。

《字紙籮》和同時出版的《伴侶雜誌》有些過節，事緣《伴侶雜

誌》第 1 期發表了一篇署名「雁遊」的短篇小說〈天心〉，全篇的文情和在《小說月報》第 11 卷第 11 號所登的一篇美國作品，由毅夫所譯的〈一元紙幣〉差不多，只是名字和地點換掉了。《字紙簍》在第 5 期刊登了萊哈的〈五百元獎金 —— 給伴侶雜誌的雁遊先生〉，萊哈指出原著是曾給「文學科學研究會」評定，領到頭等 500 元的獎金，譏刺雁遊的佳作寂寂無聞地過了去。該期《字紙簍》還把毅夫的〈一元紙幣〉和雁遊的〈天心〉一同刊出，以資比對。《伴侶雜誌》的編者隨即在第 8 期承認錯誤：

> ……換掉了名字和地點就把人家的東西翻了拿過來，我們倒覺得雁遊君誠也太滑稽了。至於看稿的人既非無書不讀的飽學之士，看不出來稿是掠美的東西，原是並不出奇的事。第一期的編者把雁遊君的「天心」登下來，當然沒有掠美的意思，即以後一不留神，也難免沒有同樣的錯失，這是願意讀者們見到時就加以指摘的。

但《字紙簍》的萊哈仍然窮追猛打，在第 6 號的〈好一件新發現的世界大奇事 —— 歸功張畫眉先生〉一文說：

> 張先生說看稿的人非無書不讀的飽學之士，看不出來稿是掠美的東西，原是並不出奇的事。對了！世間有誰是無書不讀的呢！我不禁因此推想下去：小說月報的譯文，說不定也是從別的雜誌裏改頭換面翻過來的，而那別的雜誌也說不定是從別的雜誌裏翻過來的。那美國的小子，說不定也是抄襲一個俄國的作者的。這樣類推下去，真教我不寒而慄，而天下無靠得住的雜誌也矣，無靠得住的作者也矣！這真是世間一件不奇中的大奇事，是張編輯發現的！

《伴侶雜誌》

根據現存文獻資料，最早在香港出版的新文藝期刊，要算被譽

為「香港新文壇的第一燕」的《伴侶雜誌》（*Ban Lui: An Illustrated Family Megazine*）。這份期刊在 1928 年 8 月 15 日創刊，每半月出版一次，零售價 1 角 5 分，第 1 期共有 40 頁。第 2 期起改為每冊港幣 1 角，第 2 期至第 6 期是 44 頁。由第 7 期起增加篇幅至 52 頁。該刊曾出兩個專號：第 5 期的《初吻號》和第 10 期的《情書號》。《伴侶雜誌》出版未滿一年，至第 14 期就因維持不住而停刊。現存第 1 至 9 期，第 9 期是在 1928 年 10 月 15 日出版。該雜誌刊登的作品以香港作家為主，亦有發表來自上海的名家作品，如沈從文、葉鼎洛和胡也頻等。

《伴侶雜誌》由中華廣告公司印行，社長是潘豈園，督印余舜華，編輯初由關雲枝擔任，第 4 期已改由張稚廬（張畫眉）擔任。

張稚廬（1903-1956），廣東省中山縣人，少時就讀私塾，塾師是中山縣舉人彭炳綱。後到廣州習畫，又到香港在英文書院繼續攻讀。完成學業後返中山沙溪辦學，建立輔仁學社，自任校長。1928 年在香港接任《伴侶雜誌》編輯。《伴侶雜誌》結束後，張稚廬往上海開辦鳳凰書局。1932 年「一二八事件」後，回到中山石岐，先後辦理《商報》、《平民日報》和《仁言日報》等報。中山淪陷後，又到港澳。香港淪陷後返穗，戰後又返港。大半生生活潦倒，曾在省

港報社和雜誌社任職，但任期都不長，最後賣文為活。因嗜酒，患食道癌，1956 年在香港那打素醫院逝世，終年 53 歲。著有《床頭幽事》和《獻醜之夜》二書，都是在上海光華書局出版。

《伴侶雜誌》的〈創刊號〉刊登了該刊同人的〈賜見〉，可被視為該刊之創刊辭：

> 我們執筆者──不問其為寫畫的或是寫字的──都是徘徊於十年街頭的青年。
>
> ……
>
> 我們感盡十字街頭的煩囂，捱過多少煩囂裏的寂寞。我們消受慣了這十字街頭的悵惘，與乎系乎悵惘的苦悶。
>
> ……
>
> 我們經過幾番思索，以為既不能夢死於象牙塔中，難道便須醉生於街頭路尾？這裏，總當有條出路。
>
> 我們相信這出路不須帶我們離去「街頭」，這條出路應該就在這煩囂和寂寞裏面。
>
> 我們終日的試着，試試於此骯髒胡鬧裡，看出許多許多美麗的小「塔」來。
>
> 這樣的「塔」不一定要是象牙製成，更不一定要我們鑽頭進去。水溝的色調就繞絕對的沒簡和諧嗎？何須定拘於淡黃的光澤？旋塵的標掠有時實在很值得一瞧的。
>
> 人家說過，「一花一世界，一葉一如來」；我們能否就以摩托車之輪為花，以商店的招牌為葉呢？都得試試。
>
> 大家可有同感嗎？我們願作伴侶。

從該刊同人在第 8 期內所刊載的〈新年大頭說點願意說的話〉一文，可以知道該刊出版的態度：

> 伴侶之出，原沒有什麼了不得的大主張，也並非為的「忍不住」

的緣故，只想「談談風月，說說女人」，作為一種消愁解悶的東西，給有閒或忙裏偷閒的大眾開開心兒罷了。倘還得扯起正正之旗，則「以趣味為中心」是更其明白而又較為冠冕的！

……

其次，我們相信現在中國的新文藝，總還沒有進到怎樣可驚的程度，你說願意送到大眾的面前，而大眾則還是全無所知，又何有於欣賞？在能力尚弱的我們，對於為大眾所需要的通俗文學的建設上，也想效點棉〔綿〕薄的、微勞的，但這還是一條未闢的康莊大道，它的築成是有待於熱心的朋友和較長的時日的，何時能有好的成績陳列出來，現在無從預告。總之，這一條路是中國文藝一條新的出路，從事文藝的朋友都應該分任點開築的責任，無論挑泥鑿石，總該做個份兒才對。為了這個緣故，我們先就在每篇小說中加上一些插畫。

該刊又以為文藝和繪畫應該並重：

繪畫與文學的聯結是必要的，要是文藝是獻給大眾的話；但是在國內許多出版物中，卻得不到滿意的結果，這自然是繪畫與文藝都還在幼稚時代緣故，我們於是想走上這一條道路上了，我們的力量雖很有限，但這個嘗試於今日的文學家總是有益的罷！
（第 7 期第 51 頁）

根據侶倫所記，原來中華廣告公司的主幹人和畫家司徒喬是大學時期的同學，司徒喬為《伴侶雜誌》寫封面畫及插圖。司徒喬去法國深造前，在香港開了個畫展會，這個雜誌的第 4 期司徒喬的畫作〈船塢〉和記者的〈關於司徒喬及其肖像〉，文中有引周作人和魯迅對他的畫作的評價。第 7 期又刊載了甲辰（沈從文）的〈看了司徒喬的畫〉和司徒喬的〈去國畫展自序〉兩篇文章。司徒喬去了法國之後，署名「水朝」的青年畫家黃潮寬亦繼續為該刊以木炭畫作

插圖，由於有畫家的美術字幫助，所以《伴侶雜誌》的美術設計是相當有特色的。

《伴侶雜誌》除了插圖外，還刊登有一些攝影作品，包括冷廬的〈影之習作〉、素園的〈素園風景〉、該社的〈郎德山及其二女〉、華芳的〈港大中國學生之雙十攝影〉、北咸的〈颶之翼〉、斯兒里的〈畫冊〉、北爾黎的〈牧女〉、陳丘山的〈浣衣〉和風景兩幅，其他不具名的攝影作品有〈建築中之孫陵〉、〈樹〉和〈艇〉。

散文和雜文有剖璞的〈雙星的魅力〉，中英的〈脂粉的是非〉和〈還是黃金時代〉，雲枝的〈落花一片〉，稚子的〈我們的初吻在天河之下〉、〈公子重耳的情話〉、〈茶花女與蘇曼殊〉和〈女人之歌〉，冰蠶的〈花與女性〉和〈茶味〉，哀微的〈只有見著聽著想著罷了〉，川水的〈長眠的愛〉，鳳妮的〈沒來由的酸意〉、〈初吻的分析〉和〈潘安與醜小鴨〉，畫眉的〈水棋枝的阨運〉和蘇小薇的〈浪遊〉。

該刊從第 1 期起，特闢〈伴侶閒談〉一欄，這個專欄的開設，大概就是：

> 閒談，也就是無關要緊的談話之謂。有時我們在像煞有介事的大文章裏得不到的，轉而在閒談中找到。比如早上躺在床上和你的多情的伴侶談天，或者在茶樓上，在公園裏，伴侶們大家說些回憶和軼話，照樣的移到紙上來，則粗服亂頭，亦饒蘊藉，寫的固然不吃力，讀的也就舒服得多。（第 6 期第 19 頁）

該欄短文包括：畫眉的〈情書雜話〉，初雪的〈從戀愛說到可慨矣乎〉、〈潑婦與少奶奶〉和〈龍蝦之死〉，川水的〈關於失戀〉和〈說夢〉，盈婷的〈女子的年齡〉，甘心的〈戀愛的哲學〉，銀漢的〈有閒的心〉和〈在牛後〉，愧餘的〈冷咖啡〉和〈送花人〉，鳳妮的〈男性化的女性與女性化的男性〉，稚子的〈碎話三則〉，依人的〈做雙鞋子周公著〉，芷芷的〈多情人與多夫人〉。

創作小說包括雁遊的〈天心〉，盈女士的〈看三與秋九〉，王小

◉ 畫家司徒喬等為《伴侶雜誌》繪畫的封面圖
（香港大學孔安道紀念圖書館藏）

輪的〈黑齒婦人〉，意蘭的〈誰適〉，侶倫的〈殿薇〉、愛諦的〈彭姑娘的婚事〉，小薇的〈小別〉和〈嫉女石〉，畫眉的〈晚餐之前〉、〈雨天的蘭花館〉、〈夜〉、〈鴿的故事〉和〈梨子給她哥哥的信〉，稚子的〈春之晚〉，張稚子的〈試酒者〉，玄玄的〈船上〉、張吻冰的〈重逢〉，蘇小薇的〈獻吻〉和孤燕的〈素馨自己的故事〉。

劇本方面，獨幕劇有般雪的〈逃走〉，對話則有孤燕的〈賭〉。

舊詩詞有黃天石的〈滿江紅 —— 紀恨〉和天石的〈情思〉。新詩有意蘭的〈戀歌七章〉，沈玄盧（定一）的〈聞訊〉，依人的〈我願做〉，川水的〈別〉和甘心的〈寄友 —— 贈鈿芳〉，以及由黃潮寬畫、雲枝題的詩畫〈鵑啼夜〉。

翻譯散文有法國 Sarah Bernhardt 女士原著、奈生節譯的〈撤拉旁哈之愛情哲學〉，小說包括 Berkham Stead 原著、奈生譯的〈她纔明白〉，法國 Andre Maurois 原著、奈生譯的〈天才之誕生〉，瑞典沙爾瑪・賴局洛夫原著、行空譯的〈聖誕的客人〉，西班牙汝卞達利奧 Ruben Dario 原著、行空譯的〈中國皇后的死〉和 Leonard Merrick 原著、奈生譯的〈皮靴帶〉。

有關香港的作品不多，只有第 8 期玄玄的〈船上〉和蘇小薇的〈浪遊〉兩篇。

《伴侶雜誌》在第 2 期刊登以「初吻」為題材的徵文啟事，被選錄者第 1 名獎金 50 元，第 2 名 30 元，第 3 名 10 元，第 4 名以下取 10 名，均送該雜誌全年。當時共收到 274 篇徵文，在第 5 期出版《初吻專號》，專號以黃潮寬和司徒喬各以初吻為題材畫作開篇，其他文字創作有 12 篇，計有：秋雲的〈十字街頭的夜雨〉、黛君的〈愛字〉、ＫＫ的〈「我們的呼吸都像窒息着」〉、姜憶士的〈瓦斯燈下〉、陸旅霜的〈暗許〉、張吻冰的〈四月十一日〉、侶倫的〈試〉、愛諦的〈激艷的心潮〉、文幹的〈睡前〉、蘭苕的〈被頭〉、兆兆的〈埋葬了我的靈魂〉和姿明的〈嚴冬之夜〉。

該刊的英文副題「Illustrated Family Magazine」說明了這個刊物是

以婦女為中心的家庭雜誌，如穎子、金全、逸梅、玉子、笑紅、浦山的文章介紹婦女新裝，輔以圖畫說明，石彤的〈現代室〉介紹家具佈置，輔以圖片兩幅，其他攝影作品另有六幅刊載。但從第 7 期起，這類的文章完全沒有再刊登，而攝影作品亦只在第 8 期登載過一幅。編者在第 8 期的編後語〈再會〉有說明：

> 本誌從第七期起，除篇幅已大激增之外，內容也已略改舊觀，這一期較第七期則尤其顯明地有所改革，要是想得到，辦得來，對於伴侶改進一點我們是不敢稍事偷閒的。至於是否因此更能得到讀眾的愛好，而銷路日有增益，以至於影響到別家的刊物的去處，則因為忙於編校，也不想派員調查，所以無從知道。
>
> 本期的短篇和閒談都比較的多，以後也想照著這模樣編下去，論文則少登或索性不要⋯⋯

《伴侶雜誌》從第 7 期起就改變作風，逐漸由家庭雜誌而成為純粹刊登新文藝作品的雜誌，而翻譯作品的刊載亦逐漸增多。

有關讀者對《伴侶雜誌》的作品、編排、釘裝等的批評，第 9 期新闢有〈伴侶通信〉一欄，有刊登呂甘心、龍實秀、沈從文、陳仙泉和陸旅霜對該刊的意見。

《鐵馬》

承住《伴侶雜誌》的氣勢接着而來的是《鐵馬》，據侶倫記載：《鐵馬》是由島上社這一群人主辦的，該社主要成員是來自本地作家和從外地流亡到香港來的文藝青年，其中包括謝晨光、張吻冰、岑卓雲、侶倫和黃谷柳等。該社的名稱原來是取材自一張報紙副刊內的連載小說〈寂寞的島上〉，作者是來自海陸豐的陳靈谷，他利用這個小說來發洩他的牢騷，當時香港被古老的封建文化籠罩住整個社會，新文藝工作者像孤軍在這個黑暗環境中掙扎，島上社的人就由

◉《鐵馬》（香港大學孔安道紀念圖書館藏）

〈寂寞的島上〉這個小說名取了「島上」兩個字，而形成這個文藝組織「島上社」。島上社其後又在《大同報》出版了以〈島上〉為名的文藝副刊，由張吻冰主編，島上社成員撰稿，「島上社」這個名稱因此確立。

《鐵馬》是島上社最早主辦的一種文藝期刊，原來張吻冰是香港青年會日校校友會會員，因他的關係，該會學藝部答應幫助島上社出版《鐵馬》，但負擔以出版一期費用為限，由張吻冰負責編輯。《鐵馬》終於在 1929 年 9 月出版，第 1 期印了 2,000 冊。島上社打算將第 1 期出版後的收入，用來維持繼續出版下去，但所得的收入，距離支付第 2 期的費用還很遠，所以《鐵馬》出版了一期就停刊了。現存該刊第 1 卷第 1 期當時定價每冊 1 角 5 分，全期共 104 頁。

《鐵馬》的小說創作有張吻冰的〈費勒斯神父〉，卓雲的〈夜〉，靈谷的〈蕾蓮之死〉和侶倫的〈爐邊〉；謝晨光的散文〈蓋獻〉是他的一本創作集《貞彌》的編後記；新詩的創作有靈谷的〈雜詠三首〉，這三首詩的副題分別是〈秋天〉、〈海潮〉和〈詩人〉；翻譯詩有 Ernest Dowson 著、謝晨光譯的〈入夢〉（Sleep）一首。

〈咖啡店〉一欄是龍門陣，除了〈老板的話〉的開場白外，有玉霞的〈第一聲的吶喊〉，川平的〈從藝術家到世故〉和胡茄的〈永恒

中的一天〉。其中玉霞的〈第一聲的吶喊〉說出了當時新文藝在香港發展的情況，而編者的按語亦表明他對新文藝的希望：

> 青年文友，這是香港文壇第一聲的吶喊。古董們不知他們的命運已到了暮日窮途，他們還在那兒擺着腐朽不堪的架子，他們誘惑了群眾，迷醉了青年，阻障了新的文藝的發展，他們討了老板的好，把呂宋煙塞在口裏，藐視社會的文化，把新進的青年擯於束手無措的境地。這是我們後輩絕可痛心疾首的事呵！

> 雖然，香港已經有了新文藝的作者，已經出了一些雜誌，可是終於不能鮮明地標起改革的旗幟，終於被根深蒂固的古董們暗暗地殞滅了。他們抱了文壇的老資格，轉移了許多有為的新文藝作者，他們利用他們的地位，利用老板們的金錢，把一些容易誘惑的青年作家誘惑了去。有許多，卻是窮苦地在他們的蹂躪下，把一切的聰明與有價值的文藝創作埋沒了去。這是我們怎樣覺得可憐的事？

> 現在，我們為了社會的文化，為了救濟我們青年的同輩，我們唯有把新的文藝作者與新的文藝雜誌打成一片，我們把我們的機關槍與大砲去對付古董們的拳頭，打得他們落花流水，他們是時代的落伍者，是人間的惡魔，是文學上的妖孽，留得他們，我們永遠不能翻身。

> 年青的文友啊，這是一個已經過去的工作，在香港卻是一件嶄〔嶄〕新的工作，這需要我們共同努力去幹，新的文藝戰士呵！這是香港文壇第一聲的吶喊！

> > 一九二九‧九‧二日寄

胡茄的〈永恒中的一天〉描述了當時作者和他的文友所遭遇的霉運，下面所記述他的朋友光、谷、冰，大概是指謝晨光、陳靈谷和張吻冰三人，這段文字可以反映到當時文藝青年的落拓：

> 自從我們送走一九二八以來，我們便開始了這個惡運，第一

個新春時候，光丁了父憂：跟着是裏想到越南去看看在那邊的好人兒，因為籌不到盤錢不能去，谷因為報館的倒閉，地盆失陷，飯碗更成問題。源呢？生活更無進展，終日躑躅街頭為着房錢，幾乎要隻身而跑，一襲衣裳穿得久，怪難看，於是同華谷三人掉換，一體光鮮，最後還因為窮，不知什麼時什麼日，竟連谷的從稿費撥出來縫的長衫遞上押字舖去了，而同謀諸光，借得一套絨洋服，只好畫伏夜出，華因為在這裏站不住腳，最近竟憤憤然跳上吊橋，扯悝揚帆，歸上海去。冰雖然影子成雙，竟究還沉悶悶的，最近來，素以「末路遠走不可時，也祇好平心靜氣地走」為人生觀的谷，也叫苦起來，說要投海去！（祇願他說說就好了，倘真是骨董一聲，則我們友誼上也得送花圈一個，說得尚饗來，麵包就不知如何籌算了。——我父在天，阿彌陀佛！）以致神經麻木。過後忘了那回事的，也許不在少數，良非老板催稿的此刻想得來。但祇此已足，無需乎贅，惟其是「運」，而運又是「危」則一也。

　　至於我呢——哦，說了一番，竟忘了自己，羌〔姜〕太公分肉！——物以類聚，當然也不會例外，半年來，四方八面，非釘即壁，靠着不值錢的筆墨，換點連在書坊買個糖子以數衍老板情面也幾乎不夠的稿費，支持着自己不知何所期待的生活。文章固然要在編輯先生的抽斗，坐着無期牢子，本身呢，為着一點不白之冤竟在料峭凄寒中在求之不得的拘留所捱過了一個殘春之一夜。這尤其是危運之尤。搬家後，總希望能改變點的，雖然不是想在隔海的這邊拾個鴻運！但希望在不可知的奇數之中，皇天保佑之下，脫了一些霉氣，天知道跑過這邊來卻還比前更倒霉，窮得連過海的船錢也沒有，雖是對水而居，卻只能望洋興嘆！

編者的編後語〈Adieu——並說幾句關於本刊的話〉對於香港的文藝環境及《鐵馬》的目標和內容都有詳盡的說明：

　　今晚從喧騰的夜的市場歸來，扭着了電燈，赫然放在我的臺

上的是宏藝送來待校的《鐵馬》的稿子，把它略略的翻過一回心中騰地感到了無限的快慰朋友和自己年來的希望，來了它的實現的時候了！

在香港，慢些説及文藝罷，真沒有東西可以説是適合我們這一群的脾胃的，有許多應該是很藝術的地方都統統的給流俗化了：小之則如咖啡店，你想在薄寒的晚上，一個兒坐在咖啡店的角落，喝罷了娉婷的女侍們端來的綠酒，靠了椅優游的吸着紙烟，瓦斯牆燈的朦朧光線底下，斜睨着曳了闊裙隨着單簡的樂聲，輕盈慢舞的舞姬們的旋影，聽聽窗外夜遊者的漸去漸遠的歌聲，一直到疲倦的夜闌，才又一個兒的拖了外褸，穿了沉悄的石街，酡了醉顏，歸途中帶着寫不出來的詩意，你想領略這些情味，在這樣的充盈了立體方形的建築物和烟突與汽車的香港，就唯有永遠的失望着的，讀了郁達夫的《文藝論集》，關於薄命詩人 Ernest Dowson 的敍述，他那流連酒肆的飄泊生涯，看了 La Boheme 中的那貧苦文人失意後在咖啡店消磨永夜的一幕，心中留下極深的印象，其中還參與多羨慕的意味，「貧窮點又算得什麼呢？如果能夠有酒錢，能夠住在巴黎的 Latin Quarter!」這樣的想像也有過了。

在這塊萬皆庸俗的地方，談起文藝，用不着看實在的情形，只憑我們的想像罷，已可知道是達到什麼的程度了！

香港有了算盤是因了做生意，香港有了筆墨也因了做生意的！

如果不是有了那可咒詛的文學的嗜好，和不有了僻性的能夠對於隨俗呢，我們倒很可以漠視一切而享樂了這一生，然而我們這一群偏是那樣的怪脾氣的人，在社會中不能有半刻的安份，沒有錢的時候叫着苦，有錢（？）的時候也叫着苦，心靈是不曾有過一次滿足的充實似的，隨處都不是感到窒息就感到空虛，有些時候倒可以寫點文章發洩一回幽閉在內心的抑鬱，此外就幾乎沒有其他的出路了！然而我們試看看：香港的文壇現在是什麼情狀的呢？如果香港還有那所謂文壇的話。

我們不得不自尋我們的出路了！

聚居在這萬山環繞的海島上，不能否認的是我們這一群還算年輕，而且也有點小聰明，還有我們努力的時候，想到年華逝水，轉眼成秋，我們就不敢漠視了這時候而輕輕的放過了，而且憑藉着數年來努力經營的校友會，從中我們也有了點聯絡，那我們是更比較容易於辦事的，於是以我們的熱誠，趁這時機，我們都很想努力一回我們的工作，在文藝上做點工夫。如果這一期的《鐵馬》還能成個樣子，在荒涼的空谷裏能夠引起一點應聲，那這小小的一本東西就算我們第一回的蓋獻，我們的努力是不曾白廢了的！

到今日，什麼什麼文學的提倡可說是甚囂塵上的一回事了，同時，固守不變的也大有其人，然而從新也好，守舊也好，文學夠〔究〕竟不比我們的服裝，不能任意跟隨着去學時髦的，所以我們都犯不着去勉強從事，我們的主張是第一我們的說話要由衷，我們不求半點的虛飾，用不着打起什麼冠冕堂皇的旗幟，我們的說話都在我們的文章裏，我們想寫什麼便寫下什麼了！

我們的文章犯不着在這裏吹噓，讀者們自有他們讀後的定評，所以在這裏我不想多說關於這一期的文章的話。但侶倫的〈爐邊〉我卻希望讀者們注意一下。「用不着發表，文章寫了出來便覺無限的爽快了！」這是作者自己的話。

這期的封面和許多的襯畫都是出自侶倫手筆的，它們給了我們什麼美感我們會知道，雖然作者很自謙的說過那是他的學作。

《鐵馬》的出版是沒有定期的，時候和經濟都很成問題，後一者似乎尤為重要，雖然我們都默許了一個月左右便出版一回的，至於能否如願以償，則在這樣無聲的島上，天也不能保證的喲！

這幾天來，在大清早起了床和用過了晚飯後的黃昏，偶然在騎樓間憑欄小立，微颸過處，每教我驀地感到了無限蕭〔蕭〕條的秋意，想起三伏暑天過了未久，這才交了孟秋的新涼，然而，天時的變遷，轉瞬間便呈了那樣衰頹的情狀了，雖然就素性都偏愛秋，到

此也難禁生了無限的感慨。讀者的青年朋友喲，請你們好自珍惜着年華！

秋夜幽涼，願多佳夢，Adieu！

一九二九，八，卅一編校後記

《鐵馬》這期創刊號有刊載〈下期要目預告〉，列出有謝晨光的〈兩個靈魂〉（創作）和〈去國之前〉（散文），李霖的〈青春的巡禮〉（創作），靈谷的〈詩〉和林房口的〈中國人的痰〉（小品）。

《激流》

《激流》（*La Vague*）現存創刊號和第 1 卷第 2 期。創刊號是陳無言生前借予影印，該冊有他的印記。筆者在本書的舊版（2009）中，介紹了《激流》創刊號，前公共圖書館總館長吳懷德學長知道《激流》有缺期，便慷慨借出該刊第 1 卷第 2 期，因而得以攝製彩色複本，他亦允許給香港大學孔安道紀念圖書館及香港中文大學香港文學特藏各存一份複本，以便讀者參考。在 1980 年代尾複印該刊的創刊號時，只能黑白影印，現時科技普及，普通家庭都可以用掃瞄器彩色複製資料，因而該刊的第 1 卷第 2 期複本得以原有彩色面目示人。

《激流》的創刊號在 1931 年 6 月 27 日出版，五星期出版一次，隨後的第 1 卷第 2 期依時在同年 8 月 5 日出版，編輯者、出版者和發行者都是以激流出版社具名，督印人是梁天耀。通訊處設在承印的永信印務公司。創刊號全期正文 40 頁、圖片 16 頁、廣告 20 頁；第 2 期正文 35 頁、圖片 16 頁、廣告 20 頁。該出版社的主幹人和助手，有些是兼任通訊社採訪員或在大百貨公司廣告部工作，人脈較廣，容易取得廣告客戶，所以該刊廣告較多，而每冊的定價，才能低至大洋 1 角。第 2 期的廣告同上期數量一樣，但漲了價至大洋 2 角了。

魯蓀在〈卷頭語〉說明刊行《激流》的用意：

 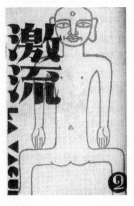

◉《激流》創刊號（陳無言藏）　　　◉《激流》第 2 期（吳懷德藏）

「沙漠在這里！

沒有花，沒有詩，沒有光，沒有熱，沒有藝術……」——任它是平沙無垠的大戈壁〔壁〕，我們都要發一個最微的小願，在這沙漠中培植一朵鮮艷的薇薔！

水是一切自然力中最大的一个，它會把岩石冲碎，海變成陸地，幽深的山谷，廣大的平原，美麗的湖濱，都是水的創造！

……

水會把海變成陸地，當然亦會把沙漠變了平原！

該刊的內容是多樣化的，有着各式各樣的文體：

新詩的創作有犇風的〈獻祭〉和〈「毋忘我」〉，彥彥的〈給馬丹淑儀〉和魯蓀的〈懷 S. Y.〉。

散文有孫偉的〈心與血〉，石谷的〈我的第三身之死〉，系子的〈我在薄暮的途中〉，星河的〈追慕光明的怯弱的心〉和魯蓀的〈黝黯的靈魂〉。

隨筆有侶倫的〈向水屋——向水屋隨筆之四〉介紹他的居所情況，荷美的〈中庸與極端〉，木子的〈雜碎閒筆〉，綠子的〈打倒披髮鬼〉和陸諤的〈讚美「第一個發幸福的連索者」〉。

　　創刊號的〈香港文壇小話〉這一欄有三不聖的〈關於黃崑崙先生的小話〉一文，提出很多人都讚許黃崑崙早期在廣州寫的社會小說。後來他改用白話文寫了大量的作品，但都令三不聖很失望，認為並不是曉得幾句白話文，就算是新文學。辛旦的〈關於香港文壇的閒話〉一文批評眾多的報紙副刊編輯，都讓所謂「大家之流」的作者產生大量粗製濫造而無生命的作品，充斥報上，壓抑新文學的抬頭。書刊的編輯又把關不嚴，錯漏百出，抄襲也成了投稿者的通病。

　　第 1 卷第 2 期的這一欄有如是的〈零星的憤慨〉，寫下他對報刊的不滿：〈琴言君不是吃飯的吧〉一文駁斥琴言的疑問，說中小學有歷史課，六經皆史，學校應授六經，今竟授歷史而廢六經；〈道德家的假面具〉一文批評蘇守潔（豹翁）假惺惺的憂心世道，婆心口苦，而他所著的〈嗚呼戀愛〉取材穢褻，繪聲繪色，有意誨淫；〈那麻將是什麼造成的？〉一文評說一位叫介克的作者連別人的最隱私的行為也寫到。

　　在第 1 卷第 2 期的〈香港文壇小話〉這一欄後，還附有名叫 CK 讀者寄給侶倫轉交《激流》的來信，題為〈激流‧批評與得罪人〉，和〈侶倫借光說幾句話——關於小小的謠言〉。讀者的來信提出了三點：《激流》有少許瑕疵，也有它的特色，是很好的一種收穫；讚賞〈香港文壇〉批評報紙副刊的編輯採用不通的文字和抄錄的文章；〈香港文壇〉因不識世事，又不做無恥和虛偽的事情，以後到處都會得罪前輩先生，和既成名且富有的老作家。侶倫的文章是為自己闢謠，事緣某人說侶倫在《伴侶》停刊時，寫過一封信向香港某大文豪請求提攜，侶倫說他生就賦着一副壞脾氣，不高興逢迎什麼聞人，請求提攜之說，純屬子虛。

　　小說有一齋的〈二十了〉，李霖（侶倫）的〈汐〉，魯蔎的連續長篇小說〈一篇未完成的詩〉，谷柳的〈珠江進行曲底伴奏〉和一齋的〈飄飄〉。

獨幕劇有曼華的〈警官與私娼〉。

該刊登載甚多畫圖，創刊號封面由緝文設計，第 2 期的封面〈坦白〉由莫倫設計，扉畫〈霸王〉由神曲設計。該刊創刊號插圖獨多裸體作品：如油畫李德尊的〈十八歲〉，李秉權的〈裸女〉和陳緝文的〈力與美〉，麥芽的四色畫〈舞〉和兩色畫〈相煎何太急——裝飾圖案〉，木刻有 S. A S. 之作〈盼〉，李晐的〈人上人〉，李崧的攝影〈誰人不是赤身來〉和〈曉風江上〉，以及歐梨的〈灘上〉。其他的有洛克維爾‧彥特的木刻〈遠矚〉，Enid Scott 的浮雕〈農家〉，紉蘭的〈剪紙裝飾圖案〉，一禪的三色畫〈圓滿〉。油畫有陳丘山的〈沙渚〉，李德尊的〈青鱗〉（尺社第九、八次美展會出品之一），陳緝文的〈靜物〉和〈肖像〉（青華美展會出品）。鉛筆畫有劉棠的〈松口〉和小朋友觀陽的〈一條河〉。諷刺畫和漫畫有魯德的〈曲線美〉、〈前進的呼聲〉和〈踏青〉，春川的〈盪漾〉和〈平凡的故事〉，L.L. 的〈現代〉和〈兩全之計〉，叔平的〈大丈夫志在四方〉，關平的〈孫總理〉和痴尼的〈申先生及其姨太〉。從第 2 期起，有魯德的連載漫畫〈華仔〉；攝影作品有駱光的〈車站〉，李崧的〈角之研究〉，陳爝明的〈漁人〉，黃英的〈天壇〉，朱志（維）揚的〈瓶子與牡丹〉，范其務的〈五針松〉和小黃石齋的〈盆栽〉；伊秉綬的對聯和冷殘遺作〈晴窗清供〉。

創刊號的〈編輯後記〉略述朋友對《激流》刊名的看法，並介紹這期編輯的方針。第 1 卷第 2 期的〈編輯後記〉自嘲這一期忽然起了價，是一件值得讀者咒罵的事，又訴說作者的一群，生活得很糊塗，只顧嫖賭飲蕩吹，若希冀《激流》有所發展，真是戛戛乎其難！

貝茜（侶倫）比對《激流》和《字紙簏》，覺得形式和風格都相似，前者格調卻比後者高，也就是文藝氣味較為濃厚（見《向水屋筆語》）。他在〈香港新文壇的演進與展望〉（載《香港文學》第 13 期）一文，特別提出了《激流》的勇敢態度，作了正面的評價：

　　……在窮乏的新文壇上，這刊物的出版也可說是劃了一個階

段，它不是如「伴侶」雜誌之以內容嚴整取勝，而是以態度之勇敢
博得人的注意！在它的「香港文壇小話」一欄裏，毅然地向所謂香
港文壇算舊賬，向「舊文壇」的盤踞者作正面的攻擊。氣燄可驚！
這種勇敢態度，為前此的刊物所未見，而成為「激流」所特有，也
是那時候所不得不有的精神！

《白貓現代文集》

《白貓現代文集》是由白貓文社編輯、出版和發行，督印人福
明。現存的第1集在1931年10月出版，每冊定價大洋2角，預算每
5星期出版一次。

《白貓現代文集》除了發刊辭的〈貓頭〉，編後語的〈貓尾〉和
〈圖畫〉這幾個部份外，內文可分為介紹和創作兩個主要部份。

〈貓頭〉主要說明辦理這種期刊的目的：

> 我們在這艱辛痛苦醞釀和籌備了好久的白貓現代文集，經過了
> 種種的困難，在這殘滅而復燃生的命運裏，加之在這風雨飄飄，國
> 難當前的時候，倖幸和悲哀，始得在香江島上的文壇見世，我們撫
> 着創傷而沉重的心靈，跑上了文藝之路，以圖有所努力及貢獻，不
> 能不在創刊的集前有所表白，以明我們的努力是什麼？以解我們所
> 要貢獻的是什麼？
>
> 我們不是什麼文學家，我們祇是一群愛好文藝的青年，文藝既
> 離不掉我們，我們又是需要文藝的，我們這一群因着學業等關係，
> 祇願做一個文藝花園中的遊賞者，使像蜜蜂的心靈，吸取一些做造
> 蜜的原料，可是中國的文藝花園，草的文藝花樹，既經萎落，而新
> 的文藝蔓草，又在叢生中，拒絕社會，和人生的灌溉，而且又變成
> 了政治毒蛇一般，如洞口荊棘，這種徒有其名而空負其實的文學上
> 的不幸情形，是研究及愛好文藝者所認為痛心和可惜。於是我們白

◉《白貓現代文集》（香港大學孔安道
紀念圖書館藏）

貓同人，站在文藝的立場上，不能不勉為一個文藝花園中的一位園
丁從事努力掃除，及培植貢獻的工作，我們同人經過了長久時間的
相〔商〕量，而決定我們這白貓文藝的工作，和宗旨。內分兩部，
（甲）介紹部（乙）創作部

　　1.介紹轉載中外名人一切文學，小說，戲劇，詩歌，番譯，婦
女，學生，生活等。

　　2.登載現代無名作家的創作品。

介紹的部份佔內文 38 頁中的 30 頁，主要是轉載名作家的作
品，包括穆木天的論著〈寫實文學論〉，O.HMNQY 著、自然譯的
〈二十年後〉，張資平的小說〈蜜約〉，郁達夫的〈一個人在途上〉，
陳學昭的〈寒山〉和〈她的婚後〉，以及王獨清的連載戲劇〈貴妃之
死〉。

　　創作部份包括彭窗槐的〈饋贈〉，雨寒山的〈夢前塵〉，和袁一
公的〈她和他一談〉。

　　至於圖畫方面，封面是黃翔設計，刊內另有黃翔的美術作品
〈掙扎〉，攝影作品有駱光的〈更深一葉〉和〈網下黃昏〉，青青的〈懺
悔〉。此外亦有刊載鍾夢圖藏張篤言的書畫，和鍾氏所撰的〈畫家張
篤言小傳〉。

補白的〈貓聲〉摘錄了法國詩人米塞和維宜，法國思想家盧梭和法國文學家許峨的精句。

〈貓尾〉的編後語可以看到編纂的方針，和這一集的內容綜合介紹：

> 說起辦刊物的問題，如果他是一個行家的話，他一定知道明白辦刊物的滋味是怎樣的味道，尤其是辦這種性質的刊物更多荊棘，別的問題我們不用談，我們單就拿文字這一件事來着眼談談吧！
>
> ……
>
> 我們白貓文社出版這本白貓現代文集，經同人們長久的調查商量，決定我們的文字，實行要採納民眾的客觀化。不站在任何一個階級，不企在任何一派一義來下筆，暫〔站〕在一個客觀者的地位介紹作公證，無論何派何級的文字，認為是上乘品的，我們一概送入介紹，以享讀者的眼福，這是我們造稿的一個簡單的指南了。
>
> 今次創刊號的文稿，介紹轉載的，一共七首，創作品因了篇幅關係，只得登載三首，我們今次文字的質量，可以說是做到客觀化的工夫了，小說，番譯，個人生活，婦女，戲劇，小品，論文，散文等，各種問題，各種味道，都倖幸辦到給愛讀的文友們鑒想，所介紹的，不用說，通通都是中國當代第一流的文學作家的文藝，他們的文字如何，編者不敢妄大評批，留回讀者們自行作判罷。關於創作的文字，我們可以拿來談談的，彭竅槐君的「饋贈」根據作者的來函，說是一首事實的來信，內容是什麼的意思呢？讀者們看完後自然了解明白，袁一公君的小品短論，是和我們男性爭回一點男性美的寫作，可以講得是一首短小精桿〔悍〕，不可多得的現代小品文字。最後關於雨寒山君的夢前塵的作品，我們很想得到讀者們的一個評批，在第二集上表發，這是作者過去的一段傷心的戀愛史。

《島上》

據侶倫的《向水屋筆語》所載,經過《鐵馬》失敗後,島上社再接再厲,在 1930 年 4 月 1 日,正式用島上社名義自費印刷,又出版了另外一種文藝期刊《島上》。第 1 期出版後,預算於兩個月後,再出版第 2 期。但第 2 期的稿件收齊後,卻沒有辦法付印。這時島上社的社長林君選,剛巧因公事去上海,便把第 2 期的稿件帶到上海付印和發行。終於,第 2 期《島上》出版了,但出版日期是 1931 年 10 月,和第 1 期的出版時間相隔已是一年半了。

《島上》第 1-2 期都是由香港的島上社出版,該社的社長是林君選,編輯岑卓雲。林君選可能是精武體育會中人,所以社址是設在亞畢諾道 15 號該會內。第 1 期由位於結志街 21 號的文中興印刷,定價每冊 1 角,全期 80 頁,這一期有侶倫在出版日在書上給「次亭」的題簽;第 2 期在上海的東方印書館印刷,每冊售洋 1 角半,筆者所經眼的這期頁數不全,缺第 113 頁以後的頁數,〈編後〉在第 128 頁,估計大約缺 16 頁。這兩期都是蒙小思以彩色影印送給筆者,特致謝意。

《島上》的第 1 期在〈編後〉說明了該刊出版的希望:

> 香港,在外表看來,是一個富有詩意的所在:四週是綠油油的海水,本身是一個樹木蔥蘢的小島。不過倘若你踏進去細細考察一下,你將發現你自己的幻滅。充盈於這個小島的只有機詐,虛偽,險毒……如其你是還清醒的話呢,你會感到窒息,你會感到牠缺少了些什麼。
>
> 我們沒有多大的希望,只願盡了我們自己微弱的力量,使這島上的人知道自己所缺少的是什麼而已。

按照這期〈目錄〉,這刊分為〈小說〉、〈散文〉和〈譯文〉三個欄目,〈編後〉放在該刊的最後部份。

◉《島上》（盧瑋鑾影贈）

〈小說〉一欄在第 1 期包括侶倫的〈PIANO DAY〉，哀淪的〈心痕〉；第 2 期有張吻冰的〈粉臉上的黑痣〉，陌生的〈石田櫻子〉和子迂的〈八月裏〉。現存的一冊缺去〈八月裏〉的一篇作品。

〈散文〉一欄在第 1 期有一齋的〈社交公開，戀愛〉，謝晨光的〈去國之前〉，以及雜文兩篇：叻加的〈和華商會圖書館商榷〉和林房雌的〈中國人的吐痰〉。第 2 期有侶倫的〈夜聲〉，哀淪的〈婚前的一日〉，子迂的〈艙中〉和〈亭子間〉，子迂的〈亭子間〉只存第 112 頁，該冊以後其他各頁都缺去。

〈譯文〉一欄都是小說，第 1 期有柴霍甫著、張吻冰譯的〈親愛的人兒〉；第 2 期有由 Michael Kotsyubinsky 著、夢星譯的〈在海邊〉。

《島上》這個期刊其中有香港色彩的作品有侶倫的〈PIANO DAY〉，謝晨光的〈去國之前〉，叻加的〈和華商會圖書館商榷〉，張吻冰的〈粉臉上的黑痣〉和子迂的〈艙中〉。

《人間漫刊》

《人間漫刊》於 1931 年 11 月 15 日創刊，督印人龍永英，永英出版部發行，永英出版部屬於永英廣告社。據梁國英藥局東主梁晃所

說，他亦有參與辦理這份期刊。該刊定價每冊 1 角 5 分。全冊原有21 頁，但現存創刊號是殘本，只得目錄、〈卷首語〉、第 1-2 頁落花的〈落花談畫〉、第 21 頁和〈編後話〉。

編者在〈編後話〉說出該刊出版的旨趣：

> 「人間」編完，回頭檢閱一下，不禁擲筆喟然曰：「吁！這一本人間也！在現社會的複雜組織底下，光怪陸離，不可捉摸的事太多了；面前就是一個個缺陷，事事失望，還說什麼？」

> 然而，惟其這樣而要說的話越見多了，偌大的人間，包羅萬象，我們不妨拿出切身所感受的赤裸裸地曝露一些兒？—— 雖則這不過是「不成材的東西」而已，但這裏是真實的內心的表現呀！我們把握？生活的片段，社會的現實，至於其他，恕我們不懂了，——又何必懂呢？壓根兒我們便缺少了虛構的才能！

> 話又說回來了，當我們編這本人間時，我們曾經自己擬定一個愜意的美滿的結果，甚至想要高喊幾句：「文藝界的權威！」可惜至今發覺這個朦朧的虛擬，畢竟是捉摸不着，小孩子捉輕氣球，後者的速度比前者尤大呀！

根據該刊目錄，全冊分為圖畫和文字兩個部份：

圖畫部份包括陳近山的〈羞〉，王伯虎的〈島〉，孔美英的〈泡水館之春〉，潘良玉的〈歌罷〉，龍永英的〈曉煙〉，何香凝的〈狐〉，愁乎民的〈歸鄉途中〉和〈有秩序的死亡〉，羅海空的〈荒落〉，黃般若的〈不和諧的情調〉，陳荊鴻的〈眾生皆自在〉，苗子的〈悵惘〉，李秉權的〈醫卜星相〉，朱公遠植的〈風車草〉，黃祖耀的〈魔〉，昭石的〈凱旋〉，禪的〈探望〉，魯德的〈飛入尋常百姓家〉，羅曼的〈車中〉，一非的〈新式風頭〉，伯虎的〈醉翁之意〉，春川的〈摩登〉，龍舜如藏的〈春〉和梁晃新藏的〈三酸圖〉。

文字部份有落花的〈落花談畫〉，星河的〈夜雨的山寺〉，霜痕的〈一聲銀鈴〉，靈湮的〈離鄉〉，林夕的〈月明之夜〉、〈死〉、〈一

◉ 梁晃（梁晃借予複印） ◉《新命》（香港大學孔安
道紀念圖書館藏）

個徬徨着的靈魂的伸訴〉和〈或人日記〉，吃吃的〈狂者〉，羅曼的
〈珠堤春色〉，亞夫的〈隔壁吳老三〉，玄明的〈狂叫〉，二吉的〈老
高的結論〉和琳玲的〈悲哀的情調〉。

《新命》

《新命》是在 1932 年 1 月創刊，督印人廖亞子，編輯張輝，新
命雜誌社發行，每 5 星期出版一次，每冊定價大洋 1 角，現存創
刊號。

《新命》出版的目的見亞子所寫的〈卷頭語〉：

「雞既鳴矣，東方始白」，響了五下的晨鐘，似告訴我們的黑夜
已過，晨早來臨了。有意無意的白璧無瑕底太陽，似給眾生們長進
的開始機會喲！

趁着這如氈似錦的陽光，在出世第一天的 ── 新命 ── 啼
聲，如波紋式似的聲浪，掀動到社會裏去。此薄如紙而且無色彩的
一片，能撼動觀眾們的耳鼓和眼睛，留點印象的，或者得到同情和

効力。我們惟有絞盡腦汁，以求貫澈主張，而酬報閱者與本刊相見的雅意。

署名「輝」所寫的編後語〈我們的新命〉呼籲愛好新文藝的人們給以同情的援助：

這里是荒原，沒有膏腴的沃壤！

我們從新來開始：在黑暗的人間，大家抖擻精神去找我們的新命！

這兒沒有醇酒，這兒沒有美人，所值得我們讚揚的，止有謳歌和太息！

我們為着新時代的追求，新人生的吶喊，完成我們的新生命。

新命出版了！我們自己當然不敢誇耀，這本冊子的東西寫得好不好，止有希望他人的批評，自己盡力的去幹，成功和失敗，都沒有計較到。我們唯一的願望，是一般酷好新文藝的人們給以同情的援助。我們這本刊物暫時是慘淡經營，物質上的酬報，止有贈刊物而已。忠實地說，我們不想用每千字一元至五元的徵稿辦法來做騙子啦！

小說是時代的反映，藝術是自我的表現：新命彷彿是一朵鮮花正在含苞欲放！

朋友呵！請你勇猛進前，荷着鋤，肩着劁，建築未來的花園！

全期共 60 頁，內容可分為〈論著〉、〈小說〉、〈新詩〉和〈雜文〉四個部份。

〈論著〉部份包括張輝的〈中國新文學的鳥瞰〉、帆風的〈小說的索隱〉、丈八的〈學生應怎樣去修養〉和廖亞子的〈是愛的問題〉。

〈小說〉有帆風的〈逃走〉和旅寒的〈是失戀者的悲哀〉，連載有黃飛然的〈痴戀的姑娘〉和志輝的〈月明之夜〉。

〈新詩〉有旅寒的〈給新命刊諸朋友〉、潔冰的〈倘使我是一位詩人〉、黃定球的〈給我底親愛的青年戰士〉和〈給劉姑娘〉及阿堅

的〈回憶〉。

〈雜文〉每篇大約有 300 至 800 字，包括秋水伊人的〈戀愛與義務〉、〈戀愛新話〉和〈嗚呼西裝〉，漢遜的〈談「肉感」〉，真我的〈萬物之靈〉和〈莫明其妙的「妙」〉，阿銘的〈學問與職業〉，怪客的〈摩登青年與璇宮艷史〉和〈心血來潮〉，慕儂的〈兩種野外生活〉，巷伯的〈政治家的離合〉，狂濤的〈談摩登〉和〈飯後隨筆〉，薔薇的〈全盤召頂〉，麗娜的〈關於 Talkie〉及弱柳的〈百年內之獸世界〉。

〈插圖〉部份有黃璧林的〈少女美〉和〈黃粱夢甜〉。

《繽紛集》

《繽紛集》創刊號由繽紛雜誌社在 1932 年 6 月 16 日出版，每本售價半角。現存的創刊號是殘本，全期原有 24 頁，缺第 5-8、11-14 頁，缺的只是〈圖畫〉部份，〈文字〉部份還是相當完整。刊前廣告頁上有「繽紛集易椿年頌」字樣，可以推想易椿年就算不是出版人或編者，亦會和這個期刊有很密切的關係。

這一期前面的部份是編者的〈前奏曲〉和〈楔子〉，〈前奏曲〉說明了當時出版的使命：

> 要是拜謁人，便首先傳遞名片去，同是一樣的意思罷，在本刊的首頁，也寫上一束關於發刊的碎話。
>
> 一本刊物，經過多麼的努力，出過多麼的血汗，從一團氛氣裏掙扎出來，一條充滿荊棘的路徑閃縮地，走進光明的園地。
>
> ……
>
> 香港出版界的現象，除卻了寂寞的又怎似？我們可以擱住不談；但，至少也犯「旋扑旋起」的毛病，所以，很望閱者不要覺得本刊是鄙陋便冷眼，熱誠地求你提攜罷，我們維惶維恐的努力幹下去，延長這冊子的壽命，還不磨地把它恰到精彩處。

◉《繽紛集》（香港大學孔安道紀念圖書館藏）

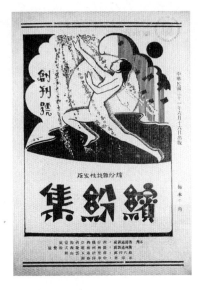

請，閱者們！這便算了罷。

〈前奏曲〉和〈楔子〉之後，跟着是〈圖畫〉和〈文字〉這兩個主要部份。〈圖畫〉部份只存髯公的山水畫〈秋高風便一帆懸〉和天慧的照片〈英倫鴻爪〉，其他失闕的包括微雨的〈蘭閨治粧容〉、靈靈的〈巴黎遠矚〉、百承的〈裸女〉、髯公的〈閒來觀瀑聽松風〉、〈日暮歸帆催短景〉、紅粉的〈山色朦朧照夕陽〉、待的〈如此愛國〉、玉堂金馬的〈海闊天空一葉舟〉和節夫的〈南京鼓樓〉。

〈文字〉部份可以分為詩和短文：新詩包括已而的〈繽紛落英辭〉和〈給我曾經戀愛的一個嬌俏〉，鄭郁郎的〈願與幹〉，英強的〈悲歌〉，王德恩的〈春〉，椿年的〈雨夜哭墓——給陰曹裏的母親〉，里仁的〈前途〉和〈徬徨〉；舊詩只有惠芳的〈落花詞〉一首；其他短文有兆源的〈夜合花〉和〈野馬般的他〉，已而的〈一個青年的信〉，飄仙的〈以怨報德〉，詩葩的〈談屑〉，英揚的〈給青年們〉，志仁的〈沉金記〉，柳絲女士的〈妒〉和石榴的〈一封沒有首尾的信〉。

最後便是編者的〈編後墨瀋〉。

◉《晨光》(香港大學孔安道紀念圖
書館藏)

《晨光》

　　《晨光》由晨光文藝社在 1932 年 8 月創刊，伍蕘督印，張輝編
輯，每 5 星期出版一次，每冊定價 3 仙，現存創刊號。

　　署名「蕘」所寫的〈前奏曲〉，大概就是《晨光》的發刊辭：

> 太陽在沉沒中就把大地一切的……都感受黑暗的籠罩着了！
> 而社會上一般人的環境處處都感受黑暗的痛苦！但經過相當時期的
> 沉寂和黑暗後，到底那個美滿的陽光產生出來，給我們在黑暗途中
> 的掙扎者將到光明；同時在被窩發夢囈的人們，可以打破他們的迷
> 夢！受晨光的庇蔭，努力地向前途掙扎去。呵！晨光，晨光，美麗
> 底晨光喲！你驚醒了社會一切的迷夢者，和幫助一切的黑暗中掙扎
> 者啊！所以，我們不要因在黑暗中掙扎失敗來悲哀，朋友！我信得
> 過：努力，苦心，奮鬥，經過相當的時期，終於能享受晨光的庇
> 蔭，得到美滿的結果啊！

　　篇末由張輝所寫的〈編後〉一文，比較具體的說明搞這份刊物
的意願：

> 真慚愧！這回編成這一本東西而且又是五星期刊，在香江的

出版界情形已往及現在都是曇花一現，尤其是新文化的刊物；環境這樣的惡劣，想來大眾也起了同情之感啦！朋友！辦刊物去賺錢比較登天堂還難些吧！不過在百無聊賴中和幾位朋友一時高興來湊湊趣，唱了調子；講到甚麼意義和使命，還要祈求於將來的造就。我們覺得在茶樓上，在十字街頭躑躅中，所抽出來一些時光來創辦這「晨光」，原是我們精神上的寄托，想來不是壞事，故此敢和閱者相見。我們的計劃是想按步就班的做法，文稿力求精彩。同時將這個園地公開，希望園丁來灌溉！照老例不妨說一句：因為這期創辦伊始，匆忙來幹的事，錯誤想難免，下期當力求改善。

創刊號全冊共 12 頁，內附世喬的鋼筆畫〈綠波深處〉和壁林的鉛筆寫生〈百歲坊〉。文章包括張輝的〈消弭內戰的討論〉、嘉勉的〈關於日本的新聞事業〉、薔薇的〈婦女日常生活的一頁〉和〈屁的功用和價值〉、精一的〈一面銀盾底估價〉、玉壺冰的〈由漢奸聯想到兒童教育〉、弱柳的〈失敗以後〉和真我的〈三隻角子兩條鼻涕〉的雜文。此外，小說有海外逃叟的〈回顧〉，新詩有確靈的〈死與生〉、〈死神〉和〈父親的死〉。

《咖啡座》

《咖啡座》(*Le Cafe*) 第 1 卷第 1 期在 1932 年 9 月 10 日出版，每冊港幣 1 角或粵幣 2 角，原定每 5 星期出版一次。現只存這一期，頁數不全，至第 18 頁，有封面及封底。督印張若，編輯及出版都是咖啡座雜誌社。

該刊通訊處是九龍彌敦道 432 號白鳥轉。原來白鳥是白鳥音樂美術院，美術系科目繁多，有木炭、鉛筆、水彩、油彩及各種有關繪畫理論十數科，音樂系教授一切西洋樂器，並設雕刻科。該地址同時亦是南國藝術裝飾廣告公司的通訊處，因此該刊比較側重登載

⊙《咖啡座》(香港大學孔安道紀念圖書館藏)

藝術創作和訊息。

編者的發刊詞《黑咖啡》表明出版的旨趣:

> 命名咖啡座,聊供諸君遣興之謂也。
>
> ……
>
> 幸勿從這冊子之中找什麼之類的東西。除了趣味外它是什麼也沒有的。當你坐在火爐邊喝咖啡,或無聊而進咖啡座時,手拿本刊一卷,你就在一個適宜的時候做一件適宜的事情了。

該刊的藝術圖片包括雕刻的〈新鮮的發現〉、油繪的〈花球〉和〈浴〉、木刻的〈雪朝〉和〈橋下船〉、照片有〈現代之劇場〉、明星、影片和聲片的介紹;其他有關藝術的有〈現代舞術入門 —— 第一二課〉和〈夢情人,芳蹤何處!〉(歌譜)。

其他文字有〈現代聲片院之設備〉、〈我們的動物園〉和〈三文治〉;創作有散文嘉度的〈昨夜〉,小說若若的〈野薔薇〉,靈的〈愛的課程〉和〈世界婦女情書集:中國(之選)〉。

《春雷半月刊》

1933 年 4 月，在中共兩廣臨委領導下，由陳光（赴港前原名吳敬業，在《春雷半月刊》撰稿時筆名為昂沖）、李拉特等一批失掉組織關係的共產黨員和進步的青年知識分子組成的香港文藝研究會成立，會員發展到一百多人，有工農通訊員二十餘人。《春雷》的主編有陳光，其他則有李拉特、平姐及幾位左傾的文人相助。《春雷》創刊號是在 1933 年 5 月 7 日出版，由香港文藝研究會編輯、出版和發行，通訊處為油麻地吳淞街 133 號 3 樓。該刊零售每期大洋 2 分。現存的是創刊號殘本，全期共 10 頁，只存第 1-2、9-10 頁。

雲生的〈開場話〉主要是要鞏固和發展普羅文學，相信也就是這個期刊出版的目標：

> 動亂的當前，正如狂風暴雨，洪潮怒浪的吹打騰飛。時代的轉輪也正依着牠的軌道衝着這風雨潮浪以達牠的彼岸。
>
> 無疑的，時代是矛盾着，變動着，而且被否定着。這矛盾，這變動，這「否定」的過程，將發展到一個更高更完滿的階段。不是循環，不是退化，而是一種必然的演進。對時代，我們應有這正確動向的認識。
>
> 我們不是聽着風雨的吹打，不是看着潮浪的騰飛；更不是空望着時代的轉輪。我們要加深地認識，理解，加力地變更這個時代。……
>
> 我們的春雷現在發動了，春雷的發動，洽在這階級嚴重的對抗底下，在鬥爭形勢的緊張底下，在揚新棄舊的開展形勢底下，這是多麼的含有時代的意義與任務啊！
>
> 因此，這裏不是露風頭，鬧狂熱吟情歌花的娛樂場，也不是悲哀，苦悶，失望的發（行平到上升）。是緊緊地抓住時代生活的每個細胞作個 X 光線的照射：把握着饑寒，貧窮，失業，壓迫，剝削，屠殺，反抗，鬥爭……的全形作為創作的主要題材，作為大眾

◉《春雷半月刊》（香港大學孔安道紀念圖書館藏）

播音機的傳播資料。

我們無疑的是歡迎有大眾新生命跳躍的東西，排棄那時代舊軀殼的殘骸。因此，這裏是布爾喬亞，法西斯蒂，封建殘餘的墳場碑石，是普羅列塔利亞和小市民的亮塔指針。我們應要有這個信念而實踐。

我們的春雷現在發動了，牠的電力雖然是有限的發射，但，站在我們這方面的朋友喲！時時刻刻都要補充給我們以電力來充實春雷的鳴動！

現存的這一期是《歡迎滿洲調查團專號》。據這冊殘本，本章除了〈開場話〉外，還有昂沖的〈歡迎滿洲調查團來華！〉、洪丁的〈文化工作者團結起來吧！〉和亮青的〈殘毒的白色魔爪！〉。缺去的文章包括拉特的〈兩個調查團的對比〉、丹靈的〈悼革命戰士！〉和昂沖的〈當革命兵士去！〉。

出版一期後，因該刊明顯有反帝內容，引起港府的注意，又因辦刊經費絀缺，就停刊了。雖然該刊僅出版一期，但在香港引起了較大的震動，當年中共兩廣工作委員會向中共中央的報告亦提到其文字內容，大都站在「普羅文學」革命運動方面說話，其「影響非常厲害」。普羅文學就是以文藝的形式，運用隱晦曲折的方法，宣傳黨的方針、政策，揭露國民黨政府的黑暗和專制。儘管手法掩隱，言詞含蓄，不露鋒芒，但國民黨政府視之如芒在背。

《小齒輪》

《小齒輪》第 1 卷第 1 期在 1933 年 10 月 15 日出版，編輯是群力學社編輯部，有關群力學社建立的目的和該社的工作，在《小齒輪》封面內頁的〈群力學社徵求社員啟事〉有提及：

> 目前是一個嚴重的時代。在這時代中一切事物都日益複雜化，在在都充滿着各式各樣的矛盾。矛盾日益尖銳，社會於是急速地變化着，飛躍地突進着，現出非常驚人的姿態。在這樣的時代，這樣的社會中，一個人，無論做什麼事，假如是孤獨地進行，要想成功是難而又難的。

> 現在我們組織這個「學社」，就是根據以上的理由，企圖合「群力」以從事學術的研究，文化的工作；即使不能有極大的成績在短時期內產生出來，亦自信決不致白費心力。

> 我們第一步的工作，就是印行這個「小齒輪」純文藝刊物。不久，還要繼續編印一般學術的雜誌，以及各種叢書，大概都是不難實現的。

根據侶倫在《向水屋筆語》的記載，魯衡是《小齒輪》的主辦人。魯衡在青年時代在美國作苦工，患上了嚴重風濕病，住過醫院也沒法醫好，只好回到香港。因病情惡化，一雙腳變成了癱瘓，只得長期躺在床上。難得他愛好文學，雖然只能用手托着夾上原稿紙的木板寫字，他仍然努力寫作，他經常在報紙上發表作品。憑着通信的關係，很多香港的文藝工作者都成了他的朋友，他們常常抽空去探望他。後來他將積蓄的稿費去搞《小齒輪》這個刊物時，大家都無條件地提供作品去完成他的心願。《小齒輪》從集稿、編輯、付印、校對，以至封面設計，都由他自己一手包辦，發行工作則由他的妹妹和他的家庭朋友去辦。

但是在現存的《小齒輪》的創刊號裏面，並沒有提到魯衡在該

⊙《小齒輪》（香港大學孔安道紀念圖書館藏）

刊擔任的工作，只有刊出他的一篇作品。魯衡當時在香港居住，而《小齒輪》的出版地牽涉到省港澳三個地方。根據刊內資料，負責編輯工作的群力學社編輯部的地址不詳，負責發行和印刷的群力學社分社是在澳門罅些那提督馬路，訂閱和投稿的地址都是香港深水埗福榮街 3 號 2 樓余若存君轉，而譚卓垣所編著的《廣州定期刊物的調查（一八二六－一九三四）》（載《嶺南學報》第 4 卷第 3 期，1935 年 8 月；香港龍門書店另有單行本）更把《小齒輪》列入為廣州的定期刊物。綜合刊內的資料和侶倫的記載，魯衡和群力學社必然有很密切的關係，希望以後可以在這一點上再作補充。

　　《小齒輪》只是出版了一期就停刊了，零售每期大洋 1 角。現存的創刊號全冊應有 55 頁，但缺第 1-2 頁。內容分為〈論文〉、〈小說〉、〈隨筆・小品・雜文〉和〈詩劇本〉四大欄目。

　　〈論文〉一欄只得漫留的〈藝術的本質〉一文。

　　〈小說〉一欄有雁子的〈快要咆哮的手車輪〉，杜英的〈掘井〉，拉林的〈時代速寫〉和魯衡的〈媒〉，四篇小說中，只有魯衡的一篇以香港為故事的背景。

　　〈隨筆・小品・雜文〉一欄有侶倫的〈紅茶〉，美國 Sherwood Anderson 著、吻冰譯的〈異城隨筆〉，黎學賢的〈綺夢殘了〉，馮騷

的〈艙中之夜〉和唐亮的〈加緊揮動我們的文化武器吧！〉。其中
侶倫一文是為着紀念一個社和一個死者而寫的，那個亡友是叫作一
齋，而那個社，可能就是指島上社，關於那個社同人的生活，就有
以下的描述：

計算起來，大約四五年前，那是我們喝紅茶的全盛時代。説我
們，自然不是我一個，而是許多個，由遠遠的地方飄來聚在一起，
又飄散到遠遠的地方去了的一群朋友。大家是一致地高興地喝着紅
茶，當我們都坐在咖啡座中的時候。

朋友是一群六七個，大半是從異地飄流到這個小島上來，在
不安定的生活中安定着。因一點共同的志趣的關係，使大家都很偶
然的合攏起來。除了一二個有事情做着，其餘的、連我也在內，過
着都是清閒的日子；環境是小小的，可是生命卻更渺小，就這樣過
着流蕩生活了。因為大家是年輕，沒有牽累；有的是年少的豪情。
窮愁的命運彼此都一樣，可是在這長春的島上，不老的山與海的環
抱裏，都使幾個人感到在這裏偶然的遇合是可珍惜的事。目前的
戀慕，倒忘掉了窮愁的背負，和各人的不同的生命史上的共同的創
痕，那許多彼此隱秘着而後來道出了互相驚異的心事。

環境是那麼樣的叫人讚美，可是大家都深切地感到這裏是缺乏
一些什麼，應該説是缺乏一個靈魂罷，我們便覺得自己是住在一個
空殼上，是一個美麗的骸，一塊被遺忘了的沙漠。稍稍令人感到滿
足的什麼都沒有。而且一層濃厚的烏煙，像幕似的包圍得緊緊，叫
人窒息喘不了氣。這麼詩意的境地是這麼不和諧！一點小聰明和微
弱的鋭感使我們的眼不舒服，我們的心不快意。生命中燃燒着青春
熱烈的焰，大家都覺得需要在沉悶欲死的空氣中做些什麼事，為人
也為自己找尋一點養氣。於是大家共同進行着力量所能達到的開懇
的事；寫着寫着大家都高興寫的文章之類。雖然那代價是湊不上一
次上咖啡座的開銷，那卻是使我們感到些兒安慰的。但是不能迴避

的感覺，是寂寞，是群的孤零；卸下了繁華的外衣，這島上真只有一個荒蕪的島上了，肯同我們合在一起的沒有幾個人。而那一團漆黑的煙是包圍得那樣緊，這個情形的反映上，更形成了幾個人的精神聯合一起，不老的山與海的美景的環繞，青春的火鼓舞着生命，「只有今朝」的思想在心上眩惑，但是要我們走進都市的幕裏找什麼享樂，同那些魔鬼的一群作死亡線上的歡娛，是沒有能力，也不甘願。使大家感到快樂的，就只有大家聚在一起了。離開了都市空氣很高的半山上，啣接住堅道的般含道中的 X 學社，是一群人進出的地方。上盡了地台的石階，就到了 X 學社的門。拉開了關着的鐵柵，沿住學社課室外面的甬道走進去，盡頭便是一個房子。推開了門，裏面也黝闇得和甬道一樣，只憑對住有天井隔開的廚房底窗子，才有點微薄的光，躲在一個角落。這樣的一個狹小黝闇的房子，一想起來就是黃昏和晚間的印象，因為兩個朋友在那裏幫忙一點事情，大家就在不妨碍的時間在那裏會集。在原稿紙，講義，手琴和床鋪的亂堆中，吃着自己買來的，或是女友們買了來的糖食或是花生米。談到大家的已往，談到目前要做的事情，都十分興奮的，彷彿在黝闇的氛圍中，已出現了一點光明，在我們的眼前閃爍。

〈詩劇本〉一欄的詩有杜格靈的〈悒鬱的琴〉，巴度的〈賣報的孩子〉和溫流的〈十五年〉；劇本有遊子的三幕劇〈勝利的死〉，為紀念前衛女戰士丁玲而寫成的。

《紅豆》

《紅豆》創刊於 1933 年 12 月，據刊內所載，督印和編輯是梁之盤，梁之盤的哥哥梁晃（梁國英藥局東主）擔任經理，由南國出版社出版，梁國英藥局發行。據梁晃憶述，梁之盤當時還是在廣州中山大學當旁聽生，聽西方文學的課，梁晃為了加強他的弟弟在中山

◉《紅豆》（香港大學孔安道紀念圖
書館藏）

大學的聲望，便創辦了這個期刊。該刊最初的數期頗注重刊載美術
作品，由黃鳳洲和李凡夫幫助搞美術工作。後來梁之盤接辦後，除
了刊載一般文學的作品，又加強介紹西方文學，在該刊 3 卷 1 期〈英
國文壇的漫遊〉一文的編者按語，有說及該刊出版的目的：

> 如果不以若谷的胸懷去接受先民底偉大的成就，便是自絕於春
> 色豪華，紅綠芬芳的文學園地。是的，世界傑作的紹介與享受，乃
> 我們這時代的人底任務與愉悦；尤其這中國新文學的發芽期，更需
> 要豐富的養料，以培成蔥綠菁翠的大森林。所以紅豆刜辦伊始，同
> 人即願竭盡棉〔綿〕薄、努力於西洋文學紹介。

《紅豆》是這個刊物封面的名稱，刊內稱《紅豆月刊》，2 卷 1
期起稱《紅豆漫刊》。零售每期 1 角，2 卷 1 期起減為 5 分。該刊刊
期不定，每卷 6 期，平均年出 8 期。從 4 卷 5 期起，加副題為《詩與
散文月刊》：「冀能造成獨特風格」。但 4 卷 6 期就刊載停刊啟事：

> ……最近忽因登記手續發生問題不得不遵照香港出版條例由
> 本期起暫行停刊一俟完滿解決再與讀者相見。

據梁晃說及，當時《紅豆》主要每期都虧本，不能長期支持，
所以到了 4 卷 6 期便停刊。而梁之盤在日佔香港的初期便去世了。

　　現存《紅豆》期數有 1 卷 1 至 2 號、2 卷 1-6 期、3 卷 1-4 期、4 卷 1-6 期。1 卷 1 號是 1933 年 12 月 15 日出版，所見最後的 4 卷 6 期是 1936 年 8 月 15 日出版，每期大約有 30 頁。

　　現存的《紅豆》第 1 卷是圖文兩方面都很注重，卷首有代創刊詞由風痕寫的新詩〈紅豆〉。〈圖畫〉部份包括梁晃、鄧雪峰、清一、一般、詹菊似和歐陽德的攝影作品，其他美術包括蒲生、凌永紹、藍白帝、A. E. C.、葉紫之、李德尊、綺文、麻生、金剛、李少衡、潘思同、趙石佛、徐悲鴻、陳荊鴻、陳緝文、尤重、關雪、黃曉江、李和、飛鳳和陳蓬舟等人的作品，以及孫斌的藏品。文字方面分為〈散文〉、〈詩〉和〈小說〉這三個部份：〈散文〉有風痕、青青、玲然、金明、葉惠青、銘申、少流和梁之盤的作品；〈詩〉包括風痕和白珩兩人的作品；〈小說〉有易椿年的〈阿黑的夢〉、黎覺奔的〈Violin 之死〉和林夕的〈血輪〉，翻譯的小說有柴霍夫著、良銘譯的〈渴睡的頭〉和思平譯的〈托拉維亞的審判 —— 唐散〉，Olive Sehreiern 著、格萊譯的〈生命之贈禮〉。

　　根據現存《紅豆》的期數，由 2 卷 1 期開始，圖畫的部份已全完刪去。文字方面，每期大概分為〈論文〉、〈小說〉、〈戲劇〉、〈詩〉和〈散文〉這五個欄目。

　　〈論文〉包括文藝論著，大多是譯介西洋文學，其中譯介中山大學任教的張寶樹 J. B. Bush 的論著較多，計有由陳演暉譯的〈文藝譚 —— 浮士德之分析〉，思平譯的〈「筆耕者言」序〉和不具譯者名的〈羅蜜鷗與朱麗葉之研究〉；其他譯介文章有 A. Symons 著、梁之盤譯的〈論文學批評與「文學者傳」〉，Mattnew Arnold 著、天力譯的〈詩〉，Edmund Gosse 著、楊幹蒼譯的〈戈斯論左拉的短篇故事〉，V. F. Calverton 著、李育中譯的〈美國文學之新天地〉，布洛克著、澤之譯的〈散文之特長〉，契斯特頓著、金柳譯的〈蕭伯訥〉，及 Edwin Muir 著、陳翰生譯的〈當代英國小說〉。其他介紹西洋文學的論著有丹陽的〈夢想者 —— 柯爾津治百年祭〉，岑家梧的〈對

於商業劇場的懷疑 ── J. Bab：「戲劇社會學」的片段〉，潤之的〈一個無上的爐邊良伴 ── 享德及其散文〉和鄭或的〈關於曼殊斐兒〉。有關中國文學的論著有梁之盤的〈詩人之告哀 ── 司馬遷論〉、〈讀詩偶記〉和〈「以自然之眼觀物，以自然之舌言情」── 薩都刺的石頭城懷古〉，林英強的〈作詩雜話〉，路易士的〈詩論小輯〉和〈詩壇隨感〉。

〈小說〉一欄可分為翻譯和創作兩大類：翻譯計有瑞典蘇德爾堡著、梁之盤譯的〈一杯茶〉，李吞著、蘇縷譯的〈賣花女〉，綏夫連羅著、玲然譯的〈鉛色的童年〉，Bella Illes 著、韓罕明譯的〈神底微光〉，左拉著、丹西譯的〈多情仙女〉，尼克拉索夫著、梅蓀譯的〈荒村〉，意大利鄧南遮著、金明譯的〈英雄〉，波蘭什浪斯基著、思平譯的〈任我底命運隨意之所罷〉，莎朗斯奇著、玲然譯的〈速寫〉，捷克 Jaroslav Haser 著、是真譯的〈繩端〉，德國 Herman Kesten 著、黃倩怡譯的〈失掉了記憶的人〉，俄國 D. Dolev 著、幹蒼譯的〈貴族的劇目〉，英國曼殊斐兒著、鄭或譯的〈阿日和阿月〉，美國 Louis Mamet 著、白盧譯的〈養老金〉，Percival Wilde 著、韓罕明譯的〈受賄〉，西班牙奧柏里松著、楊幹蒼譯的〈小品〉，赫胥黎著、韓罕明譯的〈合伯特與雯妮〉，喬也斯著、丹西譯的〈旅舍〉，吉柯譯的〈不得入地獄的鐵匠 ── 挪威神話傳說〉，Frank Kafka 著、吉柯譯的〈一個給學院的報告〉，意大利 Massimo Bontempelli 著、是真譯的〈夜間一劇〉，俄國 Yuri Olesha 著、幹蒼譯的〈羨妒〉，俄國契訶夫著、易水寒譯的〈昆珈〉，武爾天夫人著、雲亦之譯的〈壁上的痕跡〉，梁之盤譯的法國中世紀羅曼斯〈英雄駿馬與美人〉和芥川龍之介著、飄顏譯的〈跳舞會〉；創作的有黎學賢的〈一個女人的丈夫〉，幹蒼的〈駱駝〉、〈人性〉、〈都市下〉和〈色盲〉，金明的〈夜航船〉，胡夢芬的〈端陽節之夜〉，李育中的〈午時〉和〈祝福〉，王素雯的〈除夕〉，禁坡的〈伍教授〉，王人的〈寺前〉，杜撰的〈他們是朋友〉、劉心的〈流霞盞〉和林蔚春的〈秀君日記〉。其中〈駱駝〉、〈夜航船〉

和〈祝福〉這三篇的內容是和香港有關的。

〈戲劇〉的翻譯有梅斯斐德著、陳演暉譯的〈鎖了的箱子〉、Lady Gregory 著、韓罕明譯的〈獄門〉和斯特林堡著、韓罕明譯的〈更強的人〉，創作只得魯子顏的〈賣解者〉。

〈詩〉的一欄譯作很多，西方詩人的譯作包括 Chaucer、普希金、海涅、可諾妮嘉、密琪微支、特拉邁亞、胡德、培根、華茲華斯、俄國的尼古拉索夫、愛爾蘭的麥伽西、黑人麥凱和近代希臘民歌；中國詩人的作品包括風痕、蘆荻、家梧、梅蕾、張弓、劉飛雁、中堅、暮霞、敏政、陳江帆、培迪、羅維、運玲、梁格、真漢、谷田、路易士、李心若、林英強、錫金、蔣有林、逢虹、高夷卜、文懷明、薛荔、柳木下、水域、侶倫、侯汝華、陳雨門、炳仁、胡胡、林樹棠、影然、落牆、丙寅、韓北屏、李勵文、蕙蘇、唐運玲、林丁、葉懸之、李章伯、蓓櫻、陸印全、路曼士、吳奔星、莫明、薛易、漣和李爾等。

〈散文〉一欄的作品，西方作家包括 Sinclair, Issac Walton、Maunice Hewlett、Alice Meynell、Richard Jeffeies、R. L. Stevenons、E. V. Lucas、A. A. Milne、蘭德、吉訶德、戈理其、屠格涅夫、雪萊、桑太揚納和考伯；中國作家包括中堅、銘申、悟真、廖嘉祥、婉萍女士、商山老人、何世明、風痕、韓罕明、蘆荻、磐石、陳江帆、幹蒼、夫澧、鄭或、陳雲、溫慕沙、路易士、山嘉、海長流、思平、林蔚春、唐玲、胡紹軒、李勵文、樓棲、禁坡、林英強、岑家梧、落華生、悠如、劉撫、南碧、李雲興和真漢等。

現存的《紅豆》裏面有幾個專號，就是 2 卷 3 期的《世界史詩專號》、3 卷 1 期的《英國文壇十傑專號》、3 卷 4 期的《吉伯西專號》和 4 卷 1 期的《詩專號》。

《世界史詩專號》的〈卷頭語〉：

第一，我們以為新的東西，不一定好，古的東西，不一定壞。

第二，我們相信，文學除个性與時代以外，還有種族之一要素：尤相信，要了解某民族底民族性，古代史詩可以報告我們許多消息。

第三，我們也感覺「為民族生存而鬥爭」這話，並不來得太早，也並不過時：在如今，我們不想以愛和平的民族，阿Ｑ式的民族來誇耀。這「世界史詩」，老實告訴你，是充滿着血腥，和殺人不眨眼的「暴漢」，不及現時代那末「溫雅」，那末「文明」。但，無論情節是奪回被劫的王后，或殺減可怖的精怪，……史詩終究是民族之鬥爭史。你看了，如果會「有所感」，我們就滿足了。

這期翻譯的文章不多，只有蒲伯（Pope）著、廖嘉祥譯的〈名利〉和墨摩士譯的〈希臘史詩 ——「野天堂」—— 論荷馬〉，墨摩士譯的〈伊里亞特一瞥〉和慕沙譯的〈「伊尼易」一瞥〉。評介就比較多，有編者的〈「金色的田疇」—— 世界史詩〉、何世明的〈芬蘭史詩 —— 伽利華那〉、慕沙的〈羅馬史詩 —— 伊尼易〉、陳演暉的〈法國史詩 —— 羅蘭之歌〉、中堅的〈德國史詩 —— 坭伯隆根歌〉、之盤的〈英國史詩 —— 貝奧烏爾夫〉、默無的〈俄國史詩 —— 義葛出征記〉、無息的〈西班牙史詩 ——「西德詩」〉和梁之盤的〈印度史詩 —— 天竺之榮華〉。

《英國文壇十傑專號》所包括的文章計有張寶樹述、世暉譯的〈英國文壇底漫遊〉，無息的〈喬叟〉，梅蓀的〈斯賓塞〉，韓罕明的〈莎士比亞〉，墨摩士的〈密爾頓〉，鄭或的〈菲爾丁〉，湯舜禹的〈華滋華斯〉，楊幹蒼的〈拜倫〉，彭是真的〈狄更斯〉，陳演暉的〈白朗寧〉和梁之盤的〈喬也斯〉。

《吉伯西專號》內的文章有張寶樹著、陳天鵬譯的〈吉伯西和英國文學中之流浪情調〉，Konard Bercovici 著、蕭正傑譯的〈沙華〉和黃倩怡的〈河上的磨坊〉，可諾妮嘉著、默無譯的〈算命〉，李育中譯的〈吉伯西人自述〉，慕莎的〈吉靵謠〉和鄭或的〈Gypsy〉。

此外，這一期寫詩的有岑家梧、侯汝華、林樹棠、高夷卞、山嘉、霰石和莫明；寫散文的有霰石和靜勵。

《詩專號》的詩話有英國 I. A. Richards 著、丹西譯的〈生命之運用〉和穆亞的〈遠方詩札〉。詩的創作包括侯汝華、林庚、長之、張露薇、柳木下、李心若、帆弟、路易士、林英強和陳江帆等人的作品。

3 卷 6 期是《電影清潔運動特輯》，可惜香港圖書館缺藏這個專號。

《今日詩歌》

《今日詩歌》（*Jinryh Shyge*）於 1934 年 9 月創刊，同社出版及發行，火子和隱郎編輯，定價大洋 5 分。現存第 1 卷第 1 期，全期共 28 頁。

《今日詩歌》的內文分為〈詩話〉、〈論文〉和〈詩歌〉三欄：〈詩話〉一欄包括火子的〈中國何以沒有偉大的詩人出現〉和浪英的〈詩與觀察〉；〈論文〉一欄只收隱郎的〈論象徵主義詩歌〉；〈詩歌〉一欄的創作刊登了倫冠的〈開闢大道〉，前人的〈機械生活〉，杜格靈的〈北風之歌〉，李育中的〈都市的五月〉，隱郎的〈黃昏裏的歸隊〉，侯汝華的〈良辰〉，火子的〈最後列車〉，林英強的〈無名的歌篇〉，易椿年的〈普陀羅之歌〉，張弓的〈彷彿〉，巴度的〈災黎〉和陳鴻的〈騷音〉，翻譯的詩作有白水譯的〈通訊員〉（*Jim Water*）。上面的詩歌創作給人有很強烈的動感，引起了人們對這個世界的積極性。

同社除了出版《今日詩歌》外，還預備出版《同社叢書》：計有倫冠的〈夜航（詩集）〉、溫濤的《木刻集》和隱郎的《速寫畫自選》共三種。

◉《今日詩歌》(香港大學孔
安道紀念圖書館藏)

◉《時代風景》(香港大
學孔安道紀念圖書館藏)

《時代風景》

　　現存的《時代風景》第 1 卷第 1 期（初刊號）在 1935 年 1 月
1 日，由時代風景社出版。零售每冊定價 2 角，負責編輯的有易椿
年、張仕濤、侶倫、盧敦和盧基（黎覺奔）。

　　這一期《時代風景》共 158 頁，內容分為〈論文〉、〈小說〉、
〈詩〉、〈散文隨筆〉和〈特載〉五大欄目。

　　〈論文〉一欄包括黎覺奔的〈新藝術領域上底表現主義〉，隱郎
的〈抬頭‧舉目‧開步走〉和胡雁秋的〈關於辛克萊〉，翻譯有 A‧
布拉烏著、克己譯的〈巴爾札克與左拉〉和 V‧F‧卞爾浮登著、李
育中譯的〈美國作家之彷徨〉。

　　〈小說〉一欄有張稚盧的〈夫妻〉，文汶的〈黑夜的行伍〉和譚
浪英的〈老甲子〉，翻譯有英高爾斯華綏著、吳輝揚譯的〈開花的荒
地〉。

　　〈詩〉的一欄有侯汝華的〈妄念〉，鷗外鷗的〈鷗外‧鷗詩帖〉，
李心若的〈秋祭〉，吳天籟的〈雨外二章〉，張任濤的〈江邊小令〉，

李堅磨的〈家鄉〉和林英強的〈俠士詠〉。

〈散文隨筆〉一欄有侶倫的〈像之憶〉和張輪的〈在行伍中〉：侶倫一文憶述三個戀人無可奈何的情感；張輪一文敘述從香港回國投入青年團行軍的經過。

〈特載〉一欄只得吳延陵（吳灝陵）的一篇〈新聞教育在中國〉。

《時代風景》的發行處在香港是時代風景社，在上海是上海雜誌公司，兩地所發行的本子都不一樣，香港發行的附有廣告頁，上海的就沒有。上海的本子內容完整無缺，但在香港發行的本子內，有些地方被塗去，這些地方是否當時香港政府命令要塗去的或是有其他原因，那就不可考了。現在轉錄已塗去的地方，以資參考：

> 你說他是同情於工人麼？當舊金山總罷工之時，劊子手馬廉竟屠殺工人，廢報館，搗會社，破壞工人學校，所謂言論，集會，出版，罷工的自由何在？憲法何存？為什麼辛先生竟默不一言？寫「波市頓」的激昂之氣概何在？（〈關於辛萊克〉，第144頁）
>
> 「不，這樣的國家，她的恐怖感悟我不少。」「你是否像這些人所想的，英國真糟到極點嗎？」（〈開花的荒地〉，第155頁）
>
> 「好運的，霉的，統不見得英國是使人滿意的。」（〈開花的荒地〉，第156頁）

時代風景社除了出版《時代風景》外，還打算刊行文學叢書，計劃出版的有侶倫的《無雙之篇》（散文集），李堅磨的《呂博士家跳舞會》（小說集），克己的《文學並非遊戲》（批評集），趙如琳的《舞台藝術論》（舞台論），李育中的《英美文藝批評選集》（批評集），張任濤的《漣漪》（散文集），盧敦的《南國戲劇運動史》（劇運史），伽爾的《沉哀》（小說集），歐陽予倩的《予倩自選集》（戲曲集），易春（椿）年的《我是個支那人》（詩集）和吳延陵的《新聞紙論》（新聞學理論集）。

《文藝漫話》

　　《文藝漫話》第 1 卷第 1 期初刊號在 1935 年 7 月出版，發行人為
陶隱君，主編楊夢齡，每期 5 分，初刊號特價 3 分，是不定期刊。
現存的是殘本，只存封面、封底、〈目次〉和〈編者隨筆〉，封面的
圖畫是 Sorollary Bastida 所作的〈曾網生涯〉。

　　根據現存〈目次〉，該期內容共分為〈論文〉、〈創作〉、〈散文‧
隨筆〉、〈文藝漫話〉和〈詩歌〉等欄：〈論文〉一欄有林鶱的〈新藝
術的意義〉和黎覺奔的〈給香港作家易椿年一封公開的信〉；〈創作〉
一欄有文汶的〈她的一生〉和溫華莘的〈逃〉；〈散文‧隨筆〉一欄
有屠格涅夫著、冷鐵譯的〈一個乞丐〉和展玲的〈航行之夜〉；〈文
藝漫話〉一欄有黎覺奔的〈藝術並非至上〉和伽靈的〈作品與作家〉；
〈詩歌〉一欄有蒲風的〈挖掉奴隸的心〉和〈我最畏你呵 —— 病，
你〉，珍尼的〈懺悔〉，李堅磨的〈Lament〉及許幸之的〈歸途〉。

　　雖然這個期刊的各篇都失缺，但從〈編者隨筆〉的簡介，可以
略知這一期各篇作品的內容和這份期刊出版的目標：

　　　　我們悚惶地接到字房送來打了的初稿，看過之後，循例要說幾
　　句關於本刊的話：

　　說來實在是膽大不過的，在刁斗森嚴的「香港文壇」下我們竟敢把這不能登大雅之堂的小刊物搬運出來。然而我們並不因此而退縮，而害怕；反之我們更要負起歷史之使命，在新藝術運動的領域上盡我們一分的微力協助這偉大的工作進行，我們出版這文藝漫話，意思就是要出現於這個貧弱的「新文壇」的進展中。……

　　本刊定名為文藝漫話，顧名思意〔義〕，知道本刊是取其意淺顯，不敢太自誇張，祇登一些字句短少〔小〕的文章的意思。若我們大刊什麼「文藝雜誌」「文藝月刊」等名字，則我們恐怕能力所不及時，辦得畫虎不成反像犬，那麼不是更糟糕了嗎？

　　本刊是屬於大眾的，所以本刊的發展還賴讀者大眾的督促與批評，這也是編者的私願。

《南風》

　　《南風》出世號在 1937 年 3 月由南風社出版，香港林發印務公司印刷，魯衡主辦，李育中主編，每冊大洋 1 角。南風社有兩個地址：一在廣州壕畔街，一在香港聯發街。

　　編者的〈刊前贅語〉說明辦這個刊物的旨趣，尤其是身體有缺陷的魯衡，付出了很大的力量：

　　　　一個刊物初初露面，照老例是有些話說的，起先我嫌它俗氣，想着什麼發刊話都不寫了吧，覺得做一個編輯人，他的責任只應盡力於編輯，刊物好醜的造就，是靠着他從各方面去努力。出版完成之後，他便可告一段落了。不必饒舌，一切要等讀者去評判，那才得體。

　　　　……

　　　　我們這班人，身羈南國，因為志趣與年齡的關係便能連結起來，常常都是想怎樣才能夠在這海之一隅豎立起一點事業，那說得

◉《南風》（香港大學孔安道紀念圖書館藏）

◉ 易椿年素描像（香港大學孔安道紀念圖書館藏）

大方些，就是意圖怎樣來獻身於締造文化。那班朋友什麼也寒傖，純靠着那一點青春的勇氣，年年是在重圍裏突擊與掙扎，為各種各樣刊物的出版，已不知費盡幾多氣力了。如果說那社會真的一邊是荒淫縱慾與無恥，一邊會是嚴肅的工作，那末，我們這班無能者，也可告無愧吧。因為我們還不曾忘記我們的工作，收成不願太早去說它了，只是耕耘下去。⋯⋯

　　辦雜志一向成為我們這班朋友夢寐不忘的事了，未實行前當然理想太高，既實行後便發覺到諸多不滿意，不過想做成一個較合理的刊物，循往自己的意向的刊物，是存着許多困難條件的。這雜志的孕育，一切完全由於魯衡君，他是一個在肉體上有不可彌補的缺陷的人，但是他的精神是非常健旺的，他要成全一個雜志，好表示他生命火之熾熱，他是想把他自己的火去燒炙他的朋友和其他的人的。果然這個雜志長成起來了，雖然前途光明抑或黯淡，實未可卜，不過，掙扎的勇氣是要有的。

現存的《南風》出世號共 36 頁，包括以下幾欄：〈報告文學〉、〈社會雜感〉、〈隨筆散文〉、〈各種雜述〉和〈悼易特輯〉。

295

〈報告文學〉一欄的理論性文章有李育中的〈論近代的報告文學〉，創作包括周延的〈鄉居的感失（報告文學）〉和吳健民的〈街頭剪影（速寫）〉。

〈社會雜感〉一欄計有華胥的〈由氣節說到蘇武〉，雁子的〈文人的言行〉，李六石的〈救亡雜話——不要害怕群眾〉，勁持的〈看了孩子們決鬥以後〉和長城的〈女人與酬金〉。

〈隨筆散文〉一欄有侶倫的〈書趣味〉，方皇的〈關於偷書〉和魯衡的〈咖啡的情味〉等三篇作品。

〈各種雜述〉一欄有荻原的〈華南語文運動論〉，徐飛的〈銀壇雜草——粵語片存廢問題〉和李燕的〈詩與歌的問題〉。李文是回應《工商日報》的〈文藝週刊〉第 117 期內陳白君的一篇文章〈對於詩歌上的一個建議〉。

〈悼易特輯〉是悼念青年詩人易椿年的特輯，易椿年在物質生活極度匱乏下默默地耕耘，染上了嚴重的肺病，年紀才不過 22 歲便死去了。在這個特輯內的文章有侶倫的〈無盡的哀思——悼詩人易椿年〉和李爾的〈騎鶴而去的人〉，易椿年的新詩作品選了〈金屬風——防空演習印象〉。此外，亦有易椿年的照片和速寫像。

結語

從上面的介紹，可以看到七七事變前香港文藝期刊出版情形的梗概，其中有幾點是值得注意的：

第一點是革命文學，香港在清末是清廷管不到的地方，所以含有反清思想的刊物可以在香港出版。《中外小說林》和阿英所介紹在香港 1907 年創刊的《小說世界》，就是「多為反帝、反清作品。……而多為鼓吹民族獨立意識者」，當時反清的書刊比較突出的有《中國日報》、鄭貫公的《有所謂報》和《時諧新集》，都是蘊藏着豐富的革命文學資料。

第二點是民間文學，舊派文藝期刊所用的文體除了傳統的詩詞、小說和散文外，又多採用粵語方言區人民熟悉的粵謳、南音、數白欖、木魚、龍舟、班本等民間說唱文學的體裁。這些用粵語方言寫成的作品，通俗易懂，朗朗上口，很受下層社會歡迎。這些民間文學不只提供文學的資料，並且對研究當時社會狀況也有很大的幫助。

第三點是翻譯文學，從清末的《小說世界》、《中外小說林》和《新小說叢》一直到七七事變前的文藝期刊，大多有翻譯西方的文學作品和論著的刊載，到了《紅豆》的刊行，更是將翻譯文學推至最高峰。國內的翻譯文學史已經有很多人談過，香港是一個英國的殖民地，學習和推動翻譯都是站在一個很有利的地位。這些期刊的翻譯作品可以在一定程度上反映到當時翻譯的成果。再者，當時西方文學的介紹有否帶來對當時香港文壇的衝擊，這一點是值得探討的。

第四點是香港和國內的聯繫，在香港的文藝期刊內撰稿不限於香港作者，廣州的作者亦常常有作品登載，遠至上海的作者亦有來稿刊載，如徐枕亞、周瘦鵑、徐天嘯、吳雙熱、許厪父、沈從文、葉鼎洛和胡也頻等。香港文藝期刊的出版和發行和國內亦有很多聯繫：《島上》第2期在上海印刷；《小齒輪》的出版和廣州與澳門兩地有關；《時代風景》亦有在上海發行。期刊內和香港有關的作品不多，和國內有關的作品，尤其是和廣州一帶有關的就比較多。

第五點是有關白話文，反對白話文是一班老師宿儒，如文學研究社的羅五洲就是因為文以載道而反對使用白話文。舊派文藝期刊的作者很多都是報界中人，因為平時寫作的對象是普羅大眾，白話文既然是比較淺白易懂，所以他們也漸漸改用白話文來寫作，《墨花》和《小說星期刊》都是有很多報人撰稿，這兩個期刊後期的作品亦漸漸多用白話文了。

第六點是一些壽命較長的文藝期刊都是靠商業支持：《小說星期刊》和《伴侶雜誌》分由香港世界編譯廣告公司和中華廣告公司出

版;《墨花》得商人葉蘭泉支持,而《紅豆》得梁國英藥局贊助。《字紙簏》亦是因依賴廣告而出版期數較多。

　　第七點是香港文藝期刊的出版和當地政府的政策很有關連,嚴重的就如《字紙簏》的「被世情勒令停止了三年」,和《紅豆》的「因登記手續發生問題,不得不遵照香港出版條例,暫時停刊」;影響程度較輕的就有個別的作品被檢去或塗去,如《紅豆》4卷6期路易士的〈膚的傷感〉(詩)和慕沙的〈愛爾蘭詩二首〉被檢,而《時代風景》內有些作品的文句亦被墨塗去。

附錄

附錄一：
追尋香港戰前出版書刊
── 以黃世仲作品為例

　　以前找尋資料做研究一定要往圖書館翻查咭片目錄，現時科技進步，不用費時到個別的圖書館翻查藏書目錄，安坐家中便可以上網查閱。筆者從事搜集香港資料多年，對於搜查香港書刊的方法稍為熟悉，現以搜查黃世仲的文學作品作為一個例子，簡單說明搜查的程序。在查核黃世仲的作品前，首先要約略知道黃氏的生平，他的生卒年和字號、所用過的筆名。筆名尤其重要，因為很多時作者都是以他的字號或筆名來出版他的作品。

　　黃世仲（1872–1912）字小配，筆名世次郎、禺山世次郎等（筆名較多，從略）。較詳細有關黃世仲的資料，請參見本書〈新舊交替的香港文藝（清末至七七事變）〉一章的〈中外小說林〉條下。

　　在此亦可以略談筆者要搜尋黃氏作品的因由，黃世仲的《洪秀全演義》最是廣為人知，連坊間亦有以繡像繪圖通俗小說形式出版。稍後筆者因工作關係，要搜集內容有關香港的文學作品，

其間搜集了黃氏所著的《廿載繁華夢》幾個不同的版本,其中有極難得的版本。對黃世仲素有研究的胡志偉先生知道筆者對黃世仲略有所知,又寫過一些關於香港早期文學期刊和報紙的文章,邀請出席 2001 年在香港舉行的「辛亥革命 90 週年紀念暨黃世仲投身革命百週年國際學術研討會」,內地的學者當然會比較熟悉黃世仲作品在內地圖書館的庋藏情況,於是筆者便着手調查在港台及海外圖書館所藏黃氏的著作,以方便學者研究。

既然知道黃氏大部份的作品都是在香港創作,首先集中查核香港圖書館的藏書目錄。香港最完備的藏書目錄是「香港高校圖書聯網」(簡稱港書網),網址為 http://hkall.hku.hk,這個網址是包括香港八間大專院校所藏的 4,000,000 種藏書的聯合目錄,可以從著者、書名、主題、主要字眼或國際書碼尋找所需要資料,這些圖書館只供校內師生使用,不對外開放,除非另交費用。香港大學孔安道紀念圖書館所藏香港資料至為豐富,建館之初就容許校外人士,如在其他公共圖書館找不到所需資料,便可免費到館閱覽。該館的藏書目錄可在港書網內找到。香港公共圖書館的網址是 http://www.hkpl.gov.hk,亦是搜查香港資料的好去處。

查核過香港的網上藏書目錄後,台灣方面是通過國家圖書館,在全國圖書書目資訊網「NBINet」來查看台灣藏書的情況,網址是 http://nbinet2.ncl.edu.tw。這個資訊網結合約 60 所圖書館的館藏,目前資訊量已約有二百萬條目。以前查核美洲圖書館的藏書是通過學術圖書館組合的聯合目錄(即 RLG Union Catalog,簡稱 RLIN),但由 2006 年開始,這個學術圖書館組合與美國國際圖書館電腦中心(Online Computer Library Centre,簡稱 OCLC)共同合作提供和維建新的網上聯合目錄稱作 WorldCat,網址是 www.oclc.org/worldcat/web/default.htm。這個目錄規模更為龐大,全世界共有 112 個國家和地區,超過 57,000 所圖書館都參與和維建這個目錄。所有西方的網上目錄都

是以漢語拼音找尋中文書籍較為便當。若使用任何上資料庫有問題時，應向有關圖書館參考部諮詢。

除了查核網上圖書館目錄外，要進一步知道黃世仲在香港創作期間出版過什麼作品，便要了解從 1888 年以來直到現在，香港有一條書籍登記法例，每當出版者或印刷者製作一本書後，就有責任將他們的書本送交政府登記。登記後，政府把每種刊物各一冊送往英國博物館收藏，現在那藏書的部門已改稱為英國圖書館。香港政府每季把這些登記的資料刊在《香港政府憲報》(Hong Kong Government Gazette) 公佈，每種刊物列明：書名、以何種語文撰寫、著者或翻譯者或編者、內容、印刷者或出版者地址、姓名、出版日期、頁數、大小、版次、印數、排版或石印、價目、版權持有人及地址這幾個項目。中文書用廣州音音譯書名，再加意譯，有時會加上中文書名，著者名用廣州音音譯，其他項目就用英文說明。現時刊登的出版資料因時代的需要和以上所列的當然有所不同。這個法例沒有強制執行，而且一般市民都不清楚這條法例，個人出版而不售賣的書籍就很少送往登記，所以不是所有在香港製作的書籍都有表列在《香港政府憲報》內。

在翻查這些登記表時，發現在 1906 年和 1911 年間，有黃氏的《鏡中影》、《宦海潮》和《吳三桂演義》三部小說的紀錄。這些登記的資料帶來了兩個新發現：第一就是有關《鏡中影》的出版年問題，柳存仁在英國博物館時曾見過《鏡中影》這本原刊本，國內的學者亦見過這本原刊本的影印本，但他們都不能肯定這本書的出版年，而在登記表的資料確切說明這本小說是在 1906 年 6 月出版；第二就是顯示《吳三桂演義》的作者是黃世仲，原來這部小說從 1911 年起，所知已出版的共有 16 個版本，但沒有一個版本提及原書作者；從 1963 年以來有很多學者著錄和論述介紹這本書，但都總沒有和黃世仲聯繫起來。以往在香港登記的書都有送往英國圖書館，這三種在登記表發現的可能

在該館有藏，當時還未能上網查閱英國圖書館藏書目錄（現時該館的網址是 http://www.bl.uk/catalogues/listings.html），恰好筆者於 1980 年代在該館的陳舊咭片式藏書目錄中，揀選並抄下了香港日佔前出版的書目，結果查到上面所提黃氏的三種小說該館全部有藏，因為該館的《吳三桂演義》是初刊孤本，於是聯絡了該館代為攝製，以供學者研究。

從網上圖書館藏書目錄，香港書籍登記表和英國圖書館藏書咭片目錄，初步所得，在港台及海外圖書館共藏有 4 種報刊，其他小說共有 7 種 58 個不同版本，其中最大收穫是發現黃世仲是《吳三桂演義》的作者，研究黃世仲的專家顏廷亮教授指出這不僅是黃世仲研究的一大收穫，也是晚清小說史研究的一大收穫。由這次搜尋黃世仲的作品，可以彰顯香港書籍登記表對於搜查香港舊書的重要性，這個表提供每一種已登記的書籍詳細的出版資料，而英國圖書館的藏書目錄就解決該書有否庋藏在英國的問題。

附錄二：
英國圖書館所藏戰前香港
出版書刊目錄

　　此目錄先以書刊出版年份分先後，同年份出版以英文書名首字母序排，跟着以中文書名筆劃為序。每個書目後的圓括號內，是英國圖書館該書的索書號。編者在該館抄錄下列書目時，因目錄資料簡單，而時間又緊迫，故此這目錄的資料比較簡單和間有錯誤。書目的詳細資料，可查閱各大圖書館的目錄，或刊載在戰前的《香港政府憲報》內的書籍登記表。

1843　三字經 [Christian] ff.16 Ying Wa, Hong Kong (15116.e.4)

1844　論善惡人死 Medhurst (Walter Henry) D.D., the elder. ff.9 Ying Wa, Hong Kong (15116.e.48/1)

1845　朝廷准行正教錄　耆英 ff.3 Ying-hua shu-yuan: n.p. (15118.c.44)

1847　聖差言行 The Acts of the Apostles with marginal references. Trans. into Chinese, by William Dean. ff.72 HK [Printed] (15116.d.9)

1851 [Protestant pamphlets, first issued [1851-1871] 41 works in 5 vols in a case [Originally published in HK and Canton] (15118.e.12)

1853 算法全書 [Preface in English and Chinese] Moncrieff (Edward T.K.) St. Paul's College, Hong Kong (15255.d.3)

1854 Bible 舊遺詔聖書 (Gutzlaff's version) 3 vols. Chinese Evangelization Society: Fu-han-hui, London [HK printed] 1854-55 (15116.6.3)

三字經 Med Ying Wa, Hong Kong (15116.e.5)

宗主詩章 [A revision of Yang-hsin hsin-shih, by W.H. Medhurst] ff.34 Ying-hua: Hong Kong (15118.c.15)

新約全書 [The New Testament. Translated into Chinese by R. Morrison. Revised by W.H. Medhurst] ff.185 (15200.aa.46)

1855 Hung-Men Hui 洪門會 [Rituals of the Hung-men sect of the Taiping rebels, with other documents, including a biography of Hung Hsiu-Ch'uan, called "The report of a friend of Hung".] 5 vols. [1855?] [Copied from "MSS found in the box at Hong Kong"] (MS Or.8207, b-g)

天路歷程 Bunyan (John) 5 ch. Ying-hua shu-yuan, HK (15118.b.41)

初學粵音切要 ff.31, [1] HK (15342.b.9)

1856 丙辰粵事公牘要略 20pts in 1 vol. HK. (15297.c.5)

聖會準繩 Legge (James) ff.29 Ying-hua, HK. (15116.d.28)

1857 天人異同 Smith (J. Pye) ff.6 HK. (15116.e.9)

1858 上帝總論 2 pts Ying-hua, HK. (15116.e.8)

1859 The Hsin Ching Lu [Hsun-chin lu], or Bk. Of Experiments. (The Peking Syllabary). 3 pt. HK. (11094.e.24)

廟祝問答 Genaehr (F.) Ying Hua shu yuan

1860 耶穌基督降世傳 [attributed to B. Hobson] Hobson (Benjamin) ff.4 [? HK, 1860] (15118.h.6)

1863　斜幻首集 [Christian tract] Chalmers (John), 1825-1899. ff.28 Ying-hua. (15118.b.14)

約翰真經釋解 [Chs 1-17, with commentary by Benjamin Hubson] ff.45 Ying-hua. (15116.a.12)

真道衡平 [Christian tract in 10 chapters] Genaehr (F) ff.3, 49. HK. (15118.b.21)

善終誌傳 Stronach (John) ff.7 Ying Wa, HK. (15118.b.12)

1866　舊約（新約）全書 2 vols. Ying-hua shu-yuan, HK 1866-1869 [Movable-type, metal fonts] (15116.a.5)

1867　十條聖誡 [Commentary by [?] Ho Tsun Shien] ff.19 (15118.b.8)

聖經詮據　何進善 ff.9 Ying-hua shu-yuan, HK. (15118.b.5)

舊約詩篇 [Movable type ed.] pp.109 Ying-hua shu-yuan, HK. (15116.b.12)

1868　耶穌受苦尋源 Winnes (P.) ff.16 Ying Wa, HK. (15118.b.13)

浪子悔改 Legge (James), D.D. ff.6 Hong Kong. [See also 15118. e.12(24).]

堪輿問答述〔郭璞事〕Genaehr (Ferdinard) ff.4 Ying-Hua shu-yuan, HK 1868 (15118.b.15) [see do 15118.e.12]

新約全書註釋 [Preface by Ho Chin-shan] Ying-hua shu-yuan, HK 1868-1870 (15116.c.2)

總論耶穌之勞 Stronach (A.) ff.31 Ying Wa, HK. (15118.b.7)

舊約箴言傳道 ff.21 Ying-hua shu-yuan, HK. (15116.b.11)

1869　天地人論 Med. ff.12 Ying Wa, HK. (15118.b.10)

性理略論 Turner (F.S.) ff.19 Ying Wa, HK. (15118.b.9)

往金山要決 Legge (James) ff.18 Ying-hua shu-yuan, HK. (15118.b.17)

耶穌山上垂訓 ff.25 Ying-hua shu-yuan, HK. (15118.b.16)

聖經擇要 [By R. Lechler?] ff.4, 63. HK. (15118.b.1)

新約全書 [New Testament in Mandarin colloquial style] ff.104, Hong Kong. (15116.c.8)

1870 Handbook for the student of Chinese Buddhism. Eitel [E.J.] pp.220. Lane, Crawford & Co.: Hong Kong & Shanghai 1870 21 cm. (11101. a.23)

約瑟紀略 Legge (James) 6 hui. Ying Wa, HK. (15118.a.12(2))

1872 Bible. New Testament Selection [Cantonese] Union Version of the Gospels and Acts. Hong Kong, 1872, 73. [Each bk. Has a separate title-page] (15116.c.16)

普法戰紀　王韜 14 ch. Chung-hua (15298.d.1) [The same title, 4 ch., 1898] (15297.a.18)

1876 正名要論 [On the translation of the name of God into Chinese] ff.8,6. Hsiao-shu hui, HK. (15118.a.28)

1878 聖會禱文 [with Chiu-yueh shih-p'ien and another author title page sheng-hui tao-wen] Liturgies. England, Church of, 3 pts Hong Kong. (15118.b.28)

1883 Index of Ch. plants in Journal of Botany

Vols. I to XVIII pp.88 Printed by Noronha & Co: HK. (11094.c.25)

1884 Buddhism: its historical theoretical and popular aspects...third ed. Rev., with additions. [Title on cover: three lectures on Buddhism]. Eitel [E.j.]. pp.x, 145 Lane, Crawford & Co.: Hong Kong. 20cm. (11092.b.43)

1886 尺牘稱呼合解新增　江耀亭 ff.167 Wen-yu t'ang: Hong Kong. (15348.a.21)

李州候家訓 [On etiquette] 李受彤 ff.22 Chung-hua yin-wen tsng-shu: HK. (15229.a.35)

1887 古巴雜記　譚乾初 ff.39 Chung-hua, HK. (15275.a.22)

1888 Hand-book of Chinese Buddhism. Being a Sanskrit-Chinese dictionary with vocabularies of Buddhist terms in Pali, Singhalese, Siamese, Burmese, Tibetan, Mongolian, and Japanese...Second ed., rev. and enlarged. Eitel. pp.231. Lane, Crawford & Co.: Hong Kong. 21 cm. (11100.e.38)

萬物真原 [On the true origin of the universe. A Christian treatise, first published in 1628] Aleni (Guilio) ff.26 [1792]

> 15200.b.26 [Hong Kong, 1888]
>
> 15200.b.23 [Hong Kong, 1896]
>
> 15200.c.73 [Nazareth HK 1903]

闢妄 [Anti-Buddhist tract] 徐光啟 pp.i, 33. Naz. HK. The same, 1896, 1904 (15200.d.56)

1889 日報約選 [Reprinted newspaper articles, compiled by T'an fa-yuan, of the Royal Infirmary] 中國皇家太醫院譚富國校正　譚富國 ff.20 Chung-hua, HK. (15298.a.48)

四終略意　Pai (To-ma), Augustinian 白多瑪 ff.87 Naz, HK. Another, 1903. (15200.d.52)

聖路善工 3 pt. HK 1889, 1891, 1894 (15200.aa.73)

聖教要理問答 Le Talladier (J.) ff.53. HK. Other edition, 1890-1906. (15200.aa.6)

增訂驗方新編縮本　夏守謙 18ch. Chung-hua: HK. (15253.a.16)

家學淺論 [Catholic tract on family relationships] ff.1, 26 Nazareth 香港納匝肋靜院活板，HK (15229.a.36) [Another ed. 1899] (15229.a.37)

1890 伊娑菩喻言　光緒庚寅年菊月重校博文居士跋 AESOP. ff.28 Wen-yu t'ang: HK [printed with movable type] (15258.d.5)

輕世金書　極西陽瑪諾譯述 4 ch. Another edition, Naz, HK, 1890. (15118.c.17)

1891 七克真訓 [Preface by Sha Wu-lueh] Pantoja (Diego de) 2ch., ff.3, 2, 119. Naz, HK, 1891. 1899, 1903 ed. (15200.d.42)

1892 領聖體要經 p.20. Naz, HK. 1893, 1894, 1895 (15200.aa.3)

1893　答客問　朱宗元 ff.47 Nazareth 1903 (15200.d.66(1)). [Another ed, 1893, 15200.d.41]

1894　Selections from Tso Chun and Ku Man Translated for the use of Queen's College, Hong Kong pp.40 Noronha & Co. [printer]: Hong Kong (11110.a.19)

1895　Iao-li kiang-len. Explicatio catechismi provinciae Su-Tchuen. Auctore Lui Chou Miu pp.255 Typis Societatis Missionun ad, Exteros: HK. (15200.d.64)

中日成輯 [On the Sino-Japanese War of 1894, with maps.] 王炳耀 6 ch. Wen-yu-t'ang: HK. (15296.b.14)

説倭傳 [On the Sino-Japanese War of 1895] 洪子貳 B3 hui. 中華印務成刊 , Hong Kong [1896?](15296.b.16)

粵音指南 Ch.1-4. Hong Kong. [Label for pt. 1 only] (15341.d.4)

1896　聖人言行 (Lives of the Saints) Artif (J.) S. J. 12pt. Nazareth, HK 1896-1903. [Another edition, 1909] (15200.e.24)

彌撒規程 ff.18 HK (15200.aa.49)

1897　Hong Kong Miscellaneous Official Documents. Or. Micr. 2447/1. [Loyal address from the Governor and citizens of Hong Kong to Queen Victoria on the occasion of her Diamond Jubilee in 1897. Signed by a large number of prominent residents of the Colony, both British and Chinese] HK

大南皇朝悲嬬郡公芳續錄 [The story of Bishop Pigneau de Behaine] Nguyen-gia-c'at. Ff.11 Nazareth HK. (15292.b.5)

菽園著書三種　邱煒菱 2 vols. Chung-hua, HK. (15313.a.3)

1898　康説書後　胡禮垣 ff.24 Chung-hua yin-wu tsung-chu: HK. (15314.d.6)

婦科保嬰三生合編 [Three medical works: Ta-sheng pien, Sui-sheng pien, and Fu-yu pien, reprinted by Hsien-an] 3pts. [with title pages] Chung-hua: HK. (15253.a.20)

新政治基　何啟 ff.4, 45 Chu-chen shu-lou: HK. (15241.b.14)

[Chung-hua yin-we tsung-chu, ff.4, 47] (15258.c.5)

聖母小日課 ff.63, 14 Naz, HK (15200.d.13) also ed. 1906.

1899   企公牛奶哺乳須知 ff.4 [pp.7 in Arabic minerals] Chung-hua: Hong Kong [1899] (15253.a.19) 英語指南 English and Chinese dialogues 黃履卿 pp.344, 18cm. HK.

> [Other editions] 7,   1911 20, 1928 25, 1935
>
>   8, 1912 21, 1930 26, 1936
>
>   9, 1913 22, 1930 28, 1937
>
>   18, 1927 23, 1932 29, 1939
>
>   19, 1928 24, 1933 31, 1940

進教要理　年老不識字者進教之要理 ff.13 HK. (15200.a..54)

1900   Gaztelu (J) Petit dictionnaire francais-chinois pp.xxi, 656 Imprimerie: HK, 14cm. (11095.a.18)

新政真詮　何啟，胡禮垣 6 pt. [Hong Kong] (15298.a.53)

增廣經驗良方　陳傑臣 ff.3, 41. HK. (15252.d.17) [Another ed.: Chia-tseng, ff.5, 59, 1902] (15253.a.32)

滌罪正規 [Treatise and the Sacrament of Penitence and Absolution] Aleni (Giulio). 4 ch. Nazareth: Hong Kong. (15200.a.35)

1901   Dictionnaire chinois-francais. Dialecte Hae-ka. Precede de quelques notions sur la syntaxe chinoise. (Vocabulaire francais-chinois). Rey (Charles). pp.XXXIX, 260, 79. Imprimerie: Hong Kong, 21cm. (11094.c.27)

Methode grandee de languc francaise a l'usage des cleves chinois. D., F.T. 2 pt. Imprimerie: Hong Kong (11094.a.21) Deuxieme edition: 2pt, HK, 1902, 03 19cm. (11095.a.12)

Sebet phrases in the Canton dialect. Kerr (J.G.) M.P. Fifth ed. Pp.iii,66 Kelly & Walsh: HK (11100.c.24) [Sixth ed.] (11095.d.20)

The Shun-tak dialect: a comparative syllabary of the Shun-tak and Cantonese pronunciation...Printed from the "China Review". Ball (James Dyer). pp.34 25 × 17cm. The "China Mail" Office (11095.

b.10)

華英貿易字典 by Cheuk Ki-shan. Rev. and enlarged ed. Cho (Feng-hsiang). p. iii, 394 Tsun Wan Yat Po: Hong Kong, 22cm. (11095.b.1)

鼠疫彙編　羅汝蘭 2 ch. HK. [Running title: Chih-i feng] 治疫方 (15253.a.21)

1902　Dictionnaire Francais-Cantonnais. Aubazac (Louis) pp.xl, 333, 12. Hong Kong. (11094.c.26)

女科要旨 [Ed. & annotated by the sons of the author] 陳念祖 4 ch, HK. (15253.d.6)

女科秘方蘭巖 ff.2, 6, 51, HK (15258.d.4(2))

功善錄 [Moral tracts, one by Lo Ping-chang, 1798-1867, a Viceroy of Szechuan] ff.23, Chung-hua: Hong Kong (15113.a.33)

英語啞聲字母歌訣 May (Alfred J.) ff.7, Hong Kong. [Versified directions for pronouncing the English alphabet] (15259.g.26)

英語分類 A step in English tongue for Ch. By Tang Chi Kun. 鄧次權. pp.viii, 317. Printed at Tsui Chan: HK. (11095.b.19)

> 11095.d.7　[2 ed. 1904]
>
> 11099.d.41　[3 ed. 1905]
>
> 11095.a.31　[4 ed. 1909]
>
> 11000.e.39　[5 ed. 1913]

時敏學堂課藝　張百熙 2 ch. HK. (15241.b.15)

章程大備 [Regulations of the new educational, mercantile and government establishments in China] 陳春笙 HK. Ser.1.pt.1-3 (15241.b.16)

資達合編 [On general pathology and obstetrics, with the original preface, dated 1785] 張萬選 2pt. HK (15253.d.5)

誠敬集 [Collection of medical works] 林學洲 . pt.6 [Chi-shih ch'i-fang] only. Chung-hua yin-wu kung-ssu: HK [Printed with metal movable type] (15252.c.10)

濟世奇方　[Medical prescription from I-tsung chiu-chien, Preface

of 1829 and supplement] 謝息焜 ff.3,16,192 HK [Printed as pt. 6 of Ch'eng-ching Chi] (15252.c.10)

繪像大聖未劫真經 ff.17 Hsun-huan jih-pao: HK (15101.c.40)

觀濤雜錄 [Moral maxims and reflections] Wu (Chi) 吳績 ff.2, 10 HK 1902 (15258.d.4(1))

1903 文昌帝君幼孝文 [Tract on filial piety] ff.9 HK (15111.a.25)

成語考 A manual of Chinese Quotations. Being a translation of the Ch'eng Yu K'ao, with the Chinese text, notes, explanations and English and Chinese indices...by J.H. Stewart Lockhart [2nd edition] Ch'u (Chun) 丘濬 pp.viii, 645, cxvil Kelly and Wabh, HK 25cm (11098.b.41) [An extra rev. ed. of the indices (11098.b.41/2)]

初會問答 Pinuela (Pedio) Nax, HK (15200.d.66(3))

剖惑至言 [A trestise in Roman Catholic doctrine] 陳光瑩 ff.4, 40, HK (15200.e.13) [Another edition, 1897 (15200.d.25)]

真道自証 沙守信 4pt. HK (15200.d.66(2))

答客芻言 [Plain words on Christianity] 沈客齋 ff.2, 60, HK (15200. e.9)

聖教明徵 Varo (Frencisco) 8 ch. Naz, HK (15118.e.16)

會同四教名師 ff.38 Nazareth, HK another edition: 1905 (15200. d.67)

慎思指南 6 ch. Naz, HK Another ed, 41 (15200.c.72)

1904 How To Speak Cantonese...third ed. rev. & corrected. Ball (James Dyer) pp.10, 229. Kelly: HK (11095.e.4)

Translation of Idiom extrated from Hints an the study of English. [Chiese titles; Ying-yen] by Feng Hon 馮漢 pp.vi, 57, HK, 22cm (11095.d.12)

三山論學 [A dialogue on the Creator. A reprint] Aleni (Giulio) pp.ii, 22, HK (15200.e.19) [A previous issue, 1896 (15200.d.27)]

天主降生聖經直解 (The Gospel of Christ truly expounded by Yang Ma-no) i.e. Emmanuel Dias: A reprint] 14 ch. HK

南清日俄戰日記 Diary of the Russo-Japanese war, by Tse Tsan Tai. 謝聖安 ff.86 SCMP:HK, 1906 (15291.a.11) [Pt.1, ff.18: Nan-Ch'ing taso-pao Jih-O Chan-wu jih-chi i-lu, 194] (15298.e.3)

時諧新集 [A Collection of contemporary essays, tables and anecodotes, poems and songs] 墨隱主人 pp.180, HK (15325.c.5)

衛生指南　江英華 pp.129, HK (15251.f.16)

1905　The pith of the classics: the Ch. Classics in everyday life, [etc.] First series, [quotations from the Lun-yu, with explanations] Ball (James Dyer) pp.2, vil, 98, xxxv 21 × 14cm. Noronha & Co: HK 1905(11095.c.42) another copy (11095.a.21) [a second series was prepared based the Five Classics]

代疑編　楊廷筠 ff.5,2,55 HK (15200.a.23)

各式聖歌 [Roman Catholic hymns] ff.39, HK (15200.a.18)

花富廬奇案 [A detective story by Galorian, viz, Ao-ssu-k'o chi'i-an. Le Crime d'Oricival. Translated into Chinese by Ch'ing-lan Shan-jen] Galorian (Emile) ff.114, HK (15325.b.13) 光緒乙巳　晴嵐山人譯意・鐵血國民潤文　法國第一偵探小説澳斯科奇案

紅茶花 [The Red Camellia, translated by Lu Shan-Ksiang] 陳紹枚卓枚潤文 Du Boisgobey (Fortune) pp.264 聚珍書樓活版 HK (15333.e.1)

耶穌言行紀略 4ch. HK (15200.a.32)

華英商務問答捷訣 by Lam Yun Tsoi 林潤材 pp.565, HK (11095.b.39)

童貞修規 ff.37, HK (15200.a.24)

聖母發現於露德實傳 ff.73, HK (15200.a.14)

聖安多尼行實 [Life of St. Anthony, adapted from European works] Antony, of Padua, Saint [Fernando Bulhon] ff.3, 34, 5 Nazareth, HK (15200.d.14)

輕世金書便覽 [The imitation of Christ, translated by Diaz, with a commentary by Lu Jo-han, written 1848] 4 ch., HK (15200.a.15)

導主聖範新編　[Translated by Mgr. J. Boya, Bishop of Manchuria]

ff.200, 6, HK (15118.c.47)

1906   Lenique Chinois francais Gaztelu (J) pp.110 Imprimerie: HK, 1906 14cm. (11094.a.10)

天主聖教日課 ff.7, 313 HK (15200.aa.59)

瓦城學堂告成祝文 Inauguration of a Sino-European School at Mandalay. Mandalay. Wa-ch'eng hsueh-t'ang ff.10 Nazareth: HK (15276.e.7)

吉美棣女包探案   [Ged Metti the female detective's stratagem. Translated by Wen Chun-ch'en.] Halsey (Harlan Page) ff.69, Hsun-huan jih-pao: HK (15325.b.4)

音註法語捷徑   Guide francais-chinois...aver la promunciation francaise figures par des sous chinois 譚培森 pp.129, HK (11094. c.32) [Troisieme ed. 1929] (11094.c.40)

馬利包探案   [Murray the detective's remarkable search. Translated by Wen Chun-ch'en] Halsey (Harlen Page) ff.78 Hsun-hua jih-pao, HK (15325.b.3)

華英呂應酬撮要   An English and Spanish phrases [i.e., Chinese-English and Chinese-Spanish vocabularies] with complete pronunciation, etc. 卓鳳翔 viii, 208, 18 HK 23cm (11094.c.1)

華英通語問答   English conversation self-taught by Chuek Ki Shan 卓鳳翔 pp.viii, 320 HK [Sixth ed. 1931] (11100.c.22)

聖路善工 ff.22 HK (15200.aa.57)

敬禮耶穌靈心   [Translated by Liang An-te] ff.89, HK (15200. aa.58)

意王包探案 (The King's detective) Translated into Chinese by Wen Chun-ch'en] Halsey (Harlan Page) ff.50 HK (15325.b.12)

1907   English and Cantonese Dictionary. Seventh ed., Revised and enlarged by T. K. Dealy. Chalmers (J.) pp.vil, 882, Kelly, Hong Kong, 1907. (11095.d.28)

Manuel de conversation franco-chinoisie, dialecte cantonnais. Le Tallandier (I) pp.xii, 94 HK 1907 [Deuxieme ed., 1927] (11110.b.6)

（英國最近） 五命離奇案 [The Mauleverer murders. Trans, by Yi Tz'u-ch'ien and Ho Ying-ch'uan 何穎泉] Fox-Davis (A.C.) pp.162 HK 丁未季秋　香港小説編譯社 (15325.b.7)

香港衛生教科書 ff.75 Noronha & Co.: HK (15251.t.17)

增刊日文商務類鈔 Vocabularios y dialogos para el uso de los comerciantes chinos en los paises donde se habla espanol. Por Taotai Tam Pui-shum. 譚培森 Tercera edicion pp.iv, 145. Hong Kong (11098.b.39)

(11094.c.31 [cuarta edicion 1909])

(11094.c.38 [QuiXa edicion] 1914)

愛奇出身傳　[Nimvke Ike's mystery, or the secret of the lox. By Wu Lu-shih. Translated by Wen Chun-ch'en] Halsey (Harlan Page) ff.61 Chinese Printing & Publishing Co., HK (15325,b.6)

鏡中影　[A novel in 40 chapters] 世次郎 ff.427 Hsun-huan jih-pao: HK (15325.b.5)

1908　The Cantonese made easy vocabulary: Third ed. revised and enlarged. Ball (James Dyer) pp.10, 284 Kelly & Walsh: HK, 1908. (11095.e.2) (2 pts. Kelly & Walsh: Singapore etc., 1904, 1907)

上宰相書 Ting (Pao-lu) 1795- ff.18 Nazareth, HK (15200.a.36)

赤十字會初級急救要法　何高俊 pp.144 HK (15253.d.8)

宦海潮　黃小配 pp.364 HK (15325.b.11)

客民原出漢族論　客民 pp.21 HK (15275.a.24)

胡維德偵探案　(Marin Hewitt, Investigation) [Translated by Wen Chun-ch'en] Morrison (Arthur) 13 pt bound in 1 vol. Hsui-hua, HK (15325.b.10)

最近匯水捷法新書　[Exchange Tables in China. Arranged by Q.C.Feng] 馮炯初 pp.151 HK (15296.e.13)

1909　Dictionnaire francaiscantonnais...Nouvelle edition revue et augmentee. Aubazac (Louis) pp.xxxvii, 469.x. 26 × 19cm. Imprimerie de la Societe des Mission-Etrangeres (15234.a.14)

Liste des caracteres les plus usuels de la langue cantonnaise. Aubazac (Louis) pp.46 22×14cm. Hong Kong, (15234.b.17)

梨園娛老集　胡禮垣 xvi, 539, Kwong Ngai, HK (15325.b.9)

華英類語 [A Chinese and English Phrase Book... and mercantile dictionary... by Cheuk Ki-shan] 卓鳳翔 pp.6, 492, 127 Printed by Tsun Wan Yet Po, HK (11095.c.41) [A Reprint, 1909 (15234.b.26)]

1910　A Chinese-English dictionary in the Cantonese dialect. Rev. and enlarged by Immanual Gottlieb Genahr. Eitel pp.xviii, 1417, xlvii Kelly, HK, 1910-12 32cm. (15014.e.6)

Dictionnaire francaiscantonnais... Nouvelle edition revue et augmentee. Aubazac (Louis) pp.xxvii, 469.x. 26×19cm. Imprimerie de la Societe des Missios-Etrangeres

大七克 Pantryu ff.10, 159 Naz: HK (15118.c.49)

聖詠記解 [With explanatory notes by Chang Chi-so] ff.123 Nazareth (15118.c.28)

1911　Notes pratiques sur la langue mandarim parlee. Par N.G. Frere mineur. G, N. pp.96, iii. Imprimerie 22 cm (11094.c.35)

吳三桂演義　小佩 p.547, HK (15325.d.2)

1912　Dictionnaire cantonnais-francais. Aubazac (Louis). pp.2, xix, 1116, 139 Imprimerie de la societe des Missions-Etrangeres: Hong Kong (15234.c.8)

四字經文 Schall Von Bell (Johnson Adam) ff.33 Hong Kong (15200. c.76)

創造歷史 [Short biographies of leaders of the Revolution, selected from periodicals] 香江愚生 pp.42 Chung-hei shu-chu: HK (15294. a.77)

聖教要理問答 Le Talladier (J.) p.ii, 180 Imprimerie de Nazareth: HK (15200.c.77)

1913　Etude sur les classiques chinoise [Resume of Mencius & a translation of the shu-ching] Otto (Hubert) pp. iii, 333, Nazareth:

Hong Kong, 19cm. (11094.a.41)

人之靈魂 2 ch. Naz: HK (15200.c.79)

四史聖經譯註 ff.5, 276 Nazareth (15200.c.80)

英語須知 English and Chinese dialogues...second ed. 黃履仰 pp.279 HK 20cm (11095.d.48)

漢文快字書 (Short hand) 張才 HK (15348.c.14)

繙譯傳話新書 A book in English and Chinese of common words, phrases, conversations, translations and interpretation. By Chan Pui 陳沛 pp.8, 305 HK 21×14cm (11100.e.40)

1914 the Creations, the real situation of Eden, and the origin of the Christ. 謝聖安 pp.35 Kelly, HK (15234.c.13)

Gold and silver exchange tables [for decimal currencies of all countries] Yeung (Tsz Wan) 2pt Noronha & Co.: HK (11094.d.16)

Medical Missionary Language Study [with a literal translation from Chinese of Mark's Gospel and indexes of Chinese characters and Romanized Cantonese] Baronsfeather (CGS). 21×14cm. pp.8, 218, pl. 1, Kelly, HK (11094.d.14)

A Pocket Dictionary of Cantonese. Cowles, (Roy T.) pp.xiii, 296, 124 Kelly, HK, 15cm. (11092.a.1)

增廣達辭字典 second ed. 莫若濂 pp.xi, 2241 Tsun Wan Yat Po 26cm. 1914 (15234.e.5)

1915 扶輪書塾季報 Hong Kong. Fu-lun Shu-shu. pp.114 HK 1915 (15319.d.25)

袁崇煥先生遺稿 p. [6], 67, Ki Ngar: HK, [1915](15291.e.35)

1916 A short geography of Kwongtong, including Hong Kong, Kwong-chow wan and Macau. Ray (H.W.) pp.52 Kelly [Printer]: HK 1916 21cm. (11092.c.11)

拳術精華 顏殿雄 pp.244, [12] T'i-yu shu-she: Hong Kong (15258.c.12)

粵東白話兩孟淺解 [The Book of Mencius with explanatory notes

in Cantonese by Liang Yinglin] 梁應麟左卿編輯 2pts 二冊 . Hong Kong. 香港香遠書叢承印 Pt 1 is of the second ed. (15201.b.17)

絃歌必讀　丘鶴儔 pp.307 HK (15258.b.19) 2nd. Ed. pp.336, 1921

1917　世界元始總綱中國黃種來源 The origin of the Yellow Race 謝聖安 pp.38 HK (15298.a.54)

1918　A guide to the city and suburds of Canton. Rewritten and brought up-to-date. Ken, (J.G.), N.D. pp.viii, 103 [maps illustrations] Kelly & Walsh, HK (11092.c.3)

Inductive Course in Cantonese Bh. III [ed] Bh. III, Companion work for the teacher. Cartes. 2 vol. Kelly, HK 1918, (11092.b.5)

Lexique francais-cantonais des termes de religion. Aubazac (Louis). pp.207 16×10cm. Hong Kong (11092.a.10)

Proverbs de la langue cantonnaise recuillis ca et la. [Romanised and translated] Aubazac (Louis) pp.iv, 176 16×10cm Hong Kong (11092.a.11)

聖保祿書翰 pp.vi, 280 Hong Kong (15200.c.82)

1919　指紋法　伍冰壺 pp.185 HK (15322.d.6)

默禱正路 p.viii, 158 Naz, HK (15200.c.83)

1920　中外金銀匯水要領　譚叔平 p.186 HK (15322.d.8)

[2nd ed. p.200, 1922] (15322.d.10)

林峰快字　林子峰 pp.29 HK (15348.b.9)

南北音通　林子峰 2ch. Hong Kong (15348.b.10)

社會觀　陳安仁 pp.77, HK (15422.d.9)

琴學新編　丘鶴儔 2 vols. [v.2 is erh-chi] HK 1920, 1923 (15274.a.6)

1921　Grammatica Latina elementaria... in Latinum et Sinicum conversa... Secunda edition. Grouzet (Paul). ff.90 Nazareth: HK (11092.b.36) [Another edition: (11098.b.23)]

群聖流芳 (Translated by P. Bousquet) 4 vols. Nazareth (15200.b.46)

1922 中外拼音字譜　譚榮光 ff.33 HK (15348.c.16)

各國金銀匯水捉算新書　麥子建 pp.12, 536 HK 1922 (15255.a.12)

粵東鑼鼓樂譜　譚榮光 2 pt. Hong Kong (15258.b.23)

廣東切音捷訣　譚榮光 p.48 Hong Kong, 1921[1922] (15348.b.11)

1923 A guide to the game of Sparrow Maa Jeng or Maa Jong 譚榮光 pp.56 HK (11110.a.10)

孫大總統三民主義演說 [Two lectures to Kuomintang officials] pp.19 HK (Baihua edtion) (15258.e.2)

新經公函與默示錄 (Par P. Bousquet) pp.8, 546 HK (15118.e.20)

嶺南拳術　林世榮 pp.21, 224 HK (15258.c.1)

1925 The game of Sparrows as played in China... with the history of Maa Jong appendixed, Revised second edition. 譚榮光 pp.71 HK (11101.a.35)

1926 Dictionnaire chinois-francais. Dialecte Hae-ka. Preccede de quelqures notions sur la syntaxe chinoise. Rey (Charles) pp.xl, 1444, 81 HK 25cm (11093.d.22)

耶穌嬰孩聖女德肋撒心神 pp.4, 282 Nazareth, HK 1926 (15118.e.21)

清真教之研究 [Translated by Ma Chen-pang] pp.2, 2, 76, HK, 19cm, hui-chiao ts'ing-shu, 2 (15123.a.3)

1927 救傷法撮要 First Aid to the Injured, translated by Chak Tai Kwong. Cantlie (Sir James) pp. 107 HK1927 (15251.f.18)

趙注孫子十三篇　孫武〔梁見孟、周著／同校 A reprint〕 pp.6, 158 Chung-hua chen-wu shu-she　振武書局：HK (15259.i.51)

1928 孔教革命　尤列 ff.90, HK (15322.d.19)

台灣別府鴻雪錄　黃強 vol.1 Shang-wu Yin-shu-kuan: HK 23cm (15273.f.11)

琴學精華　丘鶴儔 pp.224, HK (15274.a.7)

歷史語言研究所集刊 1928-Fuit ssu printed in HK

1929　The book of changes and genesis [English and Chinese] Wells (Herbert Richmond) 2pt. Hong Kong (11093.c.26)

Cantonese to everyone. n.p. Wells (Herbert Richmond) et Chang (Tuan-shih) 張端始 HK (11101.b.14)

The revised and enlarged edition of a Pocket Guide to Cantonese, by Hoh Fuk Tsz 何福嗣 and Walter Belt pp.96, 24 Hong Kong 21cm (11101.a.30)

十三經歌訣　尤汝淮 ff.18 HK (15229.c.52)

性命歸元 [Translated into Chinese by T'ien Mui] Krishnamurti (J.) pp.ix, 36 Hong Kong (15258.a.26)

香港交通錄 pp.266 Hong Kong (15258.e.25)

1930　汪精衛先生最近言論集 [speeches 1929-30] pp.243 Nan-hua Jin-pao-she: HK (15294.c.8/3)

（訂正）粵音指南 Guide to Cantonese. New translation of C.C. Hopkins, translation of kuan hua chih nan, by H.R. Wells, assisted by Fung Iu Ting 馮 X 亭 pp.205, HK 21cm (11093.b.15)

漢譯西班牙文文法 Gramatica de la langua cestellama, explicada en chino... Tercara edicion 譚培森 pp.viii, 252 HK (11092.c.30) [Cuarta edicion, 1957]

1931　Cantonese for everyone... Revised edition and enlarged ed. pp.vi, 120 Kelly & Walsh, HK (11093.d.32)

Commercial conversations in Cantonese and English. Wells (Herbert Richmond) 2 pts Hong Kong (11093.d.31)

An English Cantonese Dictionary. Wells (Herbert Richmond) pp.227 (15234.e.8)

白燕養殖法　李天化 sep.pag. Hong Kong (15258.e.28) [2nd

edition, 1931 (15258.e.29)]

1932　近代家庭工藝新編　韋魄強 vol.1 HK (15259.e.47)

粵劇講義　陳少坡 pp.92 HK (15325.e.9)

1933　大秦景教流行中國碑文 [Ed. by Ch'en Yu-p'o] 徐光啟 pp.94 Hong Kong (15258.e.33)

文化概要　陳靜儀 pp.4, 71 Tung-fang t'u-shu keng-ssu: HK Hsien tai Hsiao-hsush ts'ung-shu (15342.a.5)

西洋畫法全科教本　劉樹聲 24 pt. Hong Kong [1933?] (15256.dd.3)

家庭護病法 [Translated by Chak Tai Kwong (Chai Ta-huang)] pp.2, 170 HK (15252.e.14)

現代華英廣東全圖 [By Teng Chih-ch'ing] 29 × 54cm HK (15276.c.17)

開平縣志　余啟謀 7 vols. HK [1933?] 26cm (15269.c.16)

1934　Dictionnaire historique et geographique de la Mandchourie. Gibert (Lucien). pp.xx, 1040 HK 23cm. (11101.c.24)

Mussale Romanum Latino-Sinicum ad usum cleri. pp.1062, HK (11101.c.23)

The Student's Cantonese-English Dictionary. Meyer, (Ber.F) ed Wemfe (Theodore, F) pp.838 [Hong Kong] 1934 19cm. [English Cantonese index 1941] (11101.a.25)

金銀匯水捷徑　陳逢吉 pp.425 HK (15411.a.39)

香港公司則例 pp.187 Hong Kong (15296.c.10)

書法闡微　馮漢 pp.30 Hong Kong (15322.d.30)

粵樂拼音字譜　譚榮光 pp.42, 4 Hong Kong (15411.a.45)

新世紀初小歷史教科書　鄧志清 4 vols. The Eastern Book Co.: HK (15411.a.37)

1935　太平洋上的風雲　侯曜 pp.234 HK (15333.e.14)

半畝竹園隨筆　馮漢 pp.31 HK (15303.e.8)

游雲山　泉聲 Vol. 1 Yuan-ch'uan Ch'u-pan-she: Hong Kong, 19cm (15106.a.4)

粵音依聲檢字　馮漢 pp.54 Hong Kong (15347.c.3)

廣州三日屠城記 [The fall of Canton in 1650] 胡麗天 pp.[16, printed on one side] Hong Kong, [c.1935] (15259.c.58)

廣東及香港地理提要　袁仲耀 pp.19 Li-chih-she: HK (15411.a.46)

1936　中西素食衛生合編 [Containing 606 recipes] 黃軫章 pp.6, 18, 202 HK [15251.e.5]

汪精衛先生最近言論集續編 [Collected speeches, 1936-8, 2nd ed.] pp.4, 138, pl 1 Nan-hua Tih-pao-she: HK, 1938 21cm

華歐美廚書大全　黃軫章 [6th issue] 3 pt. Hong Kong (15251.e.6)

象棋初學指南　鄭廷芳　鄭澤坤 pp.127 HK (15258.e.46)

1937　健身捷法　雷銳明 p.4, 78 HK (15259.c.50)

陽羨砂壺圖攷　李景康 ff.2, 78 HK (15256.ddd.14)

實用國語講義　鄺德志 pp.52 HK (15342.a.16)

彌撒經本 3 pts. Nazareth: HK Another, 1939, 47 (15118.e.22)

1938　China's resistance. Translated by F.S. Hall. Hall (Frederich S.) pp.49 International Affairs Watchers: HK 21cm (11099.c.53)

Chinese for every one. Wellis (H.R.) and Chan (Yeung-kwong) pp.259, 11 SCMP, HK (11102.c.31)

Far Eastern mirror vol.1, nos, 1-3, 5-10, 12 Hankow (HK) (11102.a.27)

初學書法指導　蘇子 Third ed. pp.[18], 78 Hong Kong (15345.a.6)

我能夠做司鐸麼（Erone sacerdos? Shell I he e knit? [Translated by Ch'en Po-liang]）Doyle (William) pp.48 Catholic Truth Society HK [1938] 19cm (15120.a.12)

健身捷法　雷銳明 pp.8, 78 HK 19cm (15243.c.5)

硬漢　[War stories by English writers, translated in abridged form by Ta-hua lieh-shih] 簡又文 pp.4, 218 HK I-ching-she ts'ing-shu (15330.b.195)

1939　Old intrigues in new clothing. [By] Chan Shao-yu [followed by] On the Development... of the National Anti-Japanese United Frony, by Chin-po-ku. Ch'en (Shao-yu) pp.31 New China Information Committee: Chung-king [HK printed, 1939] Bulletin no.7 Or. Micr. 428/1

古玉圖説 A illustrated study of ancient jades, no pagination. 梁慧梅 HK (11101.f.1)

若定廬隨筆 (Source material on the war [against Japan]) 陳孝威 vols. 3 and 4. "The observatory" semi-weekly review: HK T'iwn-wen-t' ai pan-chou p' ing-lun ts'ing shu, 2

國史紀要　羅慕陶 vol. 1 Kuo-hua Yin-wu King-ssu HK 19cm (15280.e.12)

覺廬醫案新解　盧覺愚 Vol. 1 Lu Chueh-yu I-kuan: HK 19cm I-hsueh Hsiao ts'ing-shu, 4 (15253.a.24)

1940　Dixon's diary [Calendar for 1941] ff.80 The Dixon Advertising Co.: HK [1940]. 26cm. (11092.c.36)

Locations modernes,... diatecte setchouanais. Buhot (Edouard) pp.4, 906, 8. Impermerie: HK (11102.a.29) [Another ed: 2nd, 1950] (12912.g.102)

生產論　梁文廣 pp.4, 103 HK [1940] (15221a.25)

港澳商業分類行名錄 vol. For 1940 Hong Kong 1940 27cm. (15229.d.16)

跳動〔小說〕張天翼 pp.272 Pen-liu shu-tien: HK (15328.b.2223)

暹羅內幕　俠文 pp.2, 2, 62 Nan-yang wen-t'u yen-chiu-hui: [HK] (15261.e.33)

蕙農畫集　Ch. Water-colour painting [by] W. N. Kwan 關蕙農 ff.52 [HK 1940] 35cm (11094.e.29)

營養與康健　趙恩賜 pp.4, 80 Ch'in-hui Shao-hiwn-t'uan bu: HK

(15253.e.88)

1941 中國不能以農立國論爭　周憲文 pp.4, 4, 182 Chung-hua shu-chu
HK 19cm (15226.f.29)

箴言尺牘　馮公仰 [2nd ed.] pp.95 HK (15285.a.5)

| 責任編輯 | 鄭海檳 |
| 書籍設計 | 陳小巧 |

書　　　名	舊書刊中的香港身世
編　　　著	楊國雄
出　　　版	三聯書店（香港）有限公司
	香港北角英皇道 499 號北角工業大廈 20 樓
	Joint Publishing (H.K.) Co., Ltd.
	20/F., North Point Industrial Building,
	499 King's Road, North Point, Hong Kong
香港發行	香港聯合書刊物流有限公司
	香港新界大埔汀麗路 36 號 3 字樓
印　　　刷	中華商務彩色印刷有限公司
	香港新界大埔汀麗路 36 號 14 字樓
版　　　次	2014 年 9 月香港第一版第一次印刷
規　　　格	特 16 開（150 × 230 mm）350 面
國際書號	ISBN 978-962-04-3627-7